여론이
선거를
결정한다

선거와 여론조작

Election & Public Opinion

김창룡 지음

여론이 선거를 결정한다

선거와 여론조작

이지출판

건강한 선거문화, 민주주의의 출발선이다

선거를 통해 국민의 대표를 뽑는 일은 신나는 민주주의의 축제행사다. 마음에 들지 않거나 제대로 일을 하지 못한다고 판단할 때 국민이 정기적으로 정당이나 후보를 바꿀 수 있는 힘을 우리는 주권행사라고 부른다.

헌법에서 국민의 주권행사를 신성하게 여겨 어떤 외부 압력이나 유혹에도 훼손당하지 못하도록 명문화시킨 것은, 이것이 바로 민주주의 수호의 첫 출발선이기 때문이다. 한국은 역사적으로 비교적 짧은 반세기 만에 선거문화를 정착시켜 가고 있다.

해외에서 경제발전, 문화융성 등 한국을 경이의 눈으로 바라보는 데는 바로 정치적 발전, 선거투표문화의 정착도 한몫하고 있는 것으로 이해하고 있다. 물론 일부 정치인들의 추태나 부정선거 논란은 여전히 극복해야 할 과제다. 그러나 전체적인 역사의 흐름과 한국사회의 방향은 올바르게 잘 나아가고 있는 것으로 판단된다.

문제는 앞으로도 반복될 선거에서 공명정대한 문화와 올바른 질서를 잡기 위해 부정선거의 논란을 어떻게 극복할 것인가에 대한 고민이다. 국민 개개인의 의견이 모여 여론을 형성하고 이 여론의 결과로 후보자를 결정하는 것이 진정한 주권행사의 논리다.

안타깝게도 2014년 현실의 여론은 여전히 왜곡의 위협에 노출돼 있다. 여론형성에 절대적인 미디어의 공정성이 흔들리고 있으며 소수의 목소리, 다양한 목소리는 '종북'이란 언어폭력에 실종 수준이다.

특히 여론조작이 이뤄졌다는 대통령선거에서 하나씩 드러나고 있는 수사결과는 적당히 넘어갈 사항이 아닌 것 같다. 법적 최종 판단과는 별개로 앞으로 인터넷이나 스마트폰을 중심으로 하는 사회관계망서비스(SNS)에서 형성되는 여론의 왜곡은 국민 개개인이 경계하고 알아야 할 과제가 되고 있다.

민주주의 수호는 국민 개개인이 조금씩 노력할 때 가능하다. 올바른 주권행사를 하기 위해서는 불법, 부정행위에 대해 분노할 줄 알고 소수의 목소리에도 귀를 기울일 줄 알아야 한다. 논리적 비약이나 섣부른 단정으로 과격하게 흥분해서는 안 되지만 무관심한 것은 더욱 나쁜 것이다.

따라서,
- 이 책은 민주주의 사회에서 여론조작 행위, 그런 발상 자체가 얼마나 큰 범죄행위인지 그 위험성을 보다 자세하게 알리고자 한다.
- 특히 이명박 정부의 신개발품 국정원 댓글팀과 국방부 사이버사령부의 여론조작 행위에 유권자들이 왜 분노해야 하는지 등을 정리하고자 한다.
- 현재의 주요 미디어가 어떤 구조 속에 불공정 보도행위로 '공정한 게임의 룰'을 방해하고 있는지 유권자들에게 알리고자 한다.

– 미디어는 어떤 형태로 여론을 왜곡, 과장, 축소하여 자연스런 여론형
  성을 방해하고 있는지 그 유형들을 소개하고자 한다.
– 유권자들의 투표행위가 왜곡된 미디어, 조작된 여론에 영향을 받지
  않도록 올바른 정보제공과 판단력에 도움을 주고자 한다.

나는 여당 편도 야당 편도 아니다. 정파적 이해관계와는 무관한 사람이
다. 또한 특정 미디어를 부정하거나 폄하할 생각은 과거에도 없었고 지금
도 마찬가지다. 미디어가 다룬 내용과 그 방식 등을 연구과제로 삼아 논
리를 전개하고자 했을 뿐이다. 미디어가 선거 등 현실세계를 다룬다면 그
현실을 보는 미디어의 속성과 정파성, 공정성 여부를 분석하고 전달하는
것은 언론학도의 일이다.

이를 바탕으로 국민 개개인의 주권행사가 존중받고, 미디어가 보다 균
형감을 회복하고, 국가기관이 여론조작을 두려워하도록 하는 것은 우리
나라 헌법정신에 부합하는 일이다. 이것 역시 내 작은 영역 안에서 한국
을 더욱 발전시키는 일이라고 믿는다.

2014년 2월

김 창 룡

| 차례 |

제2장 미디어의 여론조작 10가지 유형

제3장 대통령과 미디어

제1장

선거와 여론조작

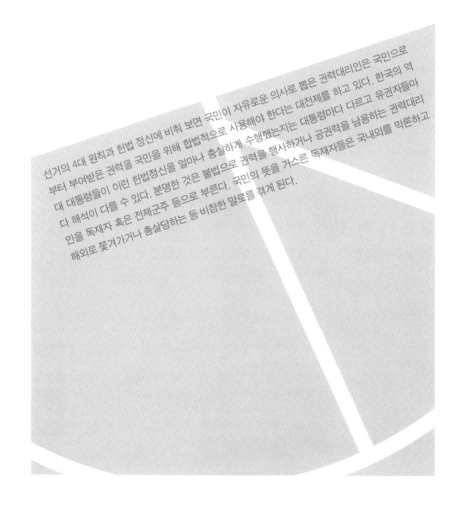

선거의 4대 원칙과 헌법 정신에 비춰 보면 국민이 자유로운 의사로 뽑은 권력대리인은 국민으로부터 부여받은 권력을 국민을 위해 합법적으로 사용해야 한다는 대전제를 하고 있다. 한국의 역대 대통령들이 이런 헌법정신을 얼마나 충실하게 수행했는지는 대통령마다 다르고 유권자들마다 해석이 다를 수 있다. 분명한 것은 불법으로 권력을 행사하거나 공권력을 남용하는 권력대리인을 독재자 혹은 전제군주 등으로 부른다. 국민의 뜻을 거스른 독재자들은 국내외를 막론하고 해외로 쫓겨가거나 충살당하는 등 비참한 말로를 겪게 된다.

1. 민주주의와 선거

미국 워터게이트 사건과 박근혜 대통령

오늘날 자유민주주의 국가는 선거라는 투표행위로 확인된다. 그러나 선거를 한다고 해서 모두 자유민주주의 국가로 부르지 않는다. 민주주의 선거의 4대원칙[1]을 실질적으로 준수할 때 자유로운 개인의 의사표시가 가능해지고 이런 개인의 총의가 모아져 민주적 절차에 따라 권력 집행자가 선발되는 국가를 자유민주주의 국가라 부른다.

그래서 자유민주주의 국가의 선거를 흔히 축제에 비유한다. 자신이 원하는 대통령이나 도지사, 국회의원 등을 '내 손으로 직접 선출할 수 있기 때문'이다. 이 때문에 우리나라 헌법 제1조 1항은 '대한민국은 민주공화국이다'라고 선언하고 있다.[2] 2항에는 '주권은 국민에게 있고, 모든 권력

---

1 ① 보통선거 : 대한민국의 국민이라면 누구나 한 표를 행사할 수 있다. ② 평등선거 : 대한민국의 국민이라면 남녀노소 상하귀천 가릴 것 없이 똑같이 한 표를 행사할 수 있다. ③ 직접선거 : 대한민국의 국민이라면 누구나 직접 선거할 수 있는 권리를 가진다. ④ 비밀선거 : 대한민국의 국민이라면 누가 누구를 찍었는지 알지 못하게 선거를 한다.

2 제1조 ① 대한민국은 민주공화국이다. ② 대한민국의 주권은 국민에게 있고, 모든 권력은 국민으로부터 나온다. 헌법 제1조에서 강조하는 것은 권력의 주체가 대통령이나 국회의원이 아니라 국민에게 있으며 개개의 국민의 권리가 존중받아야 된다는 당위성을 명시하고 있다. 누구도 부당한 고문이나 겁박 등 공권력의 남용에서 자유로워야 하며 이런 지시를 내리거나 실행하는 사람은 헌법을 위배하는 불법행위자가 된다는 것이다.

은 국민으로부터 나온다'라고 명시했다. 국민이 일정한 시기가 지나면 마음에 들지 않은 권력자를 바꿀 수 있거나 반대로 마음에 드는 후보자를 뽑을 수 있는 실질적 권력행사를 할 수 있기 때문에 선거를 또 다른 말로 실질적인 '주권행사'라고 부르는 것이다.

선거의 4대원칙과 헌법정신에 비춰 보면 국민이 자유로운 의사로 뽑은 권력대리인은 국민으로부터 부여받은 권력을 국민을 위해 합법적으로 사용해야 한다는 대전제를 하고 있다. 한국의 역대 대통령들이 이런 헌법정신을 얼마나 충실하게 수행했는지는 대통령마다 다르고 유권자들마다 해석이 다를 수 있다. 분명한 것은 불법으로 권력을 행사하거나 공권력을 남용하는 권력대리인을 독재자 혹은 전제군주 등으로 부른다.

국민의 뜻을 거스른 독재자들은 국내외를 막론하고 해외로 쫓겨가거나 총살당하는 등 비참한 말로를 겪게 된다. 그 이유는 독재자들은 대개 국민의 뜻을 무시하고 자신이 하고 싶은 대로 하기 때문이다. 국민의 뜻, 즉 여론[3]을 중시하기보다는 자신의 뜻과 판단을 가장 우선시한다. 건전한 비판조차도 듣기 싫어하는 경향이 있다. 권력 주변의 측근 세력은 비판 여론은 보고하지 않거나 축소하고 대신에 듣기 좋은 말, 그런 뉴스만 전하게 된다. 결과적으로 여론이 무시되고 대통령이 독단적으로 정책을 결정하고 집행할 때 민주주의는 위기에 빠지게 된다.

따라서 민주주의는 선거를 통해 실현되며 선거를 통해 완성된다. 선거는 민주주의를 성숙시키고 국민주권을 실천하도록 하는 근본 바탕인 셈이다. 선거를 통해 대한민국 헌법 제1조는 책갈피가 아닌 일상생활 속에서 구체적으로 구현되는 것이다. 모든 권력은 국민으로부터 나온다는 헌법정신을 권력자들에게 강조하기 위해 헌법 첫머리에 명명백백하게 밝혀 놓았다.

---

3 여론(public opinion)은 국민 다수의 의견을 의미한다. 사전적 의미로는 ① 사회 대중이 공통으로 제시하는 의견, ② 주된 논의가 끝난 뒤에 남은 의론 등으로 설명하고 있다.

동서양을 막론하고 선거를 부정하는 행위는 헌법을 위반하는 중대범죄가 된다. 정권 획득을 목적으로 하는 정당들은 수단과 방법을 가리지 않고 선거에 승리하기 위해 경쟁하는 과정에서 때로는 불법이 자행된다. 미국의 워터게이트 사건(박스기사 참조)은 부정한 방법으로 당선된 리처드 닉슨 미국 대통령과 정보기관인 CIA가 선거전에 개입해 스파이 행위 등의 불법행위를 저지르고 은폐를 시도한 사건이다.

이 일로 의회에서 탄핵 직전 닉슨 대통령이 자진사퇴하였으며, 이미 FBI에서 수사중이던 이 사건이 언론을 통해 세간에 알려져 사회적 파장은 물론 결국 최초로 현직 대통령 자진사퇴를 이끈 정보제공자, 딥 쓰로트[4]는 당시 FBI 부국장이었다. 마크 펠트 부국장은 사망 직전 그동안 비밀이었던 팁 쓰로트가 본인이었음을 고백했다. 닉슨의 사퇴는 여론의 승리였으며 민주주의의 힘을 증명한 것이다.

한국에서는 국정원 직원이 2012년 12월 선거전 기간 중 대형 포털과 커뮤니티 사이트에서 여론 동정을 수집하고 직접 여론조작 및 선거전에 개입한 혐의를 받고 수사가 장기간 진행중이다. 국정원은 처음엔 업무 자체를 부인하였으나 2013년 국정원 내부고발자의 증언과 경찰의 중간 수사결과 발표가 이어지자, 정보심리국의 산하부서 업무임을 시인하였고 정상적인 대북심리전이었다고 말을 바꿨다.

경찰 수사결과에 따르면 피의자인 국정원 직원은 야당인사에 불리한 내용의 글과 4대강 사업에 대한 옹호글을 여러 커뮤니티 사이트에 직접 업로드하고 조회를 유도하였으며, 이에 대한 반대의견을 제지하기 위한

---

4 딥 쓰로트(Deep Throat)란 워터게이트 사건 당시 언론에 정보를 제공하는 익명의 사람을 가리킨다. 미국 언론은 기자가 취재할 수 없는 국가기밀사항 등을 당시 FBI 부국장으로부터 알아내 보도하면서 신원을 밝히지 않고 그냥 '딥 쓰로트'로 표현했다. 사건이 종결된 뒤에도 딥 쓰로트가 누구인지 언론은 공개하지 않았으며 취재원과의 약속을 끝까지 지켰다. 훗날 마크 펠트 부국장이 죽음을 앞두고 자신이 딥 쓰로트였음을 스스로 밝혔다. 정보기관에 근무했지만 부당한 일에 용기 있는 정보 공개로 미국 민주주의를 한 차원 더 성숙시켰다는 찬사를 받았다.

40여 개의 멀티아이디를 사용중이었음이 증거기록으로 밝혀졌다. 또한 이 과정에서 제3자의 명의를 도용한 위법혐의에 대해서도 수사가 진행중이다. 일 년을 넘게 끌고 있지만 제대로 전모가 밝혀질지는 여전히 미지수다.

분명한 것은 국가기관인 국정원이 대선기간에 불법적으로 선거에 개입했다는 사실이다. 이 때문에 박근혜 후보가 당선됐는지 여부는 부차적인 문제다. 헌법이 훼손되고 여론을 조작하는 일에 국가기관인 국정원이 직접 나서고 이를 보좌하는 군 사이버사령부까지 만들어 활동했다는 자체가 대형 선거부정, 비리사건이라는 것이다.

이 사건의 실체적 진실은 박근혜 정권이 끝난 뒤에나 제대로 나오겠지만 향후 박 정부 내내 정당성 시빗거리가 될 가능성이 높아졌다. 일명 '한국판 워터게이트' 사건의 전모가 제대로 밝혀지면 불법 대선 시비는 더욱 격화되고 '이명박을 법정에 세우라'는 사회적 요구가 강해질 것이다. 이를 수용하지 못하거나 납득할 만한 해명 없이 넘어가려 할 때 박근혜 정부는 상당한 부담을 안게 될 것이다.

미국 정치사에 기록된 '워터게이트 사건'

'워터게이트 사건'으로 리처드 닉슨 대통령은 탄핵 대상이 되었습니다. 워터게이트 사건이란 1972년에 일어난 일로 당시 대통령이던 공화당의 닉슨이 1972년 대선 승리를 위해 워터게이트라는 건물에 입주해 있던 민주당 전국위원회 본부에 도청장치를 설치하려다 발각된 사건 및 그와 관련된 여타 사건들을 말합니다.

닉슨은 1960년 대통령선거에서 케네디에 근소한 표차로 낙선한 후 한때 정계를 떠나기도 하였으나 와신상담하여 1968년 대통령에 당선되었으며, 그 후에는 월남 철수 및 대중 관계 개선(핑퐁외교) 등을 통해서 냉전 종식의 돌파구를 찾고자 한 인물이었습니다. 따라서 그는 자신의 정치적 업적을 완수하기 위해 재선이 필요하게 되었고 이를 위해 도청 공작을 펼치게 된 것입니다.

알려진 바에 의하면 닉슨은 케네디에게 패한 후 자신의 출신에 대한 콤플렉스가 심해졌다고 합니다. 즉 46세에 아이젠하워 밑에서 부통령을 두 번씩이나 지내고 다년간 상원의원을 지내는 등 개인적 역량은 자신이 훨씬 뛰어남에도 불구하고 볼품없는 출신 집안과 이름 없는 대학(휘티어 대학, 뒤에 듀크 대학을 다시 졸업함)을 나왔기 때문에 좋은 가문 출신에 명문대(하버드)를 나온 케네디에게 석패하였다고 생각한 것이지요.

이유야 어떻든 앞서 설명한 대로 1972년 6월 대통령 닉슨의 재선을 지지하는 비밀공작반이 워싱턴의 워터게이트빌딩에 있는 민주당 전국위원회 본부에 침입하여 도청장치를 설치하려다 발각, 체포되었는데 당초 닉슨은 도청사건과 백악관과의 관계를 부인하였으나 자신의 법률고문이 이 사건과 관련되어 체포되자 대통령 자신이 일부 책임이 있음을 인정하는 등 사건 수습에 나섭니다. 그 와중에 닉슨은 재선에 성공하기는 합니다.

바로 이때, 미국 정치사의 최대 정치 스캔들의 도화선이 된 결정적인 '양심선언'이 등장합니다. 백악관 보좌관으로 일했던 버터필드라는 사람이 대통령 집무실 대화 내용이 기록된 비밀 테이프의 존재를 폭로한 것입니다. 이로 인해 테이프를 공개하라는 여론이 빗발치고 민주당은 닉슨 비난에 발벗고 나섰지만 닉슨은 국가 보안을 이유로 테이프 공개를 거부합니다. 여기에서 워터게이트 사건을 조사하기 위해 지명된 특별 검사 콕스가 공식적으로 증거 제출을 요구하자, 닉슨은 콕스를 해임시키는 최악의 수를 둠으로써 결과적으로 정치적 자살로 이어지게 됩니다.

마침내 1973년 7월, 총 4천여 시간에 달하는 문제의 테이프가 공개되지만 가장 결정적인 단서가 될 18분 30초가 누군가에 의해 이미 교묘히 지워진 후였습니다. 당연히 여론은 닉슨이 워터게이트 사건을 직접 지시했으며 이를 은폐하기 위해 테이프를 조작했다고 생각하게 되고 이제는 공화당 내부에서도 닉슨에게 등을 돌리기 시작합니다.

결국 닉슨은 1974년 8월 하원 사법위원회에서 대통령탄핵결의가 가결됨에 따라 미 헌정사상 최초로 탄핵 소추를 받게 됩니다. 이에 닉슨은 대통령직에서 쫓겨나기 전에 스스로 물러나고 그의 후임인 포드 대통령은 대통령 권한으로 9월 8일 닉슨의 재임기간 중의 모든 죄에 대하여 특사를 발표함으로써 워터게이트 사건은 일단락됩니다. 한편 문제의 테이프는 14년 동안 분류, 보관 작업을 거쳤지만 현재까지 총 4천 시간 중 불과 60시간의 내용만 공개되었을 뿐입니다.

출처 http://kin.search.naver.com/search.naver?where=kin&sm=tab_jum&ie=utf8&query

2. 선거와 여론

여론이 선거를 결정한다

민주주의를 흔히 여론정치라고 부르는 것은 대통령이나 총리 등 권력집행인들이 정책입안에서 집행까지 여론을 중시하여 반영한다는 뜻이다. 민주주의 사회에서 국민 대다수의 여론을 거스르는 정책은 위험할 뿐만 아니라 실현 가능한지도 의문이다. 대통령이나 국회의원 등 권력대리인들이 여론의 향배에 주목하는 것은 당연하다. 이는 민의(民意)를 중시하는 청신호로 민주주의 정신의 본질로 받아들여야 한다.

문제는 여론이라는 실체가 모호하다는 것이다. 여론을 서로 유리하게 해석하여 정치집단은 아전인수(我田引水)[5]격으로 여론을 호도하는 경향이 다분하다. 여론은 또한 수시로 바뀌기 때문에 절대적이지 않으며 상대적이다. 여론은 작은 사건이나 돌발적 사고에도 영향을 받기 때문에 변화무쌍하며 예측이 쉽지 않다는 특성이 있다.

선거철이 되면 정당마다 여론에 민감해지는 것은 바로 여론이 표로 직결되기 때문이다. 선거철 각 정당이 내세우는 정책이나 선전 등은 바로

---

5 사전적 의미로는 자기 논에 물을 댄다는 뜻으로, 무슨 일을 자기에게 이롭게 생각하거나 행동함을 이르는 말이다. 자기에 유리하게 억지주장을 펴는 것을 흔히 아전인수격이라고 표현한다.

여론을 '내 편'으로 유리하게 끌고가기 위한 것이다. 특히 각 정치집단이 공약이라고 내세우는 것은 그것이 실현 가능하든 말든 일단 여론의 지지를 얻어야 표가 온다고 믿고 만든 것들이다. 막상 집권하고 보면 공약마다 엄청난 예산이 소요되거나 법을 개정해야 하는 등 실현 불가능한 일들이 대부분이다. 결국 선거철 공약은 여론을 얻기 위한 수단에 불과했다는 것이 그동안의 투표 경험으로 알 수 있다.

선거철이 되면 각 정당이 수시로 기자회견을 하고 새로운 정책을 발표하는 행위들도 바로 여론의 지지를 얻기 위한 정치행위다. 지지층은 결집시키고 중립층은 끌어들이고 반대세력은 약화 내지 무력화시키기 위해 때론 여론을 과장하고 때론 여론을 조장하고 때론 여론에 편승한다.

> 얼굴은 마음의 거울, 눈은 마음의 은밀한 고백자다. 눈과 눈썹과 얼굴은 종종 우리를 속이지만 가장 자주 속이는 것은 혀에서 나오는 말이다. 민중만큼 불확실하며 여론만큼 우매하며 선거인 전체의 의견만큼 거짓된 것은 없다.
>
> — 키케로, 로마의 철학자이자 정치가

개발도상국가에서는 유권자들의 여론을 얻기보다 바로 돈으로 표를 사는 매표행위가 여전히 성행한다. 과거 한국사회에서도 목격되던 일부 매표행위는 민주주의를 말살하고 유권자의 가치를 스스로 추락시키는 자해행위인 셈이다.

민주주의가 정착된 선진사회에서 매표행위, 여론조작행위는 형사처벌 대상이 된다. 정당은 여론을 얻기 위해 공약을 다듬고 TV토론에서 준비된 모습을 부각시키기 위해 온갖 방법을 동원한다. 각 정당이 선거철 여론의 변수에 민감한 것은 집권 여부와 직결되기 때문이다. 변화무쌍한 여론은 쉽게 잡히지도 않지만 쉽게 바뀌지도 않는다. 한마디로 선거란 여론잡기 라고 말할 수 있다.

2012년 12월 19일 대통령선거를 앞두고 국정원 직원들을 동원해 '댓글 달기'를 지시하는 등 정치개입, 선거개입 혐의로 기소된 원세훈 전 국정 원장, 국정원을 감싸려던 김용판 전 서울청장이 법정에 섰다. 2013년 8월 26일 첫 공판에서 원세훈 전 원장이 그간 불법적으로 정치에 개입한 정황 이 속속 드러났다.

이후 드러난 국정원과 사이버사령부의 선거개입은 여론을 조작하는 선 거법 위반으로 판명났지만, 검찰에서 선거법 위반 적용을 두고 논란이 벌 어진 것으로 알려졌다. 결국 선거법 위반 적용을 주장한 채동욱 당시 검 찰총장이 사생활을 이유로 중도하차하는 일까지 벌어졌지만 검찰은 끝내 선거법 위반 혐의로 전 국정원장 등을 기소했다. 선거에 엄격하게 중립을 지켜야 할 국가조직이 여론을 조작하여 국민의 투표행위를 작전 전개하 듯 교란하고 혼란에 빠뜨린 것은 형사처벌 대상이다. 집권 1년을 맞은 박 근혜 정부에 대해 오마이뉴스는 '이명박근혜 못 믿겠다'(박스기사 참조)라 는 제목으로 선거부정과 여론조작에 대한 담합 의혹을 제시했다.

'대선 담합' 없었다? 이명박근혜 못 믿겠다

국가기관 대선 개입, 진실규명 방해가 국민 의심 부추겨

유창오(karllyu)

박근혜 대통령은 국정원 대선공작 등 국가기관의 대선개입 문제에 대해 처음부터 두 가지 금지선을 분명히 했다.

첫째는 국정원 대선공작 문제로 대선에 대한 불공정성을 제기하는 것은 '대선 불복'이라는 것이었다. 둘째는 자신은 알지도 못했고, 관여하지도 않았으며, 아무런 이득도 받지 않았으니 국정원 대선공작과 자신을 연결하지 말라는 것이었다.

국정원 정국은 지난 6월 14일 검찰이 원세훈과 김용판을 기소하면서 시작되었다. 박 대통령은 6월 24일 "나는 관여해 오지 않았다. … 국정원 댓글 사건에 대해서 왜 그런 일이 생겼는지, 왜 그런 일을 했는지 전혀 알지 못한다"고 말했다. 국정조사 직후인 8월 26일에도 "지난 대선 국정원으로부터 어떤 도움도 받지 않았고 선거에 활용한 적도 없다"고 주장했다.

국정원 대선공작을 대선 결과와 연결해도 안 되고, 자신과 연결하지도 말라는 이러한 두 가지 금지선은 새누리당과 보수언론에 의해 철저히 엄수되었다. 뿐만 아니라 민주당도 이 금지선을 엄수했다. 장외투쟁에 나서면서도 대선 불복은 아니라고 기회가 있을 때마다 말했고, 박 대통령과의 연관성은 제기하지 않았다.

그랬는데, 금지선이 무너지고 있다. 봉인이 해제되고 있다. 천주교, 불교, 기독교에서 부정선거 규탄, 박근혜 대통령 퇴진운동이 일어나더니, 장하나 민주당 의원이 지난해 대통령선거가 부정선거라며 박근혜 대통령의 사퇴와 내년 6월 대통령 보궐선거를 공개 요구했다. 대선 불복이라는 첫 번째 금지선이 무너졌다.

물론 문재인 의원도 책에서 말했듯이 대선 결과는 뒤집을 수는 없는 일이다. 국가적 혼란이 너무 크고, 우리 사회가 감당할 수 없는 일이다. 가능한 일이라고 해도 결코 바람직하지 않다. 그러나 그렇다고 해서 그런 주장 자체를 금지시키고 입을 막는 것은 더욱 바람직하지 않다.

이제 두 번째 금지선도 무너지고 있다. 많은 사람들이 박근혜 대통령이 진짜로 국정원 대선 공작에 대해 몰랐을까, 그리고 관여하지 않았을까 의심하기 시작하고 있다. 이런 의심이 갈수록 커져가는 이유는 다음의 두 가지 때문이다.

첫 번째 이유는 올 한해 계속되는 국정원 대선공작과 국가기관 대선 개입 문제에 대한 논란에서 박근혜 정부와 새누리당이 집요하게 건건이 승리하고 있는 점이 역설적으로 국민의 마음속에서 두 번째 금지선을 무너뜨리고 있다고 할 수 있다.

박근혜 정부와 새누리당은 무기력한 야당을 상대로 일 년 내내 국정원 대선공작과 관련해 모든 전투에서 철저히 승리하고 있다. 국정조사도 별 성과 없이 흐지부지 만들어 버렸고, 말을 듣지 않는 검찰의 채동욱 총장도, 윤석열 수사팀장도 '찍어내기'에 성공했다. 그랬는데 상황은 오히려 더 악화하고 있다.

이는 그야말로 '구성의 역설'이다. '구성의 역설'이란 각각 개별에서는 성립되지만 전체에서는 성립되지 않는 현상을 의미한다. 케인스의 '절약의 역설'이 대표적인 예인데, "전투에서는 이기고 전쟁에서는 진다"는 말도 같은 맥락이다.

왜 이런 일이 일어날까? 그것은 국정원 등 국가기관의 대선개입 문제에 대한 박근혜 정부와 새누리당의 집요하고 철저한 승리 집착증을 보면서 국민은 오히려 "저렇게 필사적으로 하는 것을 보니 뭔가 있나보다" 하고 의심하게 되었기 때문이다.

국정원 국정조사의 핵심 증인인 원세훈·김용판 두 증인이 국정조사에 나와 선서를 거부하는 모습을 보면서, 그리고 채동욱 전 검찰총장과 윤석열 전 수사팀장을 찍어내기 하는 모습을 보면서, 국민은 조금씩 국정원 대선공작과 불법선거가 박근혜 정부와 관련된 사안이라고 받아들이고 있다.

정직하지 못하고 겸허하지 못한 모습, 어떻게든 진실을 덮으려고 하는 모습, 진상규명을 한사코 방해하거나 모르는 일이라며 비켜가려는 모습이 오히려 정통성에 대한 공격을 자초하는 것이다. 정권 정통성에 대한 일종의 콤플렉스가 있는 것으로 비치는 것이다.

그리고, 즉 점차 많은 사람이 박근혜 대통령이 대선공작에 대해 알거나 관여하지 않았을까 의심하기 시작하는 두 번째 이유는 바로 이명박 전 대통령 때문이다.

국민들은 지금까지 '친이 대 친박'의 프레임으로 정치를 바라보았고, 따라서 박근혜 대통령 집권 후 이명박 전 대통령에 대한 청산이 있을 것으로 상식적으로 예상해 왔다. 그런데 현실은 전혀 그렇지 않다. 이명박 전 대통령은 예상과 달리 태평세월을 보내고 있다. 과연 그 원인이 무엇일까, 지금 국민은 의심하기 시작했다.

정치권에는 이런 우스갯말이 있다. "선거에서 이기면 공신이 100명 생기고, 선거에서 지면 패인이 100가지 생긴다"는 이 말은 선거에 관여하는 이유는 본질에서 선거 승리 후 공신이 되어 논공행상을 받기 위해서이고, 선거에서 지면 없는 패인도 만들어서 후보와 측근을 몰아내려고 한다는 것을 풍자한 말이다. 실제로 지난 대선 패배 후 민주당은 엄청난 대선 패배 평가의 후폭풍에 시달렸다.

그러면 선거 승리 후 공신이 되어 논공행상에 참여하려면 어떻게 해야 할까? 핵심은 선거 승리에 기여하는 것이 아니다. 핵심은 후보로 하여금 자신이 선거에 기여하고 있다는 것을 알게 하는 것이다.

오히려 선거에 기여하지 않아도 좋다. 실제로는 아무런 기여를 하지 않아도 후보가 선거에 기여한다고 오해하고 있다면 얼마나 좋은 일인가? 그래서 실제로 어떤 선거캠프에서나 아무런 기여도 하지 않으면서 기여한 티만 내는 사람들이 득실득실하다. 시쳇말로 일은 안 하면서 '광만 파는 사람들'이 득실득실하다.

반대로 실제로는 선거에 혁혁한 공을 세우면서 그것을 전혀 드러내지 않는 사람들은 없다. 그것은 선거의 기본 생리상 있을 수 없는 일이다. 만일 드러나지 않으면서 선거에 혁혁한 공을 세운 이들이 있다면 최소한 캠프의 고위 책임자는 그것을 알고 있어야만 한다. 만일 캠프의 고위 책임자도 모른다면, 그래도 단 한 사람은 알고 있을 수밖에 없다. 그 사람이 바로 후보다. 아무도 모르게 선거에 기여하는 일은 선거의 기본 생리상 절대로 있을 수 없는 일이다.

더구나 박근혜 대통령의 리더십은 '만기친람(萬機親覽)'형이다. 권한을 아래로 위임하지 않고, 아주 세밀한 것까지 시시콜콜 직접 챙기고 결정하고 지시하는 리더십, 자신의 결정과 지시는 무조건 따를 것을 요구하는 리더십이다. 그로 인해 대통령의 입만 쳐다보고 눈치 보기에 급급하지 할 말을 하는 참모가 없다고 한다. 그래서 언론은 박 대통령에게 '깨알 리더십'이라는 별명을 붙였다.

그런데 이처럼 아주 소소한 것까지 시시콜콜 직접 챙기고 지시하는 '만기친람 깨알 리더십'의 박근혜 대통령이 지난 대선 국정원의 대선공작을 비롯한 국가기관의 대선개입에 대해 아무것도 몰랐다는 것은 앞뒤가 맞지 않는 일이다.

그런 점에서 지난 대선의 승부를 결정한 국정원을 비롯한 국가기관들의 선거개입과 그 혁혁한 성과가 박근혜 후보나 캠프가 모르는 채 이뤄졌다는 것은 있을 수 없는 일이다. 실제로 다수의 국민들도 그렇게 생각하고 있다. 지난 7월 15일 사회동향연구소 조사에 따르면 국민의 54.8%가 국정원 대선개입과 관련 "국정원과 새누리당이 협의했을 것"이라고 답했다.

만일 "지난 대선 국정원의 대선개입에 대해 박근혜 후보가 알고 있었다고 보는가?"라는 여론조사를 한다면, 나는 국민의 다수는 '그렇다'고 답변할 것이라고 생각한다. 왜? 그게 상식적 판단이기 때문이다. 다만, 요즘의 분위기에서 그런 용기 있는 여론조사를 할 수 있는 기관과 그런 조사를 실어 줄 언론사가 있을지는 의문이다.

이명박 대통령, 안전 보장받으려면 박근혜 후보에 알려야

남재준 국정원장은 지난 8월 5일 열린 국회 국정원 국정조사 특위에 참석하여 "국정원 대북 심리전단 확대 개편은 이명박 전 대통령의 재가를 받았다"고 밝혔다.

국정원 심리전단은 소속 4개 사이버팀 70여 명의 직원이 원세훈 원장의 지시에 따라 조직적으로 박근혜 후보에 대한 지지·찬양과 문재인 후보에 대한 반대·비방의 글을 유포하여 불법 선거운동을 한 바로 그 조직이다. 이들이 박근혜 후보 당선을 위해 조직적으로 게시한 트위터 글이 2,200만 건에 달하고, 이들이 사용한 트위터 계정이 2,270개에 이르는 것으로 최근 밝혀졌다.

국정원은 대통령 직속기관이고, 당시 원세훈 국정원장은 이명박 대통령의 최측근이었다. 그리고 그 국정원의 불법 선거운동 조직이 심리전단인데, 그 심리전단 책임자의 직위 승진과 확대 개편 등의 조직 및 역할 강화가 이명박 전 대통령의 재가에 의해 이뤄졌음을 남재준 국정원장이 국회에서 확인한 것이다.

그런데도 이명박 전 대통령이 당시 자신의 직속기관인 국정원에서, 자신의 최측근인 원세훈 원장이 주도하고 자신이 재가하여 만들어진 확대된 대북 심리전단이 수행한 불법 대선공작을 전혀 몰랐다고 할 수 있을까? 그것이 말이 되는 일일까?

이명박 정부는 도대체 왜 그렇게 집요하게 국정원 선거공작을 주도하여 대선결과를 왜곡했을까? 국정원을 비롯하여 국방부, 국가보훈처 등의 국가기관이 나서서 부정선거를 획책했을까? 그것은 대선 이후 박근혜 정부가 출범했을 때, 이명박 대통령의 안전을 보장받기 위해서가 아니었을까?

앞에서 지적한 것처럼 이명박 대통령이 정권 이양 후 안전을 보장받으려면 이명박 정부가 대선 동안 수행한 국정원 대선공작 등 국가기관의 대선개입에 대해 박근혜 후보가 알고 있어야만 한다. 후보가 모른다면 그 모든 혁혁한 대선공작이 아무런 의미가 없어진다. 그것이 선거의 기본 생리다.

더구나 박근혜 대통령의 리더십은 아주 소소한 것까지 시시콜콜 직접 챙기고 지시하는 '만기친람 깨알 리더십'이다. 권한을 아래로 위임하지 않고, 자신의 결정과 지시는 무조건 따를 것을 요구한다. 그런 박근혜 대통령에게 이후를 보장받으려면 직접 상대해야만 하지 않았을까?

이명박 전 대통령은 '비즈니스 프렌들리'를 국정의 모토로 했던 CEO 출신답게 국정을 철저히 비즈니스처럼 거래하듯이 해 왔다. 그는 기독교 신자였지만, 그의 스타일은 "누군가를 도와줄 때 오른손이 하는 것을 왼손이 모르게 하라"는 성서의 가르침과는 거리가 한참

멀었다. 그런 그가 선거의 기본 생리에 어긋나게 대선공작을 수혜자 모르게 했다는 것은 그야말로 상식적이지 않은 일이다.

따라서 지난 대선의 국정원 대선공작을 비롯한 국가기관들의 불법 선거개입은 '이·박 담합', 즉 이명박 대통령과 박근혜 후보의 담합 없이는 일어나기 어려운 일이었다고 보는 것이 타당할 것이다. 그리고 지난 가을 국정원이 한 일을 당시 박근혜 후보는 알고 있었다고 보는 것이 상식적인 판단일 것이다.

지난해 대선 기간 박근혜 후보는 마치 김종인 전 장관이나 이상돈 교수처럼 보이게 하려고 노력했지만, 집권 1년 차 박근혜 대통령이 보여 준 모습은 김기춘 비서실장이나 윤창중 전 대변인, 그리고 윤상현 의원과 같은 모습이었다. 그로 인해 국민의 마음속에서 '이·박 담합'은 점차 사실로 받아들여지고 있다.

3. 선거와 여론, 언론의 삼각구도

언론의 힘은 여론에서 나온다

여론을 조성하고 여론을 반영하는 직접적이고 가장 중요한 기관은 바로 언론사들이다. 방송사, 신문사, 뉴스통신사, 잡지사, 포털 등 뉴스와 정보를 다루는 모든 기관은 여론을 약화시키거나 확대 혹은 악화시킬 수 있는 강력한 수단을 갖고 있기 때문이다.

언론기관은 올바른 여론 형성과 이를 반영하는 과정에서 항상 '중립성과 공정성'을 내세우지만 실제로 이를 지키기는 쉽지 않다. 언론기관마다 이해관계가 걸려 있거나 정파적 목적 여부에 따라 때로는 노골적으로 때로는 간접적으로 불공정보도가 나타나게 된다. 이런 불공정보도는 항상 여론에 영향을 주고 여론을 움직이기 위한 용도로 활용된다. 따라서 선거철에는 특별히 언론의 공정성과 객관성을 강조하기 위해 언론심의기구[6]까지 만들어지지만 제도적 한계로 인해 뒷북만 치는 셈이 된다.

'언론이 바로 서야 나라가 바로 선다'라는 말이 한때 유행한 것은 바로 한국 언론의 정파성[7], 불공정성을 지적하는 언론 자성의 소리다. 권력은

---

6 방송과 신문, 인터넷 언론사 등 선거철 보도기사의 공정성을 담보하기 위해 선거보도 심의기구를 6개월 한시적으로 설치하는 것을 말한다. 심의기구 구성원들의 전문성과 대표성 논란 때문에 심의가 종종 일관성과 정파성 논란에 빠지기도 한다.

항상 언론을 장악하기 위해 노력했다. 여론을 유리하게 만들기 위해서 언론을 어떤 형태로든 장악해야 한다고 믿었기 때문이다.

제1공화국 이승만 정권 때는 언론을 통제하려 했으나 언론인들의 강력한 반발에 직면하곤 했다. 제2공화국 장면 정권 때 비로소 언론자유를 천명하며 언론자유가 꽃피는 듯했지만 1년여 만의 짧은 정치실험은 박정희 군사정권에 의해 막을 내렸다. 박정희 집권 제3, 4공화국 시기에는 언론통폐합 후 언론카르텔[8]을 형성하여 권력과 언론은 밀월관계를 형성했다.

제5공화국 전두환 군사정권 역시 여론을 잡기 위해 언론통폐합을 시도했다. 이때 등장한 것이 바로 '1도1사제'[9]였다. 1도1사제는 정부 입장에서 언론을 통제하기 매우 용이한 방식이었다. 이런 방식으로 여론을 통제했다.

중앙에서는 청와대가 당시 문화부 안에 '홍보조정실'을 만들어 언론사의 보도를 직접 간여했다.(박스기사 참조) 무엇을 보도하고 무엇을 보도해서는 안 되는지, 무슨 사진을 실어야 하고 어느 정도 크기로 보도해야 하는지 등 세세한 것까지 일일이 사실상의 검열과정을 거쳐야 했다. 이 모든 것이 정통성 시비에 따른 비판적 여론 때문이었다.

---

7 정파성이란 정치적 파당성을 이야기한다. 한국 언론사들은 모두 표면적으로 불편부당, 공정성을 주장하지만 실제로는 여당편, 야당편 등으로 정치적 편향성을 드러내고 있다. 국내 신문사들은 모두 중립성과 공정성을 내세우지만 현실적으로 정파적 보도를 하고 있다는 비판을 받고 있다.

8 언론카르텔은 정부가 신문사와 방송사의 신규 진입을 사실상 허용하지 않으면서 기존 언론사의 기득권을 유지해 줌으로써 정부와 우호적 관계를 형성하는 것을 말한다. 제한된 수의 언론사와 출입기자들을 촌지와 특혜, 술로 통제의 수단으로 삼아 친정부적 보도를 유도해 낼 수 있었다.

9 1도1사제(1道1社制)란 1도에 하나의 신문사만 존재한다는 의미로 주로 주요 광역도시에 한 개의 신문사 외는 모두 폐간시키는 것을 말한다. 언론출판의 자유라는 헌법적 가치가 짓밟혔지만 제대로 항의조차 할 수 없는 군부시대의 용어였다.

'국정원'의 보도통제와 언론의 '신보도지침'

국정원 사건과 관련하여 6월 20일 YTN은 단독으로 '국정원 SNS 박원순 비하글 등 2만 건 포착'이라는 뉴스를 보도합니다. 이 리포트는 국정원의 정치 개입이 MB정권에서 지속적으로 이어졌고, 대선뿐만 아니라 다른 여타의 선거에도 개입했다는 놀라운 사실을 밝힌 특종 중의 특종이었습니다.

YTN은 6월 20일 오전 5시 2분에 이 기사를 단독으로 보도했지만, 어찌된 일인지 갑자기 오전 10시 뉴스를 끝으로 가장 피크시간인 12시 뉴스와 오후 1시 뉴스에서는 나오지 않았습니다. 오후 2시 뉴스에서 단신 기사가 한 차례 더 방송된 이후 더는 방송되지 않았습니다.

언론에 특종은 언론사의 사활이 걸린 문제입니다. 남이 취재하지 않은 뉴스를 단독으로 보도한다는 것은 그만큼 언론사의 역량과 실력을 입증하는 동시에 많은 트래픽과 시청률을 올릴 수 있기 때문입니다. 그런데 언론이 특종을 하고도 방송을 하지 않는 이유가 무엇인지 모두 어리둥절했습니다.

처음에는 단순히 편집국 간부의 지시 때문이었다고 했지만, 사실은 국정원이 개입한 정황이 포착됐습니다.

YTN은 오전 5시 특종 리포트를 내보내고 보도국 회의를 진행합니다. 이 자리에서 간부들은 '기사 내용이 어렵고 애매하다'는 전혀 생뚱맞은 지적을 합니다. 보도국 회의가 끝나고 오전 10시 뉴스 방송 전에 YTN 기자는 국정원 직원으로부터 한 통의 전화를 받습니다.

국정원 직원은 "국정원 입장도 반영했으면 한다"는 말과 함께 "보도국 회의에서도 해당 기자의 리포트에 대해 기사 내용이 좀 어렵고 애매하다는 지적이 있었고, 과연 단독이라는 말을 붙일 수 있느냐는 의견들이 나왔다고 하니 참고하라" 했습니다.

언론사 보도국 회의 내용을 불과 몇 시간도 안 된 상황에서 어떻게 국정원 직원이 알았을까요? 보도국 회의에 참석한 누군가가 국정원에 보고했을까요? 아니면 국정원 직원이 언론사 보도국 회의를 도청이라도 했을까요?

국정원 직원이 전화를 건 후, 오전 10시 방송을 끝으로 YTN이 단독 보도한 '국정원 SNS 박원순 시장 비하글 2만 건' 기사는 사라지기 시작했습니다. 특히 오후 5시 뉴스에서는 국정원 사태 관련 전문가 대담까지 있었지만, 자사가 특종 보도한 국정원 SNS 기사는 한 마디도 언급되지 않았습니다.

날치기가 아니라 단독처리? 제목, 기사, 사진까지 관리하는 보도지침

이번 YTN의 국정원 보도통제를 보면서 가장 먼저 머릿속에 떠오른 생각은 5공 시절에 나온 '보도지침'입니다. 그때 청와대는 문화공보부 내 홍보조정실을 통해 매일 각 신문사로 보도지침(당시 용어로는 홍보조정지침)을 내려보냈습니다.

보도지침을 보면, "야당 질문 내용은 빼고, '그저 했다'라고만 보도할 것", "농촌 파멸 직전 표현 쓰지 말 것" 등 직접적인 삭제는 물론이고 '눈에 띄게', '크지 않게', '돋보이게' 등을 거론하며 일일이 기사 작성에 관여하기도 했습니다.

1985년 11월 18일에 언론사에 내려온 보도지침에는 "학생시위 '적군파식 모방'으로 쓸 것. 대학생들 민정당사 난입사건은 사회면에

다루되 비판적 시각으로 할 것. 구호나 격렬한 프랑카드(플래카드) 사진 피할 것. 치안본부 발표 '최근 학생시위 적군파식 모방' 발표문은 크게 하되 '적군파식 수법'이라는 제목으로 뽑을 것"이라고 되어 있습니다.

1985년 11월 25일 동아일보에는 '시위 차원 떠나 폭력시위 목표'라는 제목의 기사 안에 '투쟁방법으로서는 일본의 적군파식으로 방화, 쇠파이프, 벽돌, 솜방망이 등을 사용하는 도시게릴라식 폭력수법'이라는 대목이 나옵니다.

1985년 12월 2일 보도지침은 "예산안 변칙통과 책임은 야당에 있다. 국회 여 단독으로 예산안 통과 관련 다음과 같은 방향으로 제작 바람. 여당은 정치의안과 예산안을 일괄타결하려 했으나 야측, 특히 김대중의 반대로 결렬됐음. '변칙 날치기 통과'라고 하지 말고 '여 단독 처리 강행' 식으로 할 것"으로 내려옵니다.

1985년 12월 2일자 신문을 보면 대부분 '단독처리 강행'이라는 제목의 기사가 1면에 나옵니다. 날치기 통과라는 말은 찾아볼 수도 없거니와, 여당은 열심히 일하려고 했는데 야당의 반대로 어쩔 수 없어라는 기막힌 작문까지도 동원됩니다.

보도지침을 보면 아예 사건의 제목을 정해 주는 경우가 있습니다. '부천서 성고문 사건'으로 알려진 사건도 보도지침에는 단순히 '부천서 사건'으로 되어 있습니다. 1986년 7월 17일 보도지침을 보면 "성고문 사건 검찰 조사 결과 발표 내용만 쓰고 시중에 나도는 반체제측 고소장 내용 일체 보도하지 말 것. 발표 이외 독자적 취재는 불가"라며 아예 취재까지 하지 말라고 되어 있습니다.

1986년 7월 17일자 동아일보 기사를 보면 '검찰, 성적 모욕 없었다 발표'라는 제목을 통해 부천서 성고문 사건에서 성고문은 아예 있지도 않은 사실로 둔갑해 버립니다. 또한 부천서 성고문 사건을 '부천서 사건'으로 표기하는 등 충실히 보도지침에 따라 기사를 작성했음을 쉽게 알 수 있습니다.

'김근태 첫 공판 스케치 기사나 사진 쓰지 말고, 1단 처리'
'고대 교수들 개헌지지 성명 사회면 1단 처리'
'김영삼 김대중 야욕 버려야 발언은 눈에 띄게'
'미 국무성 '성고문 사건에 개판 표명' 보도 금지'

보도지침에 따른 언론사들의 기사는 수천 건에 달합니다. 아마 세계 각국 저널리즘 대회에서 이런 사례를 발표하면 저널리즘 역사의 한 획을 그을 수 있을 정도입니다.(나중에 아이엠피터가 나이 먹으면 꼭 정리해서 발표하도록 하겠습니다.)

이것이 대한민국 저널리즘의 현주소이자, 왜 언론을 언론이라 부르지 못하는지, 그 이유로 충분할 것입니다.

2013년 언론이 스스로 만들어 내는 '신보도지침'

6월 24일 국정원은 자신들 멋대로 대통령 기록물을 공공기록물로 바꾸어 공개했습니다. 스스로 언론에 공개됐기 때문이라고 하지만 대통령 기록물과 같은 사안은 누군가의 인터뷰가 아닌 이상 외국 기자들도 정보 공개 연한을 기다립니다. 아무리 언론이 진실을 알기 원한다고 법을 위반한다면 그 또한 올바른 저널리즘이 아니기 때문입니다.

2013년 6월 24일자 언론들을 보면 가관입니다. 정보기관이 스스로 비밀문서를 유출한 경위와 그 문제점을 지적하는 곳은 없고, 오로지 남북정상회담에서 노무현 대통령이 NLL 포기 발언을 했는지 아닌지만 혈안이 되어 있었습니다.

MBC는 8시 뉴스데스크에서 국정원의 NLL 대화록 관련 소식을 보도하면서, 앵커의 말이 끝나자마자 '나는 북측의 대변인 노릇 또는 변호인 노릇을 했고'라는 문구를 강조하는 화면을 내보냅니다. 뉴스를 보면 노무현 대통령이 마치 '북한 대변인'처럼 보이는 화면 구성입니다.

종편채널은 더 심합니다. 아예 NLL 특집을 다루면서 노무현 대통령을 대한민국을 지키지 못한 사람으로 규정지어 버립니다.

TV조선은 'NLL 피로 지킨 영토다'라는 문구를 화면 우측 상단에 고정해 놓고, 뉴스 속보로 '국정원 2007 남북정상회담 회의록 공개결정'이라는 제목의 기사를 내보냅니다.

국정원의 공개 결정이 어떤 법적 문제점이 있는지 여부는 중요하지가 않습니다. 그저 피로 지킨 NLL을 사수하기 위해 국정원이 승고한 뜻으로 남북정상회담 회의록을 공개하기로 했다는 식으로 보도합니다.

조선일보는 더 가관입니다. 남북정상회담 회의록에 나온 문구에서 일부 단어만 강조해서 노무현 대통령의 발언을 훼손, 왜곡해 버립니다.

'NLL 괴물'

'나라 한복판에 외국 군대'

'북측 입장 변호'

'미국이 잘못한 건데'

'못 알아듣겠다'

조선일보가 사용한 단어만 보면 노무현 대통령은 무식한 종북주의자에 북측 대변인이 되어 버립니다. 참여정부 시절 그토록 노무현 대통령을 괴롭히더니, 죽은 그를 무덤에서 꺼내 난도질하고 있는 것입니다.

MBC '시사매거진 2580'은 6월 23일 방송에서 '국정원에 무슨 일이'라는 국정원 사건 내용을 보도할 예정이었습니다. 그러나 '시사매거진 2580'은 평소 40분 방송 분량을 다 채우지 못하고 23분 만에 끝났습니다.

MBC 심원택 시사제작2부장은 편집 과정에서 제작진에게 '경찰의 수사 은폐와 조작', '원세훈 전 국정원장의 발언' 등의 내용을 삭제토록 지시했으며, 제작진이 최대한 편집을 했는데, 그마저도 방송 자체를 독단적으로 불방시켰습니다.

국정원 부정선거 촛불집회와 국정원 관련 증거는 방송하지 않거나 소극적이면서, 유독 NLL 대화록만 강조하는 미디어, 그들이 노리는 것은 바로 우리 눈과 귀를 막는 일입니다.

지금 대한민국 언론은 우리에게서 '국정원 부정선거'를 빼앗아 가고 있습니다. 그들은 우리에게 '국정원 부정선거'를 빼앗아 가고 'NLL 대화록'이라는 법을 위반한 불법적이면서 대한민국 국익에 도움이 되지 않는 이슈만 던져주고 먹으라고 합니다.

청와대와 새누리당은 일주일이면 사람들의 관심이 '국정원 부정선거'에서 'NLL 포기'라는 이슈로 넘어갈 것이라고 믿고 있을 것입니다. 그것은 이토록 많은 언론이 그들의 입맛대로 친절하게 사람들의 관심을 바꿔 주고 있기 때문입니다.

국정원이 자신들의 불법을 세상이 모르도록 했던 '보도통제'와 언론사들이 자신들의 권력을 유지하기 위해 스스로 만든 '신보도지침', 이것은 민주주의를 유린하는 일이자 진실을 찾지 못하도록 방해하는 범죄행위입니다.

여배우의 벌거벗은 사진을 잔뜩 보여 주는 언론이 진정한 언론이며, 그들이 하는 말이 진실이라고 믿으십니까? 정치가 어떻게 되든 나와 상관없다고 생각한다면, 언젠가 당신의 억울함과 진실을 그들이 알려 주지 않으리라는 두려움은 없습니까?

오직 한가닥 타는 가슴속
목마름의 기억이 네 이름을 남몰래 쓴다
타는 목마름으로
타는 목마름으로
민주주의여 만세

갈증이 납니다. 진보와 보수의 차이가 아니라 오로지 진실을 알기 위한 갈증입니다. 그래서 오늘도 신새벽에 남이 뭐라 해도 누가 읽지 않아도 '아이엠피터'는 글을 씁니다.

(오마이뉴스에 '아이엠 피터'라는 필명으로 시사칼럼에 소개된 글 인용)

한국 언론사에 진정한 언론의 자유와 경쟁체제가 확보된 것은 1987년 노태우 정권이 들어서면서 언론기본법이 폐지되고 나서부터다. 언론사 설립의 자유가 확보되고 1988년 한겨레신문 등이 창간되면서 언론카르텔이 무너지고 무한경쟁체제가 형성되었다.

김영삼 문민정부 시절에 '언론장학생'[10]이란 표현으로 언론계 내부에서 김영삼 대통령을 위해 불공정한 보도를 일삼았던 언론인들이 대거 정치권으로 진입했다. 언론장학생들은 대중매체를 통해 여론을 움직여 김영삼 후보를 대통령으로 만든 일등 공신들을 말한다.

김대중 정부 시절에도 언론과 우호적 관계를 형성하려 노력했지만 뜻대로 되지 않았다. 노무현 대통령 시절엔 '언론은 언론의 길로, 정치는 정치의 길로'라며 언론과 분명한 선을 그었다. 그러나 노무현 대통령에 대한 언론의 비판은 취임 초부터 집중됐다. 자초한 측면도 있었지만 때로는 과도한 비난, 비판 때문에 노 전 대통령은 한때 '어떤 언론도 도와주지 않는다'라고 탄식한 바 있다. 비판은 받았지만 노 대통령은 적어도 여론을 조작하려는 시도는 하지 않았다.

이명박 대통령은 반노무현 정서에 힘입어 쉽게 집권했지만 집권기간 내내 언론통제정책 때문에 시달려야 했다. 공영방송사에 자신의 낙하산을 투여하는 방식으로 방송계를 장악해 나갔다. 조선, 중앙, 동아 등 주요 일간지에 대해서는 미디어법 개정에 따른 '방송 진출'이라는 당근을 내보임으로써 내 편으로 만들었다.

박근혜 대통령은 우호적인 언론의 도움으로 집권이 평탄할 것 같았지만 의외의 복병에 발목이 잡혔다. 국정원의 대선개입 사건은 처음에 간단

---

10 김영삼 언론장학생은 언론계의 편집국장, 논설위원, 정치부장 등 소위 김영삼 대통령과 연을 만들어 우호적인 보도를 일삼았다가 선거 후 청와대와 국회 등으로 진출한 언론인들을 말한다. 불공정보도의 대가로 청와대 수석으로 장관으로 국회의원으로 자리를 바꿨지만 글을 팔아 자리를 샀다는 비판을 받아야 했다.

하게 사과하고 넘어갈 것 같았지만 점점 실체가 드러나면서 사건은 더욱 확대됐다. 2013년 12월 박대통령 취임 1주년을 맞아 전국적으로 시국대회가 열리며 '박대통령 물러가라'는 구호가 등장했을 정도다.

한 대학생이 대자보로 호소한 '안녕들 하십니까'라는 시국선언은 큰 반향이 돼 한국사회에 메아리쳤다.(박스기사 참조)

권력은 여론을 잡기 위해 끊임없이 고민하고 노력한다. 여론을 움직이는 지렛대 역할을 하는 언론사를 내 편으로 끌어들이기 위해 권력은 수단과 방법을 가리지 않는다. 공정한 여론 형성에는 항상 위험이 도사리고 있는 이유가 이 때문이다.

[김창룡의 미디어창]

'안녕들 하십니까'
대자보의 승리, 저널리즘의 실패

'안녕들 하십니까'라는 한 대학생의 대자보가 대학가에 울려퍼지며 각 매스컴으로 확산되고 있다. 방송, 신문, 인터넷 등 만개한 현대 최첨단 매스컴 사회에서 원시적 '대자보'가 우리 사회를 흔드는 원인은 무엇일까. 대자보를 바쁘게 전달하는 언론사가 고민하고 반성해야 할 점은 없을까.

'안녕들 하십니까?'라는 제목의 자필 대자보를 학교 게시판에 붙인 고려대학교 주현우 학생은 지난 12월 13일 저녁 CBS 라디오 '시사자키 정관용입니다'에 출연해 "철도노조 파업 참가자 4,200여 명 직위해제 등 현재 일어나고 있는 많은 일이 그냥 조용히 넘어갈 수만은 없는 이야기들이고, 이런 이야기들에 대해 뭔가 답답한 심정을 털어놓자는 심정으로 썼다"고 말했다.

그는 또 "국정원(선거) 개입뿐만 아니라 밀양의 송전탑 얘기도 들어 있고, 쌍용자동차 해고 노동자가 벌금과 징역 선고를 받은 일과 사실 안정된 일자리가 필요한데도 비정규직이 양산되는 문제에 대해서도 얘기를 했다"면서 "이런 사회적 문제들이 내가 사는 사회에서 일어난 일이지만 그냥 소설책과 영화를 보듯 내가 사는 곳의 이야기가 아니기 때문에 이에 대해 '안녕하신가'라고 물어본 것"이라고 말했다.

기말고사 준비로 한창 바쁠 대학생 주씨가 답답한 심정을 토로하며 문제 제기한 사안인 철도파업, 국정원 선거개입, 쌍용자동차 해고, 밀양 송전탑 강행 등은 하나하나 정치적·사회적 대형 시사 이슈들이다. 장기간 끌어오면서도 정치권과 기성세대들은 해결은커녕 논란만 더 키우는 상황에서 그가 좌절감과 답답함을 토로한 내용이다.

우리 사회에서 언제부턴가 문제를 제기하는 세력은 쉽게 '종북몰이로 단죄'하는 현실이 됐다. 합의나 논의의 소통구조는 사라지고 힘의 우위에 따른 일방통행식 밀어붙이기 불통구조가 고착화하는 현상의 심화가 사회간, 세대간 단절현상을 키우고 있다. 특히 사회 주요 시사 문제를 비중있게 의제로 다루지 못하는 각종 매체의 획일화는 다양한 목소리를 질식시키고 있다. 대자보라는 수단에 의존하도록 한 이면에는 기성 미디어의 외면과 저널리즘의 실패가 함께 하고 있다.

현재 한국의 미디어는 겉모습만 다양하게 존재하는 듯하지만 내용적으로 보면 일방통행식이며 강자의 목소리가 지배하는 구조다. 약자, 소수자의 목소리는 마이너 매체를 타고 들리는 듯 마는 듯 사회 주요 의제가 되지 못하고 있는 실정이다.

미디어 영향력이 가장 큰 KBS, MBC, EBS 등 공영방송은 이명박 정부 이후 주로 낙하산을 투여하는 방법으로 완벽에 가까울 정도로 정치적 중립성을 거세해 버렸다. 이들 공중파 방송사들은 박근혜 정부가 불편해할 만한 주요 시사 이슈는 다루지 않거나 축소시키는 방식을 전통으로 만들어가고 있다. 뉴스 시간에도 '날씨 이야기', '동물 이야기'가 너무 많다.

조중동으로 불리는 신문시장 지배적 사업자들은 '방송 진출의 꿈을 현실로' 만든 미디어법을 통해 확실하게 집권 새누리당 편이 됐다. 법적 논란에도 불구하고 미디어법을 통해 이명박 정부는 결국 '종합편성채널'이라는 방송을 그것도 신청사 4개 모두에게 허락하는 정치적 결단을 내렸다. 아직도 정부로부터 얻어내야 할 것이 많은 종편이 여당에 유리하고 야당에 불리한 편파보도를 하는 것은 태생적 숙명이다. 이로써 신문시장은 물론 종편을 통해서도 불공정 게임을 할 수 있는 유리한 이중구조를 만들었다. 이것뿐만 아니다.

일반인들은 잘 모르지만 신문사, 방송사를 상대로 뉴스 도매상을 하는 실질적인 미디어 최강자 '연합뉴스'에 대해서는 좀 색다른 방법을 택했다. 정보주권 등을 내세우며 '국가기간통신사'를 자처한 연합뉴스사법을 개정했다. 원래 입법취지는 연합뉴스를 이 땅의 국가기간통신사로 만들어 국제정보질서에서 우리의 이익을 제대로 대변하고 정치적으로는 엄격한 중립을 지키는 신뢰받는 국가대표 통신사를 만들겠다는 것이었다.

그러나 그것은 명분에 불과했다. 여야 합의로 국가기간통신사를 만들어 준 연합뉴스의 변신은 화려했다. 겉모습은 여야를 대표하는 이사회, 낙하산 아닌 조직내 사장 선발 등의 형식을 갖췄지만 실제로는 '낙하산을 방불케 하는 불공정보도'를 자행했다. 오죽하면 지난해 연합뉴스 기자들이 울분을 토하며 최장기 파업을 했겠는가. 이때 사실상 국가기간통신사 연합뉴스는 사망선고를 스스로 내린 셈이다.

　이명박 정부는 신문, 방송, 통신사 등 여론 형성의 3대 주요 매체를 완벽하게 장악한 모양새를 갖춰 박근혜 정부에 토스했다. 여기에 반발하는 기자, PD 등은 해고 등 중징계로 다스렸다. 이것도 부족하여 인터넷 여론 장악을 위해 국정원이 동원되고 사이버사령부가 만들어진 것이다. 박근혜 정부가 들어섰지만 해고된 양심적 언론인들에게 해가 바뀌어도 복직 소식이 없다.

　지금의 여론은 온전한 여론이 아니다. 한 대학생의 대자보가 삽시간에 새로운 뉴스가 되는 사회는 언론이 제 역할을 못하는 병든 사회다. 고 김수환 추기경은 전두환 군사정권 시절에 "언론은 있지만 저널리즘은 없다"고 개탄한 적이 있다. 대자보가 큰 반향을 일으키는 폐쇄된 사회. 1960년대 중국의 문화혁명기의 암흑기에 유행했던 대자보가 2013년 한국에서 재현하는 모습을 정치권과 그에 종속된 언론은 어떻게 해석하고 있을까?

4. 대자보와 국정원, 사이버사령부

이명박 전 대통령의 세계 최초, 최고의 여론조작기법, 댓글부대 등장

대자보와 국정원, 사이버사령부의 공통점은 모두 여론을 움직이려 했다는 것이다. 2013년 12월 전국적인 신드롬을 가져온 대자보는 한 대학생의 절절한 목소리가 메아리가 되어 울려퍼진 것이라면, 국정원과 사이버사령부는 어둠 속에서 익명으로 댓글이나 트위트 혹은 리트윗 하는 방식으로 조직적으로 여론을 조작하려 했다는 차이점이 있다.

국방부는 자체조사에서 '정치적 댓글은 달았지만 선거개입은 아니라'고 주장하지만 대다수 국민은 이를 믿지 않는 것 같다. 이를 빗대 '술은 마시고 운전했지만 음주운전은 아니다' 는 식이라고 조롱하는 말까지 나온다. 한겨레신문 등은 이에 대해 반박하는 사설을 게재했다.(박스기사 참조)

다시 강조하지만 국가기관의 여론조작 행위는 엄격히 법으로 금지하고 있다. 선거철 공무원 집단이 엄정 중립을 지키도록 법으로 규정하고 있는 것은 여론을 왜곡시킬 수 있기 때문이다. 그런데 주요 국가기관인 국정원과 군 사이버사령부가 선거에 조직적으로 개입한 것은 매우 잘못된 것이다. 철학자 타키투스는 "권력에 대한 욕망이야말로 가장 흉악한 야망이다. 부정하게 얻은 권력에서 선이 나오는 경우는 없다"고 말한 바 있다.

야당 후보 비난 댓글이 대선 개입 아니란 말인가

국군 사이버사령부가 지난해 대통령선거 직전 심리전단 인원수를 2배 이상 늘리는가 하면, 요원들은 최신형 스마트폰인 이른바 '작전폰'을 통해 야당 후보를 비난하는 내용의 글 등을 포털에 올렸다고 한다. 진성준 민주당 의원이 확인한 바에 따르면, 이들은 대선 후보 TV 토론이나 후보 단일화 등 민감한 대선 이슈 관련 보도에 집중적으로 댓글을 달았다는 것이다. "정치에 관여했지만 대선 개입은 아니"라는 국방부 조사본부의 발표가 얼마나 엉터리였는지를 잘 보여 주는 증거가 아닐 수 없다.

사이버사령부는 지난해 9월까지 심리전단 요원이 61명이었으나 10월부터 갑자기 132명으로 배 이상 늘렸다. 지난해 증원한 79명 가운데 71명을 댓글, 트위트글 작업을 벌이는 심리전단에 집중 배치한 것이다. 대선을 불과 2개월 앞둔 시점에 부대 하나를 통째로 늘리다시피한 것은 대선을 의식한 게 아니라면 설명이 되지 않는다.

심리전단 요원들이 포털에서 작성한 댓글 내용을 봐도 대선 개입이 없었다는 국방부 발표가 새빨간 거짓임을 잘 알 수 있다. 지난해 대선 후보 토론 뒤인 11월 27일 네이버에 올라온 연합뉴스 기사에 요원들은 "엔엘엘 사수 의욕이 없는 사람이 대통령이 된다면 유사시에 북한에 나라를 내주는 꼴이 될 것은 뻔한 이치"라거나 "대통령이 될 사람이 모호한 안보관을 갖고 있다면 국민을 위험에 빠트릴 수 있음을 명심해야" 한다는 등 문재인 후보를 비난하는 댓글을 달았다. 12월 4일에는 후보 토론 관련 연합뉴스 기사에 "뇌물 하면 다이쥬와 뇌물현은 빼놓으면 섭하제?"라는 댓글을 달기도 했다. 11월 21일 후보 단일화

관련 한겨레신문 기사에는 "내가 김대중, 노무현 이름만 들어도 이가 갈리는데 문재인이라니"라고 글을 올렸다.

국방부는 포털 댓글에 대해서도 조사했다지만 19일 중간발표엔 이런 내용이 하나도 없었다. 의도적인 은폐·축소 의혹이 제기될 수밖에 없는 대목이다.

작전폰까지 받아 사용한 것으로 밝혀진 연제욱 당시 사이버사령관이 심리전단장한테서 문제되는 내용들을 "보고는 받았으나 지시는 하지 않았다"는 것도 설득력이 떨어진다. 증거인멸 교사혐의로 입건한 심리진단장을 "증거인멸 우려가 없다"며 불구속 기소하는 것도 법률 상식에 반한다.

한마디로 총체적 부실수사일 뿐 아니라 의도적인 축소·은폐 수사로 볼 수밖에 없다. 앞으로 진행될 마무리 수사마저 이런 식이라면 문제가 심각하다. 명백하게 드러난 증거들을 고의로 무시하거나 빼돌린다면 직권남용·직무유기 등의 '2차 범죄'가 될 수 있다. 아무래도 특검이 불가피해 보인다.

개입 규모나 방식이 완전히 드러나지 않았지만 중간수사상 이미 드러난 정도로도 선거무효 논란에 휩싸일 정도다. 박근혜 대통령은 "국정원의 선거개입으로 덕본 것 없다"고 말했지만 이것은 올바른 접근법이 아니다. 이런 중대범죄행위가 있었는지, 누가 얼마나 개입돼 있는지 여부가 우선이고 결과적으로 덕을 봤는지 아닌지는 그 다음 따져야 할 부차적 문제다. 이와 관련하여 주목할 만한 여론조사 결과를 발표한 자료가 있다.

국정원 선거개입 사건과 관련해 대선 사흘 전인 2012년 12월 16일 경찰이 수사결과를 사실대로 발표했을 경우 대선 결과에 영향을 미쳤을

것이라는 여론조사 결과를 미디어오늘이 보도했다.[11]

여론조사기관 리서치뷰가 2013년 12월 18일 지난 대선에서 박근혜 대통령에게 투표를 했다고 응답한 511명을 상대로 "만약 작년 대통령선거 직전 국정원 대선 개입 사건에 대해 경찰이 사실대로 수사결과를 발표했다면 누구에게 투표했을 것으로 생각하느냐"고 질문한 결과 "그래도 박근혜 후보에게 투표했을 것"이라는 응답은 81.8%가 나왔고 "문재인 후보에게 투표했을 것"이라는 응답은 12.9%가 나왔다.(표본오차 95% 신뢰수준 ±3.1%p)

리서치뷰는 지난 2013년 10월 27일과 11월 20일에 이어 박근혜 후보 투표층을 대상으로 한 똑같은 질문으로 세 번째 조사를 진행한 것인데 문재인 후보에게 투표했을 것이라는 답변이 갈수록 높아진 것으로 나타났다. 지난 10월 첫 번째 조사에서 "문재인 후보에게 투표했을 것"이라고 답한 비율은 8.3%로 나왔고, 11월 조사에서는 9.7%, 이번 조사에서는 12.9%가 나왔다. 반면, "그래도 박근혜 후보에게 투표했을 것"이라는 답변은 86.8%에서 81.8%로 줄어들었다.

국정원뿐 아니라 다른 국가기관에서도 개입한 행위들이 속속 드러나는 등 의혹이 사실로 드러나면서 대선불복 여론까지는 아니더라도 대선에 상당한 영향을 끼쳤을 것이라는 여론이 확산된 것이라는 분석이다. 문재인 후보에게 투표했을 것이라는 응답 12.9%를 박근혜 후보가 받았던 득표율 51.55%에 대입해 환산하며 6.65%라는 수치가 늘어나 문재인 후보의 득표율은 54.67%가 되고 박근혜 후보는 48.02%로 줄어들어 선거 결과가 바뀌게 된다.[12]

이런 보도는 가상의 여론조사 결과지만 대선 결과가 바뀔 수도 있었다는 점을 시사한다. 국가기관의 선거개입은 여론을 왜곡·조작하여 선거에

---

11 http://www.mediatoday.co.kr/news/articleView.html?idxno=113802

영향을 미치는 것이 얼마나 위험한 일인가를 짐작할 수 있다. 국민 개개인의 주권행위를 무력화하는 여론조작은 국민 개개인에 대한 테러행위나 마찬가지다. 고약한 지도자는 수단과 방법을 가리지 않는 법이다.

이명박 정부에서 여론조작을 위해 이런 신종 기술을 도입한 것은 한국 역사상 최초의 일이다. 국정원이 공안몰이를 하거나 특정후보에 유리하거나 불리한 사건을 터뜨리는 일은 과거에 종종 있었다. 그러나 이처럼 국정원 내부에 조직을 만들어 여론조작 전담팀을 꾸리고, 그것도 모자라 국방부에 사이버사령부를 만들어 범법행위를 했다는 것은 용서받기 힘든 범죄다. 경찰조차 수사를 제대로 하지 않아 경찰청장이 기소되는 수모를 당했다.(박스기사 참조)

---

12 미디어오늘은 리서치뷰 안일원 대표와의 통화에서 "이번 여론조사 결과의 유의미한 대목은 40대 여심의 변화"라고 지적했다. 40대 여성은 2008년부터 진취적인 표현을 했지만 지난 총선 때 관악을 부정선거와 민주당 집안싸움 등이 누적되면서 지난 대선 때 현저하게 박근혜 후보로 이탈했던 층으로 지난 5월 윤창중 사건 파문을 거치면서 박근혜 대통령에 대한 지지를 철회하는 경향이 뚜렷하다는 것이 안 대표의 분석이다. 박 대통령에 대한 긍정평가가 지난 5월을 거쳐 12월에 들어서면서 잘못한다는 부정평가가 긍정평가보다 2배 가까이 늘어났다. 안 대표는 "40대 여성은 학부모 세대로서 생활을 힘겨워하고 있는 세대들이면서도 고학력층으로 사회적 이슈에 대해 보수적인 남성들보다 훨씬 감정적인 반응을 한다"며 '대선 부정선거 의혹과 관련해 공판 과정에서 의구심이 들 수 있는 내용이 속속 드러나고 정부 여당은 진상규명에 대한 부분을 외면하는 모습이 40대 여성에게 '해도 너무한 게 아닌가' 라는 반응으로 반영되고 있는 경향이 뚜렷하다"고 분석했다.

김용판 전 서울청장, 선거법 위반 등 징역 4년 구형

공직선거법·경찰공무원법 위반 징역 2년…직권남용 징역 2년

미디어오늘 | 강성원 기자

검찰이 '국가정보원 여직원 댓글사건' 수사를 축소·은폐하도록 부당한 외압을 행사하고, 대선 직전 허위 중간 수사결과 발표를 지시해 선거에 영향을 미치려 한 혐의로 불구속 기소된 김용판 전 서울지방경찰청장에게 징역 4년을 구형했다.

26일 서울중앙지방법원 형사합의21부(이범균 부장판사) 심리로 열린 김 전 청장에 대한 결심공판에서 검찰은 "김 전 청장이 공정선거와 대의민주주의의 근간을 무너뜨린 중대범죄를 저질렀고 서울청장으로서 경찰 내 지휘·감독 권한을 남용해 경찰 조직의 수사와 수사공보 기능을 현저히 침해하면서 국민 여론 왜곡을 왜곡했다"며 '공직선거법'과 '경찰공무원법' 위반죄로 징역 2년을, '직권남용권리행사방해죄'로 징역 2년을 각각 구형했다.

검찰은 특히 김 전 청장의 공직선거법 위반 혐의와 관련해서는 "대법원 양형 기준상 공무원의 지위를 이용한 가중구간에 해당한다"며 "선거가 임박한 시점에서 김 전 청장이 서울청과 서울수서경찰서의 공조직을 동원해 증거분석과 수사공보 기능을 계획적이고 조직적으로 침해했으며, 전 국민을 대상으로 실시간 언론보도를 하는 등 불특정 다수 상대를 대상으로 한 범행에 해당해 양형 기준상 가중구간인 1년 이상, 3년 이하에 해당"한다고 설명했다.

검찰은 또 직권남용권리행사방해에 대해서는 "서울지방청장은 소속 경찰관의 지휘·감독 권한이 있어 수사에 간접적으로 관여할 수 있으나 형사소송법상 사법경찰관이 아니므로 수사 담당자(수서서 수사팀)에게 일방적으로 수사를 지시하고 지휘할 권한이 없다"면서 "허위 중간 수사결과 보도자료 배포와 게시, 언론 브리핑을 지시해 법령상 지방청장으로서 의무가 없는 일을 지시하고 디지털 증거분석 결과에 대한 회신과 송부조차 거부해 수사팀의 정당한 수사권 행사를 방해했다"고 덧붙였다.

아울러 검찰은 김 전 청장의 혐의가 선거운동의 구성요건에 충족한다는 점을 주장하며 "국정원 여직원 사건은 대선 직전 정치적 중립이 요구되는 국가최고기관이 조직적으로 선거운동을 한 사실이 있는지, 아니면 저질 네거티브 선거운동을 한 것인지 진상 결과에 따라 특정 후보의 도덕성에 심각한 타격을 줄 수 있어 선거 막판 최대 이슈로 주목되는 상황이었다"며 "중간 수사결과 발표 내용과 결과에 따라 특정 후보자에게 유리하고 다른 후보자에게 불리했음에도 은폐·축소 결과를 발표해 표심에 영향을 미친 행위에 해당해 선거운동의 객관적 요건을 충족한다"고 밝혔다.

검찰은 이어 "중간 수사결과 발표 파급효과를 보면 지난해 12월 16일 3차 대선후보 TV토론 직후 중간 수사결과가 발표됨에 따라 주요 언론에서 TV토론 내용보다 국정원 여직원 관련 이슈 공방 관련 기사를 부각해 대대적으로 보도하는 등 마치 민주당의 주장이 사실이 아닌 것처럼 단정적으로 보도했다.

새누리당 대선캠프에선 '국정원 여직원은 제2의 타블로이자 민주당은 정치권의 타진요'라고 강도 높게 비방했다"며 "남은 대선 기간 내내 선거 소재로 적극 활용돼 김 전 청장의 행위가 선거에 미친 행위임을 계량화할 수는 없으나, 일부 여론조사기관에서도 일정 정도 표심에 영향을 미쳤다고 발표하는 등 당선과 낙선 목적 행위라면 선거에 간접적으로 관련한 행위라도 선거운동으로 판단하는 간접적 구성요건에도 해당한다"고 주장했다.

역사는 이명박 정부가 국정원과 국방부를 동원하여 여론을 조작한 방식에 대해 세계 최초의 신종 관권 부정선거로 기록할 것이다. 국제사회에서도 국정원의 선거개입에 대해 심각한 우려를 나타내는 입장 표명이 이어지고 있다.

아시아 지역 시민사회단체인 아시아자유선거네트워크는 '대한민국 국가기관의 2012년 대선 개입에 대한 철저한 조사가 필요하다'는 제목의 성명을 통해 "중립적이고 초당파적인 역할을 했어야만 하는 국가기관들이 지난 대한민국 대선에 불법적으로 개입했다는 것을 보여 주는 수많은 사례가 드러났다며 그중에서도 국가정보원의 선거개입은 가장 우려스럽다"고 밝혔다.

아시아 인권단체인 아시아인권위원회도 2013년 12월 18일 성명을 발표해 "이제까지 확인된 것만으로도 국가기관이 대선에 개입했다는 사실은 명백하며 이는 심각한 불법행위"라고 비판했다. 또한 "한국에서 이러한 일이 일어난 것은 유감스러운 일"이라고 밝혔다.[13]

이명박 전 대통령, 김용판 전 서울경찰청장, 원세훈 전 국정원장 등이 반드시 새겨들어야 할 명언을 철학자 라 브뤼에르는 이렇게 남겼다. "높은 지위는 훌륭한 사람은 더욱 빛내고 졸렬한 인물은 더욱 조롱받게 만든다."

---

13 아시아자유선거네트워크는 1997년에 설립돼 아시아 각국의 선거감시와 민주주의 증진 활동을 벌이고 있다. 아시아인권위원회는 아시아 지역 법조인과 인권활동가들이 인권보호 및 증진을 위해 활동하는 독립적 비정부기구로 1986년에 설립됐다.

대자보 현상의 문제점에 대해, 변상욱 CBS 대기자는 현대 미디어 수단이 만개한 사회에서 대자보가 새삼 주목받는 데 대해 '대자보, 우울한 시대를 포격하다' 라는 제목으로 문제점과 의의를 다각도로 분석했다.(박스 기사 참조)

대자보, 우울한 시대를 포격하다!

2013년 대자보-안녕들 하십니까?

CBS노컷뉴스 | 변상욱 대기자

대자보는 대륙마다 역사의 전환기에 등장한다. 프랑스대혁명(1789~1794)에서는 왕당파에 맞선 시민들이 자신들의 주장을 써붙여 지지와 단결을 호소했다. 1517년 종교개혁의 신호탄을 터뜨린 마르틴 루터의 95개조 반박문도 비텐베르크 성 교회 정문에 내붙인 대자보였다.

중국에서는 문화대혁명(1966~1976)이 달아오르던 시절에 베이징 대학 식당에 대학 당국자이자 공산당 간부인 고위층을 비판하는 대자보가 나붙었다. 배후에는 마오쩌둥이 있었다. 이후 대학마다 부르주아를 비판하는 대자보가 나붙기 시작했고 드디어 역사의 한 페이지를 기록한 마오쩌둥의 베이징 인민대회당 대자보, '사령부를 포격하라-나의 대자보' 가 등장한다.

이 대자보는 전국 각처로 번지며 홍위병 운동을 폭발시켰다. 당시 공산당 실권파가 당 기관지 등 각종 간행물을 모두 장악하고 있었기 때문에 여기에 맞서는 조반(造反)파는 대자보를 대중 선동의 중요한 수단으로 활용한 것이다. 덩샤오핑은 마오쩌둥이 애용한 대자보 운동에 대해 이렇게 평했다.

"대자보는 형식이 간편하고 생동감이 있으며 여러 사람에게 주의를 줄 수 있고 군중을 선동하는 데 편리하다."

우리나라 역사에서 대자보는 괘서, 익명서, 은닉서, 벽서 등의 이름으로 존재한다. 시간을 거슬러 올라가면 신라 진성여왕 때 정치를 비방하는 글이 큰길가에 나붙은 사건이 발생했다. 고려 충렬왕 때도 궁궐문에 글이 나붙었는데 누가 귀신과 무당을 섬기고 공주를 저주한다는 내용이었다.

조선 명종 때는 소윤파가 대윤파를 몰아내기 위해 경기도 과천 양재역에서 '위로는 여왕, 아래로는 간신이 권력을 휘두르니 나라가 망조'라고 익명의 대자보 벽서를 써붙인 뒤 대윤파 소행으로 몰아간 사건이 벌어졌다. 대윤파 2명에게 사약이 내려지고 20여 명이 유배를 당했다.

1755년 을해옥사와 관련된 '나주벽서사건'도 유명하다. 소론과 노론의 다툼 과정에서 소론측 세력이 역모를 꾀하면서 나주 객사에 나라를 비방하는 글을 써붙인 사건이다. 이렇게 사회적 파장이 컸던 사건을 따로 '벽서변(壁書變)'이라고 부르는데 의연한 임금도 있었다.

정조는 자기 비방 벽서가 붙자, "과인이 정치를 잘하면 저 벽보는 당연히 없어진다"며 괜한 공권력 동원이나 색출조치를 삼가라고 했다.

혈벽서(血壁書)라는 것도 있었다. 혈서로 벽서를 써붙이는 것인데 유행처럼 번져 짐승 피로 위조한 혈벽서도 유행했다 한다. 이것을 '잡혈 벽서'라고 한다.

사화와 당쟁이 빈번하고 백성의 불안과 불만이 높아진 19세기가 벽서가 가장 횡행한 때다. 구한말에는 1898년 독립협회 등 개화파에게

밀리기 시작한 수구파가 서울 곳곳에 이씨 왕조를 뒤엎으려는 모반이 진행되고 있다고 써붙여 독립협회 지도자들이 구속되기도 했다.

현대로 들어서서는 1980년대 후반 민주화운동 과정에서 대학 대자보를 통해 광주항쟁의 진상, 5공 집권층의 비리 등이 국민에게 알려졌고, 대자보가 시대문화로 자리잡았다. 언론이 통제당하니 대자보가 민중저항 매체 노릇을 한 것이다.

최근 이슈가 된 '2013 대자보'는 사회 문제에 대해 개인의 생각을 적어 내려갔지만 집단적 각성이나 여론을 불러일으키는 새로운 형태로 기고 있다. 오프라인에서 게시판이나 벽에 써붙이면 오래가지도 멀리 가지도 못하는 제약이 있다. 그런데 이번엔 대자보의 사진을 찍거나 내용을 요약해 SNS로 전파하는 새로운 소통방식이 등장해 주목된다.

또 대자보에 대한 열렬한 호응은 대자보가 갖는 특성에도 기인한다. 트윗이나 페이스북, 카카오톡으로 자기 생각을 아무리 격렬하게 적어나가도 자기 글씨로 써내려가는 대자보의 비장함과 카타르시스는 흉내 내기 어렵다는 점이 이번 대자보 돌풍의 배경이 아닌가 싶다.

SNS로 짧고 단편적인 의사소통이 이뤄져 왔기에 어떤 한계와 갈증을 느낄 수밖에 없었고 그것을 젊은 세대 다수가 공통적으로 느끼고 있었다고 보여진다. 그런 점에서 직접 써내려간 장문의 대자보는 진정성을 내보이는 효과도 커 사람들을 불러모았을 것으로 본다.

물론 이 대자보 열풍은 곧 끝날 수도 있다. 그러나 다음에 벌어질 사회문제와 이슈에서 다시 등장할 것이다. 지금의 SNS가 아닌 더 새로운 디지털 미디어와 결합할 수도 있다.

여론이 조작되는 획일화된 사회에서는 다양한 목소리가 나올 수 없다. 주류 언론은 일방적 주장을 반복, 확대하는 틈바구니에서 대자보가 나올 수 있는 토양을 만드는 셈이다. 국정원과 국방부는 조직적 선거개입은 없었다고 주장하고 있다. 그러나 사이버사령부의 경우 내부 반발까지 있었다는 양심선언이 나올 정도다.

국정원이나 국방부가 이런 식으로 선거에 개입하는 것은 민주주의에 대한 중대한 도전이다. 박근혜 정부에서 민주주의의 후퇴라는 말이 자주 나오는 것은 바로 이런 문제에 대해 사과도 없고 수사도 흐지부지한 상황이 계속되는 데 대한 비판이다. 이런 문제를 단죄하고 대비책을 세우지 못하는 한 향후 선거는 한국 국가발전을 저해하는 걸림돌이 될 것이다.

이명박 정부가 불법으로 만든 국가기관의 선거개입 문제는 박근혜 정부로 넘어왔다. 박 정부의 도덕성과 원칙론이 시험대에 섰다. 일부에서 '박대통령 퇴진'을 부르짖는 것은 아직 시기상조이며 논리적 비약이다. 분명한 사실관계, 인과관계 등 선거개입 전모가 밝혀지지 않았기 때문이다.

5. 박근혜 정부와 한국 언론구조 그리고 선거

2014년 한국 언론은 불공정선거를 구조화 · 일상화하고 있다

'여론을 얻는 자 세상을 얻는다.' 오늘날 자유민주주의 사회에서 여론의 중요성은 항상 강조되고 있다. 이 여론을 인위적으로 움직이는 데 미디어, 즉 언론을 이용하려는 경향은 갈수록 심화되고 있는 모습이다.

현대 민주주의 사회를 여론사회라고 부를 정도로 여론은 강조되고 있다. 여론에 따라 지도자가 바뀌고 정책이 바뀌기 때문이다. 정치인들이 여론을 잡기 위해 모든 노력을 기울이는 것은 그래서 이해가 간다. 문제는 여론이 변화무쌍하다는 것, 그래서 미디어를 장악하기 위해 권력은 직간접적인 다양한 방법을 시도하는 경향이 있다.

어제의 우호적인 여론이 오늘 냉엄하게 돌아서기도 하고 때로는 잘못된 보도 때문에 여론의 뭇매를 맞기도 한다. 심지어 언론이 허위보도를 통해 표적이 된 특정후보는 국회의원에 떨어지기도 한다. 이런 여론을 인위적으로 만들고 축소, 과장하는 데 언론이 가장 큰 역할을 한다.

집권 초기 여론의 역풍을 맞았던 이명박 정부는 수단과 방법을 가리지 않고 언론기관을 '내 편'으로 만드는 데 앞장섰다. 지금부터 이명박 대통령과 그 하수인들이 어떻게 미디어를 불공정 구도로 만들어 놓았는지 살펴본다.

이명박 대통령이 가장 먼저 손본 것은 여론에 가장 영향력이 큰 KBS, MBC, EBS 등 공영방송사들이다. 주로 낙하산을 투여하는 방법으로 정치적 중립성을 거세해 버렸다. 이 공영방송사들은 주요 시사문제에 대해서는 축소보도하거나 아예 보도를 하지 않는 방식을 택했다. 대신 주로 날씨와 동물 문제 등에 집중하는 경향을 나타냈다. 이런 행태는 박근혜 정부 들어서도 변함이 없다. 공영방송의 존재감은 사라지고 대신 손석희 씨가 진행하는 종합편성채널 JTBC의 뉴스가 주목을 받았다. 공영방송사들은 이명박, 박근혜 정부를 거치면서 관영방송14으로 전락했다.

신문시장도 거의 완벽에 가까울 정도로 친여 구조로 바뀌었다. 조중동으로 불리는 신문시장 지배적 사업자들에게는 '방송 진출의 꿈을 현실로' 만든 미디어법을 통해 자기 편으로 만드는 방법을 택했다. 법적 논란에도 불구하고 미디어법을 통해 방송통신위원회를 만들고, 결국 '종합편성채널'이라는 방송을 그것도 신청사 4개 모두에게 허락하는 정치적 결단을 내렸다. 아직도 정부로부터 얻어내야 할 것이 많은 종편이 여당에 유리하고 야당에 불리한 편파보도를 하는 것은 태생적 숙명이다. 이로써 신문시장은 물론 종편을 통해 여론몰이에 앞장설 수 있는 확고한 동지를 얻은 셈이다.

정파적인 조중동과 그 분신인 종합편성채널은 2012년 대통령선거에서 불공정보도로 재미를 봤다. 불공정보도란 인위적 여론조작을 의미한다. 야당은 18대 대선 패인 중의 하나로 '종합편성채널을 무시했다'는 이유를 내놓았다. 이런 미디어의 불공정 구조는 이제 쉽게 바뀔 수 없다는 데 야당의 고민이 있다. 이것뿐만이 아니다.

일반인들은 잘 모르지만 신문사, 방송사를 상대로 뉴스 도매상을 하는

---

14 관영방송이란 정부의 한 부속기관처럼 정부에 의한, 정부를 위해 존재하는 방송 형태를 말한다. 이와 대비되는 개념으로 공영방송이 있다. 공영방송은 국민의 수신료로 운영되며 정부나 다른 권력기관의 눈치를 보지 않으며 오직 국민을 위해 공정하게 보도하는 방송을 의미한다. 자유민주주의 국가에서 관영방송은 존재하지 않지만 개발도상국가 등에서는 여전히 권력과 방송사 간의 유착 내지 공생관계를 형성할 때 관영방송으로 부른다.

실질적인 미디어 최강자 '연합뉴스'에 대해서는 좀 색다른 방법을 택했다. 정보주권 등을 내세우며 '국가기간뉴스통신사'를 자처한 연합뉴스사법을 개정했다. 원래 입법취지는 연합뉴스를 이 땅의 국가기간뉴스통신사로 만들어 국제정보질서에서 우리 이익을 제대로 대변하고 정치적으로는 엄격한 중립을 지키는 신뢰받는 국가대표 통신사를 만들겠다는 것이었다.(박스기사 참조)

토론문

2013년 12월 26일 국회에서 열린 연합뉴스 관련 세미나

김창룡 인제대 신문방송학과 교수

국가기간뉴스통신사 연합뉴스의 문제는 '정치적 편향성' 하나로 귀결됩니다. 연합뉴스는 입법취지 가운데 정치적 독립성과 보도의 공정성을 가장 주요한 가치의 하나로 내세웠습니다. 그 입법취지를 스스로 심대하게 훼손하였다면 존재의 가치를 상실한 셈입니다.

뉴스통신진흥법에도 연합뉴스를 국가기간뉴스통신사로 정의내리면서 '뉴스통신은 그 보도에 있어 공정하고 객관적이어야 한다'(5조)고 명시적으로 규정하고 있습니다. 문제는 스스로 이런 공정성을 저버리는 구조 속에서는 국가기간뉴스통신사의 지위와 역할을 유지하기 힘들다는 점입니다.

발제문의 일부를 인용합니다.

"2012년 연합뉴스 노조는 파업에 돌입하였는데, 그 원인 가운데 하나가 불공정보도였다. 당시 연합뉴스 노조위원장은 '지난 3년간 불공정보도, 기사 경쟁력 약화 등으로 사장 연임 저지투쟁을 벌였으며 이것이 결국 파업으로 이어졌다'고 밝힌 바 있다. 그리고 '공정보도를 지키기 위한 투쟁의 첫걸음을 내디딘 만큼 많은 국민의 지지를 부탁한다'고 말한 바 있다."

연합뉴스 노동조합이 2012년 최장기 파업을 한 이유가 바로 '불공정보도로 인한 경쟁력 약화'라는 점을 내부에서 고백한 것입니다. 어느 정도 불공정한지는 역시 스스로 수치로 밝히고 있습니다.

"당시 편향적인 불공정보도 사례로 제시된 것은 이명박 대통령의 내곡동 사저 의혹과 관련된 보도인데, 의혹제기는 소홀히 한 채 청와대와 정부의 해명은 과도하게 반영했다는 것이다.(경향신문, 2012. 3. 13.) 또한 2009년 연합뉴스 노조가 부장 대우 이하 사원들을 대상으로 실시한 설문조사 결과에서도 '공정하다'는 응답은 겨우 3.9%(그렇다 3.3%, 매우 그렇다 0.6%)에 그쳤으며, 응답자의 65.9%(그렇지 않다 47.3%, 매우 그렇지 않다 18.6%)가 부정적으로 답했다. 정치권력으로부터 독립적이지 않다는 응답도 87.4%에 이르는 것으로 나타났다.(김동준, 2009)"

또 다른 데이터도 이를 뒷받침하고 있습니다. 역시 발제문을 인용합니다.

"지난해 연합뉴스 노조는 '뉴스통신진흥회가 뉴스통신의 진흥과 공적 책임을 실현하고 연합뉴스사의 독립성 및 공정성을 보장한다는 설립목적에 부합하는 활동을 했다고 생각하나?'를 묻는 설문조사를 실시한 바 있다. 이 조사에서 참가자의 97%(361명)가 '아니다'라고 대답하였으며, '그렇다'는 응답은 2% 수준(10명)에 그쳤다."

이제 언론계·학계 등 연합뉴스가 평소와 달리 정치적으로 민감한 문제, 대통령과 관련된 문제에 관한 한 언제든 불공정보도를 할 것으로 의심하는 단계를 넘어섰습니다. 연합뉴스는 국가기간뉴스통신사가 되고 난 뒤 편집규약이나 옴부즈맨 제도 등 자체 보도감시기구의 강화에 나서지 않았습니다. 그 결과 연합뉴스의 존재이유가 공론화되고 있는 것입니다.

문제는 앞으로 이사회 구성이나 사추위 구성문제를 조금 수정하는 선에서 공정성이 확보될 것인가 여부입니다. 연합뉴스의 역사를 통해 확인되는 것은 앞으로도 공정성 확보가 쉽지 않을 것이라는 점입니다. 그래서 연합뉴스는 앞으로 이사회나 사추위 같은 지엽적인 문제에 시간낭비를 하지 않기를 바랍니다.

결론적으로 이제 연합뉴스는 국내보도에 손을 떼게 하는 것입니다. 과거의 미디어 환경과 너무 달라진 현실에서 굳이 좁은 국내 정치, 연예, 스포츠까지 세세하게 보도할 필요가 없어졌을 정도로 국내 미디어 환경은 개선됐습니다.

입법취지를 스스로 거부한 것은 입법의원들은 물론 국민에 대한 배신행위입니다. 다시 법을 바꾸기가 쉽지 않아 연합뉴스는 위기감을 느끼지 못할 수도 있습니다. 한국이 가장 취약한 국제문제와 북한문제에 연합뉴스가 힘을 집중하도록 할 경우, 주요 회원사들인 국내 언론사와의 대립 문제도 해결될 것이고, 공정성 문제도 자연스럽게 해결될 것입니다.

연합뉴스가 정치적 문제에 불공정보도를 하지 않아도 조중동을 비롯한 종합편성채널들이 더 잘할 수 있습니다. 국가기간뉴스통신사라는 연합뉴스마저 비슷한 정치적 편향 보도를 한다는 것은 예산과 국력의 낭비이자 소수의 목소리를 질식시키는 강자의 폭력이 될 것이기 때문입니다.

그러나 그것은 명분에 불과했다. 여야 합의로 국가기간통신사를 만들어 준 연합뉴스의 변신은 화려했다. 겉모습은 여야를 대표하는 이사회, 낙하산 아닌 조직 내 사장 선발 등의 형식을 갖췄지만 실제로는 '낙하산을 방불케 하는 불공정보도'를 자행했다. 오죽하면 2012년 연합뉴스 기자들이 울분을 토하며 최장기 파업을 했겠는가.

이명박 정부는 신문, 방송, 통신사 등 여론 형성의 3대 주요매체를 완벽하게 장악한 모양새를 갖췄다. 여기에 반발하는 기자, PD 등은 해고 등 중징계로 다스렸다. 법원의 부당해고 판결이 계속되고 있지만 한번 쫓겨난 언론인들은 박근혜 정부에서도 상당수 돌아오지 못하고 있는 모습이다.(박스기사 참조)

'비정상의 정상화'는 복직에서 시작한다
해직언론인 새해 소망 "제자리를 찾는 그날까지 '뚜벅 뚜벅'"

한국기자협회

2014년 대한민국 해직언론인은 16명이다. YTN 기자들(권석재·노종면·우장균·조승호·정유신·현덕수)은 6년째, MBC 기자·PD들(강지웅·박성제·박성호·이상호·이용마·정영하·최승호)도 2년이 넘게 해직생활을 하고 있다. 국민일보 조상운·황일송 기자, 부산일보 이정호 전 편집국장도 직장으로 돌아가지 못하고 있다. 기자협회보는 이들에게 새해소망을 100자씩 받았다. 한결같았다. 하루빨리 직장으로 돌아가 동료들과 부대끼며 일하고 싶다고 했다. 이들의 작은 소망이 올해는 이뤄질까.

강지웅 MBC 전 노조사무처장

해직 3년차가 되는 새해입니다. 2012년엔 치열하게 파업투쟁 중이었고, 지난해는 몸은 한가롭지만 마음은 분주한 채 훌쩍 지나갔습니다. 지금의 언론 현실에 답답하지만 작은 것 하나라도 기여할 수 있도록 조심스럽게 발걸음을 내딛어 보려고 합니다.

권석재 YTN 해직기자

새해에 선물받은 다이어리에 뭘 적을까 고민하다 '그래 올 한해는 자제하며 살자'라는 생각이 들었다. 술도 자제하고 담배도 자제하고 원망, 미움도 자제하고… 그리하다 보면 좋은 날 오지 않겠나…. 답답한 새해지만 좋은 날 그리며 건강들 챙기소서.

노종면 YTN 해직기자

해직된 뒤 여섯 번째 새해를 맞는다. 해마다 당연한 듯 품었던 소망이 있다. YTN의 정상화. 올해 이 소망은 비정상의 정상화를 공언한 대통령에게 맡겨두자.

박성제 MBC 해직기자

새해에는 강자에게 올곧고 약자에게 따스한 시선을 보내던 MBC뉴스를 다시 보고 싶다. MBC에 아직 희망이 있음을 느끼고 싶다. 그래야 즐거운 마음으로 복직을 기다릴 것 아닌가.

박성호 MBC 해직기자

빼앗긴 들에 봄은 여전히 오지 않았다. 하지만 이 침묵과 같은 겨울이 계속될수록 공영방송 MBC를 되찾아야 할 당위는 더 절실해졌다. 아끼는 후배가 손글씨로 보내 준 다짐을 내 머리와 가슴에도 새긴다.

우장균 YTN 해직기자

소망 대신 희망을 적어 보냅니다. 2014년 대한민국에 언론자유가 다시 들꽃처럼 만발하기를 희망합니다. 그리 돼야 민주주의도 살아나고, 경제도 살아나고, 인권도 살아나고, 7년차 해직기자인 저도 복직이 되겠죠. 언론자유를 위하여!

이상호 MBC 해직기자

기자는 사실에 집착하는 족속 아닌가. 생래적으로 현실론보다 명분에 쏠린다. 아니 그래야만 한다. 세련된 정무감각 좀 내려놓자. 더 촌스러워지는 한해가 되길 바란다. 덕분에 언론에 대한 국민적 기대가 되살아나길 빈다. 그래야 희망이라도 품어 볼 것 아닌가.

이용마 MBC 해직기자

권력을 쥔 '비정상'이 '정상'을 왜곡하는 퇴행적 역사의 종언.
독재 권력에 억눌린 언론과 검찰이 정상화되고 국민의 힘으로 민주주의가 회복되길 바란다.
해피엔드가 소설 속의 이야기만이 아님을 확인하고 싶다.

이정호 부산일보 해직기자

모를 것 같아도 사람들은 안다. 사람들은 몰라도 자신은 안다.

언제라도, 언론 환경이 그저 주어진 적은 없었다.

주눅들지 말고, 눈치 보지 않고, 언론인들이 말떼처럼 두두두둑 달려가는 한해이면 좋겠다.

정영하 MBC 전 노조위원장

서 있는 자리 달라도 마음이 하나니 온기를 느낄 수 있지요.

걸음은 달라도 향하는 곳이 같으니 이렇게 걷다 보면 만나게 되지요. 우리 모두 제자리를 찾는 그날까지 '뚜벅뚜벅' 파이팅!

정유신 YTN 해직기자

해직 5년이나 6년이나 무슨 차이가 있을까요? 다만, 제가 할 수 있는 일에 집중하며 천리를 걷듯 매 순간에 최선을 다할 뿐입니다. 시간이 갈수록 해직된 우리보다 지켜보는 동료들이 더 힘든 경우가 많은 것 같습니다. 모두 힘내시고 올 한해 건강하시길.

조상운 국민일보 해직기자

이 나라 기자들이 샐러리맨의 굴레에서 벗어나 진정한 언론인의 길로 다시 들어서기를 소망합니다. 언론이 약자를 괴롭히는 무기가 아니라 오만한 권력, 비인간적인 자본, 부패한 사주를 겨누는 정의로운 칼이 되기를 소망합니다.

조승호 YTN 해직기자

시간을 6년 전으로 되돌린다면? 내 대답은 변함없다. 똑같이 행동할 것이다. 그러나 영화 '빠삐용'의 장면처럼 인생을 허비한 죄는… 유죄인가? 무죄인가? 내 대답은 수없이 바뀐다. 당당하게 돌아가 사랑하는 동료들과 지지고 볶으면서 신명나게 일하고 싶다.

최승호 MBC 해직PD

새해에는 국민들이 단 한 명의 PD, 박근혜 대통령이 연출하는 방송판의 현실을 더 알아차리기를, 그래서 대통령이 방송사 사장을 내려보내는 땡박 방송 체제를 갈아엎는 대결단이 나오기를 기대한다.

현덕수 YTN 해직기자

새해가 됐지만, '정의'에 대한 목마름이 여전하다. '방향이 틀리면 속도는 아무 의미 없다'는 간디의 말처럼 언론도 올바른 방향으로 청마(靑馬)처럼 힘차게 달려 나가는 2014년이 되길 기원한다. 그 길에 나 역시 힘을 보태고 싶다.

황일송 국민일보 해직기자

2012년 해직된 후 3년차. 올해는 해직기자들이 활짝 웃는 한해가 됐으면 좋겠다. 한편으로는 청년들도 꿈과 희망을 품고 살 수 있는 사회가 되길 바란다. 우리나라가 갈수록 노인들에 의한, 노인들을 위한 나라로 바뀌고 있는 것 같아 안타깝다.

출처=http://www.journalist.or.kr/news/articleView.html?idxno=32638

이런 불공정한 미디어 구조도 부족하여 인터넷 여론 장악을 위해 국정원이 동원되고 국방부 내 사이버사령부가 만들어진 것이다. 이명박 정부에 이어 박근혜 정부도 이런 완벽한 언론 장악 구조 속에 편파보도의 과실을 즐기고 있는 공범으로 전락할 가능성이 높아졌다. 박 대통령의 공약인 '공영방송의 구조개혁'에 대한 개선의 노력과 의지가 보이지 않기 때문이다.

KBS, MBC 등 공영방송은 거의 완벽에 가까울 정도로 관영방송으로 전락했다. 정치적으로 불리하거나 여론 형성에 악영향을 미칠 보도는 축소하거나 회피한다. 대신에 '겨울이 오면 춥다'는 방송, '비가 오면 장화를 신어야 된다'는 뉴스 같지 않은 뉴스가 판을 친다. 종편은 아예 노골적으로 한쪽으로 여론을 몰아간다.[15] 의식 있는 기자들이 파업에 나서는 등 길거리에서 저항해 보지만 이를 뉴스화조차 하지 않아 정작 시민들은 무엇이 어떻게 돌아가는지 알 길이 없다. 주요 언론의 외면으로 여론을 얻는 데 실패하고 있는 것이다.

박근혜 정부가 이명박 정부의 전철을 밟는 언론정책을 유지하게 되면 불행해질 것이다. 박 대통령이 언급했듯이 '언론을 장악해서도 안 되고 장악할 수도 없다'는 말처럼 참모들의 언론 장악 시도를 차단하고 공영방

---

15 방송통신위원회(위원장 이경재)가 지난 대선 기간 윤창중 당시 칼럼세상 대표의 '막말'로 법정제재를 받은 채널A에 대해 출연자에 대한 후속조치를 제대로 이행하지 않았다며 과태료를 부과했다. 채널A는 '구두로 경고했다'고 밝혔으나 방통위는 채널A가 관련 소명자료를 제출하지 못했고 구두경고는 적절한 조치가 아니라고 판단, 총 1500만 원의 과태료를 부과했다. 방통위 방송기반총괄과 관계자에 따르면, 방통위는 지난 17일 서면회의를 열고 '방송심의 제재조치(출연자 조치) 관련 방송법 위반사업자에 대한 과태료 처분에 관한 건'을 의결했다. 방송통신심의위원회는 채널A 프로그램에 출연한 윤창중 전 청와대 대변인의 '편파발언'을 두고 법정제재를 처분했으나, 채널A는 이에 따른 후속조치를 제대로 이행하지 않았다. 이에 방통위는 윤 전 대변인 관련 3건에 대해 건당 500만 원씩 총 1500만 원의 과태료를 부과하기로 의결했다. 윤창중 전 청와대 대변인(당시 칼럼세상 대표)은 〈박종진의 쾌도난마〉(2012년 11월 6일, 2012년 12월 11일)와 〈이언경의 세상만사〉(2012년 11월 21일)에 출연해 "문재인-안철수 단일화는 더러운 작당", "후보단일화 TV토론은 사기꾼 같은 이야기, 약장사", "이정희, 예의라고는 찾아볼 수도 없고… 싸가지 없는 며느리" 등의 발언을 했다. 이에 방통심의위는 두 차례 경고와 한 차례 주의 등 법정제재를 처분한 바 있다.

송을 관영이 아닌 공영으로 시민의 품에 돌려줘야 한다. 권력은 비판을 두려워하기보다 민심을 두려워해야 한다. 박 대통령이 마음만 먹으면 공영방송 구조를 개혁하는 방안은 나와 있다. 정치적 중립성과 공정성에 대한 의지, 언론정책만 확고하다면 이사회 구조와 이사진 선발방식과 의사결정구조를 바꿔 주면 된다.(박스기사 참조)

[김창룡의 미디어창]

방문진 이사만 잘 뽑아도 비극 막을 수 있다

6:3 구도를 5:4 구도로, 사장 중간평가제 도입도 검토해야

공영방송의 파업은 파업 당사자들은 물론 시청자들에게도 큰 교훈을 남겼다. 가장 큰 교훈이라면 권력이 개입한 '낙하산 사장'으로는 공정방송을 이룰 수 없다는 현실이었다. '낙하산 사장은 안 된다'는 것이 방송인들의 한결같은 주장이었지만 권력의 생각은 달랐다.

권력을 잡은 정치인들은 영향력 1~2위의 공영방송사를 자기 손아귀 안에 두고 싶어했다. 특히 이명박 정권은 공영방송사 사장을 '낙하산 사장 그 이상'을 해낼 수 있는 사람들을 고르고 골랐다. 낙하산 사장을 통해 국민의 뜻보다 권력의 의중을 읽고 '알아서 기는 불공정, 편파방송'으로 만들었다.

참다못해 구성원들이 거리로 뛰어나온 것이 바로 공영방송 파업이었다. 어느 정권이 들어서도 공영방송을 장악하려는 시도는 포기되기 힘들 것이다. 그렇다고 또다시 파업이라는 극단적 수단에 의지한다는 것은 너무나 큰 고통과 자기희생, 사회적 비용을 요구하는 셈이다. 이번 파업만으로도 충분히 공영방송의 정치적 중립성과 공정보도의 중요성은 알려졌다.

앞으로 파업 없이 공정방송을 보장하기 위해선 최소한 세 가지 문제를 해결해야 할 것으로 보인다.

첫째, 공영방송 사장을 선임하는 이사회의 이사 선임 과정에서 철저한 검증과 투명한 절차를 거쳐야 한다.

다음달 8월이면 KBS 이사회, MBC 방송문화진흥회 이사회가 새롭게 구성된다. 각 이사회에서 사장을 선임하기 때문에 사실상 이사들이 어떤 사람으로 어떤 과정을 거쳐 선임되느냐가 사장 인물을 결정하는 셈이다. 그동안 이사 선임은 각 정당이나 해당 단체에서 추천하는 식으로 결정됐다. 이 과정에서 전문성이나 적격성, 정치적 중립성 등을 검증하는 과정이 없었다. 이제는 검증의 시대다. 공영방송사 사장 선임권을 가진 이사 선임이 현재처럼 밀실에서 몇 사람 손에 의해 결정되면 파국은 막을 길이 없게 된다. 이사 선임부터 제대로 해야 한다는 것이 이번 파업의 쓰라린 교훈이다.

둘째, 공영방송사 사장에 대한 중간평가제도를 도입해야 한다.

여야가 앞으로 공영방송사 사장 선임과 관련된 어떤 개정안을 만들어 낼지 알 수 없지만 정치적 입장이 서로 다른 만큼 합의가 쉽지 않으리라고 본다. 그러나 공정방송에 대한 의지가 있다면 공영방송사 사장 선임 이후 2년간을 중심으로 중간평가를 하는 방안을 검토할 수 있다. 이것은 공영방송의 정치적 중립성을 강화하는 이중장치로 활용할 수 있을 것이다. 한번 사장을 선임하면 그것으로 끝이 아니라 국민을 위한 방송을 위해 권력자가 아닌 국민의 눈치를 보라는 강력한 주문이 될 것이다. 내부 구성원들이 중간평가의 주체가 돼야 할 것이다.

셋째, 현재의 여야 6:3 구도는 5:4 구도로 변경돼야 한다.

현재처럼 여야 추천 이사수가 6:3의 비율로는 여야 합의가 필요없다. 여당의 일방적 주장과 결정으로 얼마든지 사장을 선임할 수 있는 의사결정방식이다. 이 수치를 5:4로 바꾸고 3분의 2 찬성을 얻을 때 사장 선임을 할 수 있도록 하면 서로 이해와 양보, 타협이 필요해진다.

방송통신위원회가 지난 12일로 KBS와 방문진 이사 후보 공모를 마감한 결과 KBS 이사에 97명, 방문진 이사에 54명이 지원한 것으로 나타났다. 지원자 중에는 이미 '황당한 인사'들이 포함된 것으로 미디어오늘은 전하고 있다.

지원 자체를 탓할 수는 없지만 선별과정에서 충분히 검증되기를 기대한다. 소문이 사실로 드러나게 되면 또다시 파업에 버금가는 혼란이 오게 된다. 공영방송의 좌초는 한국사회의 퇴보로 이어진다. 정치권에 전적으로 공영방송의 미래를 맡기는 것은 제2, 제3의 파업을 예고하는 불행한 일이다. 쓰라린 경험에서 귀한 교훈을 얻어 더 큰 불행을 막을 수 있다면 한국의 공영방송은 더욱 건강한 발전을 기대할 수 있을 것이다.

공영방송 구조개혁 논의는 앞으로도 쉽게 나올 것 같지 않다. 정치적 중립성보다 정치적 편향성을 즐기는 입장에서 굳이 구조를 바꿔야 할 필요성을 못 느끼기 때문이다. 그래서인지 교수신문은 2013년 '올해의 사자성어'로 도행역시(倒行逆施)를 꼽았다. (박스기사 참조)

올해의 사자성어는 도행역시(倒行逆施)

교수신문, 전국 교수 설문 ··· '순리를 거슬러 행동한다' 는 뜻

교수들이 올 한해를 특징짓는 사자성어로 '순리를 거슬러 행동한다' 는 뜻의 도행역시(倒行逆施)를 꼽았다.

교수신문은 지난 6~15일 전국의 교수 622명을 대상으로 설문한 결과 32.7%(204명)가 올해의 사자성어로 '도행역시'를 선택했다고 22일 밝혔다.

도행역시는 '사기'에 실린 고사성어로, 춘추시대의 오자서가 그의 친구에게 "도리에 어긋나는 줄 알면서도 부득이하게 순리에 거스르는 행동을 했다"고 말한 데에서 유래했다.

초나라의 오자서는 자신의 아버지와 형제가 초평왕에게 살해되자 오나라로 도망쳐 오왕 합려의 신하가 돼 초나라를 공격했다. 승리한 오자서는 원수를 갚고자 이미 죽은 초평왕의 무덤을 파헤쳐 그의 시체를 꺼내 채찍으로 300번 내리쳤다. 이 소식을 들은 오자서의 친구 신포서는 그런 행위를 질책하는 편지를 보냈고, 오자서는 편지를 가져온 이에게 "이미 날이 저물었는데 갈 길은 멀어서 도리에 어긋나는 줄 알지만 부득이하게 순리에 거스르는 행동을 했다"고 말했다.

이 사자성어를 추천한 육영수 중앙대 역사학과 교수는 "박근혜 정부의 출현 이후 국민의 기대와는 달리 역사의 수레바퀴를 퇴행적으로 후퇴시키는 정책과 인사가 고집되는 것을 염려하고 경계한다"며 추천 이유를 말했다. 도행역시가 미래지향적인 가치를 주문하는 국민의 여망을 제대로 읽지 못하고 과거회귀적인 모습을 보이는 박근혜 정부에

대한 지적이라는 것이다. 앞서 교수신문은 올해 희망의 사자성어로 '묵은 것을 제거하고 새로운 것을 펼쳐낸다'는 뜻의 '제구포신(除舊布新)'을 선정한 바 있다.

육 교수는 "지금 우리의 시대 풍경은 프랑스혁명 이후의 왕정복고기와 어느 정도 닮은꼴"이라며 "박근혜 정부의 초반 행보는 '유신체제의 추억'을 되새김질하려는 억압적인 국가권력과 심화된 사회경제적 불평등을 동반했기 때문"이라고 설명했다. 강재규 인제대 법학과 교수는 "경제민주주의를 통한 복지사회의 구현이라는 공약으로 대통령에 당선됐지만 공약들은 파기되고 민주주의 후퇴, 공안통치, 양극화 심화 쪽으로 가고 있다"고 우려했다.

올해의 사자성어로 도행역시에 이어 '달팽이 뿔 위에서 싸우는 격'이란 뜻의 와각지쟁(蝸角之爭)이 22.5%(140명)의 지지를 얻어 2위에 올랐다. '가짜가 진짜를 어지럽힌다'는 의미의 '이가난진(以假亂眞)'이 19.4%(121명)의 선택을 받아 3위에 올랐다.

올해의 사자성어 선정은 전공, 세대, 지역을 안배해 선정된 추천위원단이 사자성어 43개를 추천한 뒤, 교수신문의 필진과 명예교수가 5개를 추려내 전국의 교수를 대상으로 설문하는 방식으로 진행됐다.

지난해에는 '온 세상이 모두 탁하다'는 뜻의 '거세개탁(擧世皆濁)'이 올해의 사자성어로 뽑혔다.

서울=연합뉴스

6. 법치를 바로세우는 언론과 여론

여대생 청부살해사건 재조명한 언론은
여론을 움직여 추락한 법치를 바로잡았다

여론은 검사보다 의사보다 힘이 세다. 여론을 전달하는 미디어가 많아 질수록 검찰조직, 사법부, 병원조직, 의사협회도 정의 앞에 고개를 숙인다. 타락한 사법부의 일탈도 바로잡는 것이 바로 미디어의 힘이다. 올바른 여론은 정의를 우리 사회에 강물처럼 흐르게 만드는 힘이 있다.

2013년 다시 주목받았던 '여대생 청부살인사건'[16]은 이 땅에 딸을 키우는 부모들에게 두려움과 분노를 남겼다. 사랑스런 자식을 졸지에 잃은 피해자 가족에게는 평생 지울 수 없는 고통과 슬픔의 굴레를 씌웠다. 또 우리 사회에는 여전히 강고한 '유전무죄, 무전유죄'라는 말로 법과 제도를 무력화시켰고 사법부의 불신을 키웠다.

여대생 청부살인사건의 주범인 윤씨의 남편 류 회장과 허위진단서를 작성한 세브란스대학병원 의사가 마침내 구속됐다. 구속은 수사의 시작

---

16 11년 전 평범한 여대생이었던 고 하지혜 씨가 야산에서 영문도 모른 채 잔인하게 살해당했다. 사건의 뒤에는 살인을 청부하고도 몸이 아프다는 이유로 형집행정지를 받아 자유롭게 지내던 한 재벌가의 사모님이 있었다. 지난 2012년 5월 25일 방송 이후 사람들은 이 사실에 분노했고, 결국 사모님의 주치의와 '그것이 알고 싶다' 제작진에게 방송 중단을 요구했던 회장이 구속됐다. 또한 형집행정지에 관한 법이 엄격하게 개정됐다.

에 불과하지만 너무 오랜 시간이 걸렸다. 이들은 허위진단서를 작성해 달라며 10여 차례 걸쳐 돈을 주고받은 혐의를 받고 있다. 과연 10여 차례에 불과한지 여부와 돈의 액수도 아직 밝혀지지 않았다.

한국사회에서 돈의 힘은 너무 강하다. 돈의 효과는 즉각적으로 나타나고 불가능을 가능하게 만드는 위력을 보여 준다. 세인들에게 까맣게 잊혀진 여대생 청부살인사건이 다시 주목을 받게 된 것은 청부살해범 윤씨가 2002년 무기징역형을 선고받고도 법대로 감방살이를 하지 않았기 때문이다.

돈의 힘은 상식을 초월한다. 감형 없는 무기징역을 선고받은 살인마에게 '가짜허위진단서를 이용한' 형집행정지라는 제도를 악용하도록 의사, 검사, 변호사 등 배운 자들이 협조, 묵인, 방조했다는 비판이 나왔다. 어찌 진단서 한 장만으로 형집행정지를 받아낼 수 있었을까. 보통 사람들에게는 '하늘에 별따기'로 표현되는 그 어렵다는 형집행정지를 다섯 번씩이나 받아내는 데 '전문가들'은 전문적인 지식을 악용해서 제도의 취지를 무력화시키고 법을 기만했다는 비판을 받았다.

억울하게 딸을 잃은 피해자 가족들은 피눈물을 흘리고 심지어 어머니는 자살 시도까지 하는 비극의 삶을 이어가고 있는데, 살인마는 대학병원 호화병동을 거주지 삼아 법을 유린하며 자유를 만끽했다. 검찰 수사결과 예상대로 살인마 남편 류 회장이 의사에게 뒷돈을 주고 허위진단서를 받아내도록 했다고 밝혀냈다. 일반인의 예상이 거의 맞은 셈이다. 이렇게 합리적 의심을 가질 만한 사안에 대해 어찌 의사, 검사의 판단은 그렇게 엇나갔을까. 어찌 손바닥으로 하늘을 가릴 수 있을까. 이번 사건이 세상에 알려지고 다시 수사를 하게 만든 공로는 바로 언론이었다. MBC 시사매거진 2580 등 언론의 용기 있는 보도가 주효했다.

특히 SBS '그것이 알고 싶다'는 두 차례에 걸쳐 '여대생 청부살해사건'을 심층취재해서 방영했다. 검찰측에서도 방송에서 이 문제가 나간다는 사실을 알고 나서야 비로소 형집행정지를 중단시키고 서둘러 살인마를 다시 감방으로 잡아들였다고 한다. 돈의 힘을 언론의 힘으로 제압한 셈이다.

언론은 여론을 움직인다. 화가 난 여론은 허위진단서 문제, 형집행정지의 제도적 모순점 등에 대한 질타가 이어졌고 그제서야 사법부는 법과 제도를 보완한다는 식으로 대안을 찾는다고 허둥대는 모습이다. 언론이 이런 문제에 대해 지속적이고 비판적으로 보도하지 않았다면 장담컨대 이 문제는 다시 조용하게 넘어갔을 가능성이 높다.

이명박 정부 시절에 유모 외교부장관은 한 명의 사무관을 특별공채하면서 자신의 딸을 뽑으려는 술수를 부렸다. 권력의 힘으로 정당한 인사제도를 무력화한 사건이었다. 이때도 내부 제보를 받은 SBS가 뉴스를 통해 제일 먼저 이 사건을 보도했다.

유 장관은 처음에 자신의 딸을 두둔하다가 청와대의 기류가 심상치 않다고 판단한 뒤 딸을 그만두게 하겠다고 했다. 여론이 빗발치자 결국 자신도 장관직 사표를 냈다. 권력의 힘을 빌려 무자격 딸을 사무관 공채에 앉히려는 빗나간 부정을 언론이 고발해서 바로잡은 셈이다. 공정해야 할 국가의 인사제도를 타락시키고 국민에게 정의에 대한 상실감을 갖도록 한 그에게 법적 처벌이 없었다는 것도 부도덕한 권력의 힘이거나 법의 한계다.

돈의 힘은 법과 제도를 무력화시킨다. 윤씨의 정확한 법적 혐의는 '살인교사'이지 살인마는 아니라고 누군가 시비를 걸 수 있다. 손에 피를 묻히는 살인범만 살인마가 아니라 그렇게 하도록 돈을 주고 사주하는 살인교사도 살인마의 범주에 넣는 데 무리가 없다.

문제는 앞으로의 일이다. 이번 사건을 통해 가장 큰 타격을 받은 곳은 류 회장의 영남제분이 아니라 사법부다. 사법부가 허위진단서인지 몰랐다면 무능하고 알고도 속아넘어갔다면 공범인 셈이다. 재벌, 정치인들에게만 가면 이상하게 휘둘리는 사법부에 대한 신뢰는 여전히 먼나라 얘기라는 소리다. 구속됐던 허위진단서 발급 의사는 구속된 지 불과 몇 달 만에 방어권 보호라는 명분으로 보석으로 풀려났다.

　돈을 주고받은 의사와 회장님은 이 사건이 조용해지면 경징계를 받고 조용하게 나올 가능성이 높다. 이런 비관적 전망을 하는 이유는 그들이 가진 돈과 변호사의 위력 앞에 법이 너무 초라하기 때문이다. 그리고 다시 조용하게 제2, 제3의 방식으로 가진 돈을 이용해서 살인마의 자유를 향해 돈의 위력을 발휘하려 할 것이다. 호화병실의 맛을 본 살인마가 답답한 교도소에서 지내기에는 남편의 돈이 너무 많다. 교도소 내부는 언론의 치외법권 지대다. 언론의 힘은 누군가가 내부 제보가 있어야 위력을 발휘한다는 데 한계가 있다.

　민주주의를 여론정치라면 그 여론을 만들어가는 언론의 역할은 더욱 강조돼야 한다. 피눈물 흘리는 피해자의 아픔을 덜어주고 돈과 법의 위력을 남용하는 자들에게 더욱 감시의 강도를 높여 정의가 바로 서도록 용기 있게 보도하는 것이 저널리스트의 사명이다. 언론이 여론을 움직이고 여론은 타락한 사법부를 바로 세울 수 있기 때문이다.

7. 3·15부정선거와 현대의 여론조작

선거를 이기기 위한 수단과 방법은 진화한다

한국 헌정사에서 대표적인 부정선거를 거론할 때 항상 1960년 권력에 의해 자행된 '3·15부정선거'[17]를 든다. 당시는 민주주의라고 부를 수조차 없을 정도로 권력에 의해 불법과 탈법이 공공연하게 선거과정에서 일어났기 때문이다. 노골적인 부정선거는 여론을 왜곡·조작했고 불법적인 권력 탄생을 가져왔지만 민중봉기가 일어나는 도화선이 됐다. 결국 초대 대통령이자 건국 대통령 이승만 정권의 붕괴를 가져왔다.

50여 년이 지난 이 땅에 2012년 대선 불법 선거 논란이 수그러들지 않고 있다. 박근혜 대통령은 야권의 3·15부정선거 비유와 관련해 "금도를

---

17 1960년 3월 15일 실시된 정·부통령선거에서 이승만이 부정과 폭력으로 재집권을 시도하다가 4·19혁명과 이승만 정권의 붕괴를 야기한 사건. 3월 15일 선거에서 대통령 이승만은 12년간 지속된 장기집권체제를 연장하고, 승계권을 가진 부통령에 이기붕을 당선시키기 위하여 대규모 부정행위를 저질렀다. 전국적으로 유령유권자 조작, 4할 사전투표, 입후보 등록의 폭력적 방해, 관권 총동원에 의한 유권자 협박, 야당인사의 살상, 투표권 강탈, 3~5인조 공개투표, 야당 참관인 축출, 부정개표 등이 자행되었다. 그 결과 자유당 후보의 득표율이 95~99%에 이르렀으나 하향조정하여 이승만 963만 표(85%), 이기붕 833만 표(73%)로 발표하였다. 그러나 3월 15일 마산(현 창원시)에서 부정선거에 항의하는 대규모 시위가 발생, 시위진압 도중 경찰의 실탄 발포로 최소한 8명이 사망하고, 72명이 총상을 입는 사건이 발생하였다. 이어 4월 19일 대규모 시위가 전국적으로 확산되었다. 결국 3월 26일 대통령 이승만이 하야성명을 발표함으로써 자유당 정권은 붕괴되었다.

넘어서는 것"이라고 강한 불쾌감을 표하면서 국정원의 대선 개입과 자신은 관련이 없다는 입장을 재차 강조했다.

박 대통령은 청와대에서 주재한 수석비서관회의에서 "작금에는 부정선거까지 언급하는데 저는 지난 대선에서 국가정보원으로부터 어떤 도움도 받지 않았고 선거에 활용한 적도 없다"고 기존 입장을 재확인했다. 그러면서 야권의 3·15부정선거 비유에 대해 "민생과 거리가 먼 정치와 금도를 넘어서는 것은 국민들을 분열시키고 정치를 파행으로 몰게 될 것이며 그것은 진정 국민을 위한 정치가 아니라고 생각한다"고 야권에 화살을 돌렸다.

박 대통령이 모르는 사이에 이명박 정부에서 국정원과 사이버사령부의 여론조작 행위가 이뤄졌다면 억울하고 답답할 수 있다. 더구나 '3·15부정선거'에 비유하는 것은 적절하지도 타당하지도 않다고 말할 수 있다. 그래서 더욱 수사를 통해 진실을 밝히고 관련자를 문책하는 선에서 정리해야 한다.

여기서 짚고넘어가야 할 문제가 있다. '나는 몰랐다', '나는 도움을 받지 않았다'는 말만으로는 납득하기 어려운 상황에 이르렀다는 사실이다. 선거 직전 국정원 여직원 댓글 사건과 야밤에 경찰이 이례적으로 황급하게 기자회견을 한 사실, 그 기자회견 내용이 훗날 권은희 수사과장의 진술로 거짓으로 드러난 점 등 정황과 주장, 물증이 계속적으로 드러나고 있다. 그런데도 원세훈 전 국정원장을 개인비리로 처벌하는 선에서 무마하려고 한다.

'나는 몰랐고 나는 도움을 받지 않았다'고 주장할 수 있으나 드러나는 사실들이 그렇지 않다면 전모를 정확하게 밝히고 의혹을 해소시키는 것이 국정을 책임진 대통령의 일이다. 이 과정에서 부당한 권력행사가 있었다면 관련자를 처벌하고 대통령이 재발방지 약속을 하고 넘어가면 될 일이다.

그러나 당연한 일을 당연하게 하지 않으니 사회적 논란과 분열은 수그러들지 않고 오히려 악화되고 있다.

선거를 앞두고 어떤 형태로든 여론을 조작하고 거짓말하는 행위는 또 다른 부정선거 유형에 포함된다. 이미 기존 미디어를 장악한 상황에서 앞으로 인터넷과 스마트폰을 중심으로 하는 사회관계망서비스(SNS)는 여론을 움직이는 주요공간으로 떠올랐다. 자유로운 여론 형성 공간이 이명박 정부가 불법적으로 국가기관을 동원하여 교란, 혼란시킨 책임을 묻는 것은 당위다. 이를 축소 혹은 방해하는 행위는 똑같이 처벌대상이 될 것이다.

8. 2017년 19대 대통령선거의 10가지 특징

권력에 장악당한 미디어 구도를 어떻게 바꿀 것인가

.

미래의 선거는 미디어와 여론이 결정적 역할을 하게 된다. 15대 대통령선거부터 활용되기 시작한 미디어 선거는 2002년 16대 대통령선거에 와서 정착되어 가는 모습을 보였다. 이때의 선거 특징과 양상은 2012년 대선 때까지 10여 년간 지속됐다.

16대 대통령선거는 '3김시대'의 퇴조, TV토론과 TV광고 등 미디어를 이용한 선거운동, 활발한 인터넷 선거문화의 확산, 세대간 대결 양상, 진보세력의 정치력 발판 확보 등으로 특징지을 수 있었다.

김영삼, 김대중, 김종필로 대표되는 이른바 '3김'이 정치 전면에서 떠나고 이들을 중심으로 했던 가신과 돈, 지역주의에 의존했던 정치 행태가 상당부분 사라지는 모습을 보였다. 유세장에서의 정당·후보자 연설회 등은 많이 사라지고 대신 TV토론과 TV광고를 적극 이용한 미디어 선거가 이루어졌으며, 유권자들도 TV토론과 TV광고 등에 높은 관심을 보였다.

또한 각 후보의 인터넷 홈페이지와 후보 지지자들의 홈페이지 등 인터넷 매체를 통한 선거활동이 활발했으며, 인터넷이 새로운 여론 형성의 미디어로 각광을 받기 시작한 것이 바로 16대 대선 때였다.

노무현 민주당 후보를 당선시키는 데 큰 역할을 했던 국내 최초의 자발적 정치인 팬클럽인 '노사모(노무현을 사랑하는 사람들의 모임)' 역시 인터넷을 통해 결집했고 인터넷을 통해 활발한 활동을 하였다.

16대 대통령선거에서는 20, 30대 젊은층이 기성정치 질서와 사회주류에 반발하면서 세대별 양극화 현상이 두드러지게 나타났다. 20, 30대는 민주당 노무현 후보, 50대 이상은 한나라당 이회창 후보를 지지하는 세대 간 대결 양상이 두드러졌다.

2012년 12월 실시된 제18대 대선에서 새누리당 박근혜 후보와 민주통합당 문재인 후보가 막판까지 피를 말리는 대접전을 벌였다. 개표 마지막 순간까지 승패를 알 수 없는 안갯속이었다. 18대 대선의 특징은 과거처럼 보수 대 진보의 총력 대결 구도에다 16대 대선처럼 세대별 대결 양상이 두드러졌다. (박스기사 참조)

18대 대선 특징은…대형 공약 없고 지역구도 희석, 세대간 대결 심화

뉴시스 | 안호균 기자

박근혜 대통령 당선인의 승리로 19일 막을 내린 18대 대선은 헌정 사상 첫 여성 대통령 및 최초의 부녀 대통령 탄생, 직선제 도입 이후 최초의 과반 지지율, 역대 득표수 1위 등 각종 기록을 세웠다.

이처럼 다양한 기록을 낳은 18대 대선이 과거 대통령선거와 다른 점은 무엇일까.

이번 대선은 직선제 도입 이후 보수와 진보 진영의 1:1 대결로 치러진 첫 선거여서 국민의 관심도 뜨거웠다. 투표율은 75.8%로 1997년 대선 이후 모든 선거를 통틀어 가장 높았고 결과는 막판까지 안갯속이었다.

세대간 대결 구도가 뚜렷해진 것도 이번 선거의 특징이다.

중앙선거관리위원회에 따르면 50대 투표율은 89.9%, 60대 투표율은 78.8%로 1~2위를 기록했다. 반면 20대와 30대의 투표율은 각각 65.2%, 72.5%에 그쳤다.

정확한 세대별 투표 성향은 집계되지 않았지만 '2030'세대를 압도하는 '5060'세대의 투표율이 박 당선인의 승리에 결정적인 역할을 했다는 평가다.

반면 지역구도는 상당부분 희석된 모습을 보였다.

박 당선인은 전통적 약세지역인 호남에서 여권 후보로는 처음으로 10.4%라는 두자릿수 지지율을 기록했다. 17대 대선에서 이명박 대통령은 호남에서 8.9%를 얻었다.

민주통합당 문재인 후보도 야권의 약세 지역인 영남에서 약진했다. 문 후보는 부산·경남(PK)에서 40% 가까운 지지를 받아 2002년 노무현 전 대통령이 세웠던 야권의 기록을 뛰어넘었다.

서울에서 뒤진 후보가 선거에서 이긴 경우는 이번 대선이 처음이다. 박 당선인은 서울에서 48.2%의 지지율로 문 후보(51.42%)에게 3%포인트 정도 뒤졌다.

반면 충청에서 이겨야 대선에서 승리한다는 징크스는 이번에도 적중했다.

선거전은 대형 공약 없이 공약이 아닌 프레임의 싸움 중심으로 전개됐다. '박정희 대 노무현', '이명박 정권 심판론 대 노무현 정권 실패론' 등의 '프레임 전쟁'이 전개됐다. 2002년의 세종시 이전, 2007년의 한반도 대운하와 같은 대형 공약은 나오지 않았다.

네거티브 공방은 여전히 치열하게 전개됐다. '노무현 전 대통령 NLL 포기발언 의혹', '국정원 여직원 댓글 의혹' '박 당선인의 신천지 연관설', 'TV토론회 아이패드 커닝설', '문 후보의 고가 의자 논란', '문 후보의 아들 취업 특혜 논란' 등이 제기됐다. 하지만 여느 대선 때와는 달리 이번에는 선거판을 흔들 만한 대형 이슈로 확대되지는 않았다.

또 무소속 안철수 전 후보의 등장으로 '새 정치'에 대한 국민적 열망이 확인된 점, 과거의 대규모 군중 동원 유세가 거의 사라지고 소셜네트워크서비스(SNS) 등을 통한 선거운동이 활성화된 점도 이번 선거의 특징으로 분석된다.

또 다른 특징은 인터넷 선거가 더욱 활발해지면서 여론을 왜곡시키기 위해 상대를 비난하는 네거티브 공세가 크게 두드러졌다는 것이다. 여기에는 훗날 밝혀지지만 국정원과 국방부의 여론조작을 위한 네거티브 선거개입 때문이었다.

18대 대선은 박 후보를 중심으로 한 보수대연합과 문 후보를 축으로 뭉친 진보연대가 충돌한 보수와 진보 진영의 전면대결이었다. 대선이 보수와 진보 간 1:1 대결구도로 치러진 것은 1987년 대통령 직선제 개헌 이후처음이었다. 진영 구축은 박 후보가 앞섰다. 이인제 전 선진통일당 대표, 이회창 전 자유선진당 대표가 박 후보에 대한 지지를 선언하며 가세했다.

문 후보 쪽도 안철수 전 무소속 후보가 야권단일화를 앞세워 문 후보를 지지하며 사퇴했고, 이후 심상정 진보정의당 후보, 이정희 통합진보당 후보가 사퇴하면서 후보단일화를 완성했다.

새 정치에 대한 열망으로 촉발된 안철수 현상은 대선의 키워드가 됐다. 안 전 후보는 기성정치에 실망한 2030세대, 40대 부동층으로부터 40%

넘는 지지율을 얻어 대세론을 형성하던 박 후보와 1~2위를 다퉜다.

18대 대선의 또 다른 특징은 초대형 이슈와 메가 공약이 없다는 것이다. 2002년 당시 월드컵 열풍과 노무현 전 대통령의 행정수도 이전 공약, 2007년에는 이명박 대통령의 BBK사건과 대운하 공약이 대선정국을 뒤흔들었다.

그러나 이번에는 야권 단일화 이슈 외에는 대형 이슈를 찾아보기 어려웠다. 막판 변수였던 북한 장거리 미사일 발사도 표심을 크게 흔들지 못했다는 평가다. 여야 정책에서도 차별성이 없어 대선을 밋밋하게 만들었다. 정책 대결이 뚜렷이 부각되지 않다 보니 두 후보 진영은 네거티브전으로 치달았다. TV토론에서는 참여정부 실패론 대 이명박정부 실패론 등 네 탓 공방이 오갔다.

선거 초반부터 불거졌던 노무현 전 대통령 NLL 포기발언 의혹을 비롯해 선거 막판까지 종북세력 연대, 국정원 여직원 댓글 의혹, 새누리당 SNS 여론조작 논란 등으로 난타전을 벌였다. 각종 흑색선전도 난무했다. 박 후보에 대한 신천지 연관설, 1억5천만 원 굿판, 아이패드 커닝설, 문 후보의 고가 의자 논란, 아들 취업 특혜 논란, 저축은행 조사 압력설 등이었다.

양측의 네거티브 공방전에 대한 비난여론이 일자 박 후보와 문 후보 모두 네거티브를 하지 않겠다고 약속했지만 이 약속은 끝내 지켜지지 않아 진흙탕 공방으로 대선전은 막을 내렸다. 18대 대선을 통해 나타난 이념간·세대간의 분열상은 더욱 심화됐다.

미디어 선거는 양측 후보를 검증할 수 있는 기회가 되기에는 부족했다. 새롭게 등장한 것이 국가기관의 선거개입, 인터넷을 통한 네거티브 여론조작, 수사기관의 독립성 등이다.

19대 대통령선거도 18대 대통령선거의 복사판이 될 전망이다. 이념과 지역간 분열과 진영의 고착화로 또다시 세대간·지역간·이념간 대결 양상을 보일 것이기 때문이다. 특히 한국은 승자에게는 법이 너무나 관대하고 패자에게는 법이 너무나 무심할 것이기 때문에 더욱 수단과 방법을 가리지 않고 이기고 보자는 승리만능주의가 강하게 나타날 것이다.

재판중인 원세훈 전 국정원장도 개인비리로 유죄판결을 받겠지만 흐지부지될 것이다. 선거 승리자가 그의 공을 인정할 것이기 때문에 보석이나 집행유예 등 법의 은전으로 풀려나고 어쩌면 공기업 사장으로 임명될 수도 있다.

미래 유권자들은 지식정보화사회에서 웬만한 정보와 뉴스는 거의 접하게 된다. 또한 쉽게 지지후보를 바꾸지 않는 특성이 있다. 여론조작팀들도 이를 알고 있기 때문에 소수의 부동층을 잡고 집안표를 결집시키는 방향으로 목표를 잡고 있다. 지지여론은 확산, 확대시키고 설득력 있는 반대여론은 집요하게 맹공을 퍼붓는 방식이다. 이것도 부족하면 개인에 대한 인신공격과 명예훼손 등을 서슴지 않는다. 문제가 되도 '면책된다'는 것을 보여 주었기 때문에 큰 걱정 없이 불법을 저지르게 된다.

따라서 19대 대통령선거는 이런 분석을 토대로 정리하면 다음과 같은 10가지 특징을 보일 것이다.

하나, 3% 안팎의 부동표가 결정타가 될 것이다.

대선전은 초기 부동표가 보통 30% 내외로 나타난다. 투표일에 임박하면 10% 내외로 급격히 줄어들고 투표 당일까지 마음을 정하지 못하는 사람들이 대개 3% 안팎이라고 한다. 부동층은 주로 TV토론, TV연설 등을 거치며 1차적으로 후보자에 대한 마음을 정리하고 최종적으로는 주변의 분위기, 돌발사건에 따른 미디어 보도의 유불리 등에 의해 영향을 받는 것으로 나타난다. 노무현은 토론과 연설, 단일화 과정을 거치며 부동층을 상당수 끌여들이는 데 성공하여 대통령의 꿈을 이뤘다.

이명박은 선거도 하기 전에 노무현에 대한 반감 때문에 일치감치 승부가 나버렸다. '선거의 여왕'이라는 박근혜 여당 후보는 '허약한' 야당 후보에 비교가 되지 않을 것 같았다. 그러나 박 대통령은 박빙의 승부로 겨우 이긴 것으로 나타났다.[18] 문재인 후보가 막판 안철수 후보와의 단일화 과정을 거치며 부동표를 상당히 흡수했기 때문이다. 앞으로도 대선에서 일방적 승리란 나오기 힘들 것이다. 친여 친야 구도가 쉽게 변하지 않으며 개인의 신념에 따른 투표 행태도 크게 바뀌지 않는다. 그래서 오락가락하는 부동층(3~10%)을 잡는 후보가 선거에 이기는 게임이 된다.

둘, 부동표를 포기시키거나 끌어오기 위한 여론조작, 돌발사건이 획책될 것이다.

부동표는 고정표와 달리 주변 환경이나 여론에 쉽게 영향을 받는다는 특징이 있다. 또한 부동표는 아예 쉽게 포기하는 경향도 나타나 '내가 못 가져올 바에야 포기시키는 전략'도 종종 시도된다. 정치혐오증, 선거무용론 등이 선거철에 유독 강조되는 것은 이런 부동층들에게 선거날 투표하러 오지 말라는 메시지도 된다.

한국에서 선거철만 되면 북한책동, 간첩문제 등 소위 북풍(北風)공작이 이뤄지는 것은 이런 돌발사건을 통해 부동층을 유리하게 끌어들이기 위한 여론조작사건인 셈이다. 이명박 정부는 여론에 약한 부동층을 끌어들이기 위해 국방부와 국정원 등이 조직적으로 '댓글 부대', '트위트 부대'를 만들어 인터넷 여론판을 난장판으로 만들었다. 여권 후보는 띄우고 야

---

18 중앙선관위에 따르면 총 선거인수는 4050만7842명이며 이 중 75.8%가 투표에 참여해 투표자수는 3071만1459명으로 집계됐다. 후보자별로는 박근혜 새누리당 후보가 1577만3128표를 얻어 과반이 넘는 득표율 51.55%를 기록했다. 문재인 민주통합당 후보는 1469만2632표를 얻어 득표율은 48.02%로 집계됐다.

권 후보는 박살내는 전략을 전쟁처럼 치르다가 막판에 '국정원 여직원 댓글 사건'이 불거진 것이다.

경찰이 제대로 수사하고 미디어에서 제대로 보도했다면 결과가 달라졌을 것이라는 분석도 나왔다. 그러나 경찰은 이례적으로 야밤에 '거짓 기자회견'을 했다. 이 역시 고정표를 지키고 부동층을 잡기 위한 악착같은 권력의 빗나간 집념의 산물이었다. 여기에 서울경찰청장이 화답하는 바람에 법원을 넘나들며 범법자 신세가 된 것이다.

셋, TV토론 등 미디어 선거는 후퇴하고 TV선전은 공해 수준으로 남발될 것이다.

후보자 TV토론은 유권자들이 후보자들의 리더십과 인간 됨됨이에 대해 가장 잘 알 수 있는 기회를 제공한다. 그런데 TV토론에 불리하다고 판단하는 쪽에서는 갖은 이유를 내세워 회피하고 대신 일방적으로 정견을 발표할 수 있는 TV광고를 선호하게 된다.

돈이 넉넉한 후보는 TV광고, TV캠페인에 집중할 것이고 TV토론은 최소한의 참여를 하게 된다. 이는 미디어 선거의 본질을 흔드는 것이지만 강제할 방법이 마땅치 않다. 법정 TV토론 횟수를 상향조정하는 수밖에 없다.[19] TV토론을 의무화하는 것은 유권자에 대한 최소한의 예의에 해당되기 때문이다.(박스기사 참조)

---

19 18대 대통령선거에서 초청대상 TV토론 3회, 비초청대상 포함 TV토론 1회 등 총 4번이 열렸다. 유권자들 입장에서는 TV토론 횟수가 너무 적다는 불만이 높았다. 후보간 유불리를 계산해서 어느 한쪽이 TV토론을 회피 내지 거부하기 때문이다.

"안해도 이기는데 TV토론에 왜 나가?"

강자들에 의해 외면받는 TV토론 … 과태료 400만 원 구속력 없어

유권자들에게 가장 빠르고 쉽게 자신을 알릴 수 있는 TV토론이 유력 후보자들에 의해 외면당하고 있다. 특히 지지율에서 큰 격차를 보이며 앞서 나가는 후보, 혹은 구설에 휘말린 후보들은 TV토론을 사실상 거부하는 모습을 보이고 있다.

4·11 총선을 앞두고 후보등록을 마친 후 3월 마지막주부터 본격적인 TV토론이 준비되고 있지만 주최측은 곳곳에서 강자들의 거부통보에 난감한 표정을 짓고 있다. 특히 굳이 TV토론에 나서지 않더라도 당선이 유력시되는 부산, 경남지역 후보들은 공천에 공을 들인 후 본선 게임에는 적극적으로 나서지 않는 모습이다. 방송사측은 후보 한 명만이라도 초청해서 대담형식으로 하는 방안을 강구하는 등 지역에 따라 토론회가 파행으로 흐를 가능성이 높아지고 있다.

과거 대규모 군중집회를 통한 유세는 대표적인 고비용 저효율의 정치구조라는 지적에 따라 1995년 지방선거에서 처음으로 TV토론을 도입했다. 이른바 '돈은 묶고 입은 연다'는 식의 미디어 선거를 본격화하여 유권자들이 안방에서 편하게 후보자의 능력과 자질을 검증할 수 있도록 배려한 것이다.

중앙선거관리위원회에서도 "후보자 및 선거 관계자는 선거방송토론이 주요 선거운동의 방법임을 인식하고 모든 전략을 집중해 철저히 대비하고 적극 활용하여야 할 것입니다"라고 가이드북을 통해 공지하고 있다.

그러나 정치 신인들에게는 너무 먼 TV토론이 강자들에게는 성가신 TV토론으로 변질되고 있어 정작 유권자들은 판단과 선택의 정당한 기회마저 빼앗기고 있는 셈이다. 정치 신인들은 TV토론에 초청되기 쉽지 않고 유력한 후보자들은 갖가지 이유를 내세워 토론회를 회피하기 때문이다.

　선진 선거문화로 TV토론회를 도입했지만 정당이나 후보자들이 자신의 유불리만 계산해서 출연 여부를 선택적으로 악용하기 때문이다. 유권자 앞에서 내 모습을 공개하고 평가를 받는 필수코스로 인식하지 않고 있다. 불참하더라도 큰 영향을 받지 않는 법적, 시스템상의 미비점도 드러난다. 중앙선거관리위원회 홈페이지를 인용해 보면, 후보자의 TV토론 참석과 관련한 내용은 다음과 같이 정리돼 있다.

－각급 선거방송토론위원회로부터 초청을 받은 후보자는 정당한 사유가 없는 한 대담·토론회에 참석한다.

－후보자가 정당한 사유 없이 대담·토론회에 참석하지 아니한 때에는 그 사실을 선거인이 알 수 있도록 당해 후보자의 소속 정당명(무소속 후보자는 '무소속')·기호·성명과 불참 사실을 중계방송을 시작하는 때에 방송하고 400만 원 이하의 과태료를 부과한다.

－불참사유서는 후보자가 정당한 사유 없이 토론회에 불참하는 경우 중계방송에서 불참 사실 고지와 과태료 부과 여부를 결정하기 위한 후보자의 소명자료임.

－기한 내 불참사유서를 제출하지 않은 경우 중계방송에서 불참 사실을 고지하고 해당 선거관리위원회에서 과태료를 부과한다.

가장 큰 문제는 최악의 경우, 과태료 400만 원 정도로 얼마든지 떼울 수 있다는 점이다. 지역의 선거관리위원회에서는 이런 정도의 결정도 매우 부담스러워할 정도로 전문성과 치열함을 갖추고 있는가도 문제다.

또 '정당한 사유'가 무엇인지 매우 추상적이다. 정당한지 여부를 지역 선관위가 결정해야 하지만 '바쁘다'란 간단한 이유 하나만으로도 '정당하다'고 인정할 정도이니 이런 규정 자체가 무용지물이다.

실제로 불참 사실을 고지하고 TV토론을 진행해 봤지만 참석하지 않고도 후보가 당선됐을 정도다.

TV토론이 지역에 따라 잘 되는 곳과 잘 되지 않은 곳의 편차가 너무 큰 것도 문제다. 지역의 민도와 직결된 문제이긴 하지만 더이상 TV토론이 변질되지 않도록 개선, 보완할 책임이 중앙선관위와 유권자들의 손에 달려 있다. 대안은 매우 간단하다.

먼저, 정당에서 공천을 받은 각 지역구 후보자들은 TV토론에 '반드시' 참여하도록 의무화해야 한다. 설혹 정당이나 후보진영에서 TV토론을 선택적으로 활용하려 할 경우, 더 큰 패널티를 부여해야 한다. 즉 400만 원 이하의 과태료는 국회의원직을 너무 과소평가한 것이다. 최소 4000만 원의 과태료는 물려야 하지 않을까.

여야를 막론하고 유불리를 막론하고 TV토론 최소 의무규정을 두고 지역별로 TV토론(케이블이나 공중파를 포함)을 최소 한두 차례는 반드시 참석하도록 규정을 강화하자는 제의다. 지역 현안에 대해 유권자들에 대해 자신의 정견을 발표하고 포부를 이야기하는 대신 길거리에 서서 인사나 한다는 것은 시골 학급 반장 뽑는 방식에도 미치지 못하기 때문이다.

각종 의혹에 대해서도 유권자들은 후보자들의 해명이든 변명이든 듣고 싶고 알고 싶어한다. TV토론을 외면하면서도 당선에 문제없다는 지역이 늘어날수록 자질 없는 후보는 많아질 것이다. 검증 과정 없는 선거는 함량 미달 후보의 온상이다. TV토론 활성화는 한국정치를 좀 더 투명화하고 질적으로 한 단계 업그레이드 시킬 것이다.

대신에 선거자금이 넉넉한 후보진영은 TV광고와 캠페인에 돈을 집중할 것이다. 이 역시 주요 타킷은 부동층의 관심을 끌고 이들의 표를 가져오기 위한 과장과 무책임한 선전에 불과한 경우가 대부분이다. 따라서 선거철이 되면 정상적인 TV시청을 방해받을 정도로 TV광고전이 난무하다. '하라'는 TV토론은 회피하고 '적당히 하라'는 TV광고에 올인하는 모습은 유권자들의 주권행위를 방해하는 것이다.

그러나 인간은 반복해서 보게 되면 거짓말도 믿게 되고 자주 보게 되면 어느덧 친근감을 갖게 되기 때문에 이런 경향을 당분간 막기 힘들 것이다. 이런 전략이 줏대가 없거나 지나치게 신중한 부동층에 일정부분 먹혀든다고 판단하기 때문이다.

넷, 복지공약, 정치개혁 등은 강화되지만 대선후보 공약은 여전히 구체성과 현실성이 결여된 '좋은 것은 내가 다 한다'식이 될 것이다.

지금까지 주요 여야 후보의 선거공약을 비교해 보면 크게 다르지 않다.

(내가 당선만 되면)
– 정치를 개혁하겠다.
– 국회의원 특권 폐지하겠다.
– 경제는 살리겠다.

- 일자리는 엄청나게 창출하겠다.
- 비정규직, 앞으로 모두 정규직화 하겠다.
- 복지는 끝내주겠다.
- 대학 반값 등록금 실현시키겠다.
- 부산, 밀양에도 국제공항 지어 주겠다.
- 청년 실업문제 당장 해결해 주겠다.
- 부정부패는 발도 못 붙이게 하겠다.

이쯤 되면 벌써 씁쓸한 미소가 나온다. 어떻게 지키지도 못할 공약을 선거 때마다 반복할까. 인간의 혹시나 하는 기대심리를 이용하기 때문이다. 특히 미디어는 특정 후보를 '영웅'으로 만들고 무엇이든 할 수 있는 '신화 창조의 주인공'으로 포장한다.[20] 미디어가 만든 영웅적 후보, 신화적 대통령이 어떻게 하나같이 집권 1년 만에 똑같이 '퇴진', '물러가라'는 국민적 저항에 부딪히는 결과를 맞이했는가.

유권자들이 정신을 차리고 공약이 헛소리에 불과했다는 것을 깨닫는 데 1년도 채 걸리지 않는다는 말이다. 인사정책, 국정운영 방식을 보고 평가하는 데 1년이면 충분하다. 윤창중과 채동욱 사례가 대표적이다.

여당 내부에서도 윤창중을 청와대 대변인으로 발탁하는 데 반대 목소리가 나왔지만, 대통령의 인사권에 대해 제대로 문제제기조차 못하는

---

[20] 이명박 대통령은 청계천 신화와 함께 '경제대통령'을 내세웠다. 대부분 미디어는 그가 대통령이 되면 한마디로 대박이 날 줄 착각하게 만들었다. 유체이탈 화법으로 불법, 탈법의식조차 없던 이명박은 주변 참모 이상득, 최시중 등 대다수가 감방으로 직행하는 모습을 국민과 함께 목격해야 했다. 그래도 그는 '도덕적으로 가장 완벽한 정권'이라는 허망한 주장을 내세워 국민적 공분을 샀다. 박근혜 대통령은 '신뢰와 원칙'이라는 이미지로 집권하였지만 약속했던 복지공약 등이 포기되고 납득할 수 없는 인물 윤창중 같은 사람이 청와대의 얼굴이 되도록 인사정책을 감행했다. 무엇에 대한 어떤 신뢰를 기대하라는 말인가. 신화도 우상도 없다. 미디어가 만든 허구의 이미지일 뿐, 알고 보면 매우 평범한 후보이거나 비정상적 후보일 뿐이다.

분위기였다. 윤창중은 자신을 뽑아 준 대통령을 위해 미국 첫 외교사절단에 갔다가 '인턴 성추행'이라는 기상천외한 사건의 장본인이 돼 야반도주하다시피 돌아와 중도하차했다. 방송에 나와 막말과 상대방을 일방적으로 조롱하고 비난하는 인사를 청와대로 혼자 고집을 피워 데려간 인사권자의 잘못이 가장 크지 않는가.(박스기사 참조)

[헤럴드생생뉴스]

윤창중 성추행, 세계 8대 굴욕사건 선정 '국위선양?'

윤창중 전 청와대 대변인의 성추행 사건이 올해 '세계 8대 굴욕사건' 중 하나로 꼽혔다.

중국 신화통신은 2013년 12월 19일(현지시간) '국제 핫뉴스, 난감한 사람·난감한 사건'이라는 제목의 기사에서 박근혜 대통령의 지난 5월 방미 일정에서 발생한 윤 전 대변인의 성추행 사건을 두 번째로 다뤘다. 신화통신은 '지도자의 굴욕, 한국 대통령의 첫 미국 방문에서 대변인이 톱뉴스에 오르다'라는 소제목 아래 윤 전 대변인의 불미스러운 사건을 전했다.

신화통신은 한국 최초의 여자 대통령이 당선 후 첫 방문국인 미국을 방문하는 가운데 그의 대변인이 '셴주서우(鹹猪手·짠족발)' 사건을 일으켜 성과를 망쳤다고 보도했다. 함저수는 '저질적인 성희롱'을 뜻하는 중국 광둥 방언이다.

윤창중 성추행 사건 이외에도 언론이 뽑은 8대 굴욕에는 ▷미국 셧다운 사태 ▷자신의 부하에게 납치된 리비아 총리 ▷넬슨 만델라 남아공 전 대통령 영결식 엉터리 수화 통역 사건 ▷실비오 베를루스코니 전 이탈리아 총리의 의원직 박탈 ▷몰타의 국적 판매 ▷사우디아라비아의 유엔 안보리 비상임이사국 자격 거부 ▷데이비드 캐머런 영국 총리의 시리아 개입 발표를 의회가 거부한 사건 등이 포함됐다.

이 같은 소식을 접한 '1인 미디어'로 알려진 미디어몽구 김정환 씨는 이날 트위터를 통해 "오늘로 잠적 214일째인 추행 윤창중 선생님, 희소식 들으셨는지요. 이제야 인정받은 업적 축하드립니다"라고 일침했다.

진중권 동양대 교수는 트위터에 "국위선양했군요. 대한민국 청와대, 이 부문에선 국제경쟁력을 갖췄습니다"라고 촌철살인을 날렸다.

이 외에도 트위터 이용자들은 "윤창중의 개인적 일탈이 국격을 드날렸다", "무려 반년 넘게 숨어 있어도 세계가 이렇게 알아주니 행복한 윤창중", "망신도 이런 망신이 없다" 등의 반응을 보였다.

앞으로도 허망한 공약의 남발은 막을 수 없다. 미디어는 이것이 무슨 대단한 새로운 것인 양 후보에 따라 때로는 포장하고 때로는 무시할 것이다. 다만 소득 2만 불을 넘어선 국가에서 복지공약은 지금보다 훨씬 더 구체화될 것이다. 후보 진영 간에 복지공약을 어떻게 세우고 재원 확보를 어떻게 할 것이냐 등은 앞으로 주목받는 공약 중의 공약이 될 것이다.

다섯, 여당은 조직과 미디어의 힘으로, 야당은 단일화로 승부하는 18대 대선의 재판이 될 것이다.

역사가 반복되듯 대선도 반복된다. 인간의 어리석음과 권력의 속성 때문이다. 2017년에 치러질 19대 대통령선거도 18대 대선의 재판이 될 확률이 높다. 안철수와 여·야당 후보 3자간 경쟁구도가 바뀌지 않는다는 것이다.

정파적 언론은 여권 내 마땅한 인물이 없다고 판단했는지 벌써부터 여론조사 형식으로 외부에서 가장 유망한 후보 물색을 하고 있는 중이다. 여당은 누가 나오든 확실한 단일후보를 세울 것이다. 제1 야당에서 후보를 내지 못하게 되면 '불임정당'이 된다면서 야당 국회의원들은 안철수 후보를 다시 받아들이지 않을 것이다. 결국 단일화 여부를 두고 또다시 지리한 공방전을 벌이며 '공멸'이냐 '정권탈환 우선'이냐를 두고 문재인과 안철수의 제2 라운드가 펼쳐질 것이다.

이때 등장해서 맹활약하는 것이 바로 미디어와 조직이다. 미디어는 단일화가 '정치야합'이며 '권력 나눠먹기식 검은 거래'라는 논리를 확산하며 반단일화 여론으로 몰아갈 것이다. 방송과 신문이 대대적으로 보도하며 불공정 논란을 야기할 위험성이 다분하다. 특히 조중동과 종합편성채널은 정권이 바뀌면 미디어법[21]이 개정될 가능성이 높기 때문에 여당 후보 대통령 만들기에 전력투구를 하게 된다. 이를 조직적으로 뒷받침하며 논리를 전파, 확산하는 것은 바로 인터넷의 보이지 않는 댓글팀, 또 다른 유형의 사이버사령부와 같은 조직이다. 한번 효과를 본 '유령부대'는 소속과 형식만 달리할 뿐 절대로 사라지지 않는다. 다만 보다 은밀화될 뿐이다.

---

21 이명박 정부에서 미디어법을 만들어 조선, 중앙, 동아, 매일경제 등에 종합편성채널이라는 방송사를 허용한 것이다. 야당은 신문사의 방송 진출을 반대하며 미디어법 개정을 주장했기 때문에 이들 신문, 방송사들은 불공정보도를 해야 하는 현실적 이유가 분명하다. 이런 신문과 방송이 공정한 선거보도를 할 것이라고 기대하는것은 연목구어(緣木求魚)인 셈이다.

여섯, 친여 미디어 조중동과 종합편성채널의 선거개입은 더욱 조직화·노골화될 것이다.

이명박·박근혜 정부를 탄생시키는 데 일조한 조선, 중앙, 동아, 매일경제 등은 예상대로 종합편성채널로 방송계 진출에 성공했다. 문화일보, 세계일보, 국민일보 등도 친여 미디어로 분류되는 논조를 보이고 있다. 경향과 한겨레신문은 친야 미디어로 분류된다.

이를 동의하든 동의하지 않든 평소나 선거 때 보도하는 내용과 행태를 보면 그렇게 나타난다. 물론 해당 언론사들은 모두 공정보도를 하며 친여·친야로 구분하지 않는다고 주장한다. 문제는 2014년 종합편성채널 방송개업 2년차를 맞은 조중동이 여전히 적자에 허덕이고 있다는 현실이다.(박스기사 참조)

'종편 작년 영업손실 3097억, JTBC 1397억 1위'

[국감] 강동원, '채널A 737억 원, TV조선 543억 원, MBN 419억 원 順

머니투데이 | 김경환 기자

종합편성채널사업자(종편)들이 지난해 3097억 원의 영업손실과 2754억 원의 당기순손실을 기록한 것으로 집계됐다.

JTBC의 영업손실이 1397억 원으로 1위를 기록했고, 채널A가 737억 원, TV조선이 543억 원, MBN이 419억 원을 기록했다.

15일 국회 미래창조과학방송통신위원회 무소속 강동원 의원이 방송통신심의위원회가 제출한 '방송사업자 재산상황 공표집'을 분석한 결과에 따르면 지난 2012년 종편 4사의 영업손실은 3097억 원, 당기순

손실 역시 2754억 원에 달했다.

방송사업매출액과 광고매출액은 전년대비 큰 폭으로 증가했지만 영업순익과 당기순손익 적자폭은 이보다 훨씬 커 경영여건이 악화되고 있음을 보여 준다.

종편 4사의 방송사업매출액은 지난 2011년 845억원에서 2012년에는 167%(1417억 원) 증가한 2263억 원을 기록했다. 광고매출액도 2011년 715억 원에서 2012년에는 139%(994억 원) 늘어난 1709억 원을 기록했다.

하지만 영업손실은 2011년 869억 원에서 2012년 3097억 원으로 적자 규모가 대폭 확대됐다. 적자 규모는 2227억8000만 원이나 증가했다. 영업손실 증가율은 256%에 달한다.

또 당기순손실도 2011년 472억 원에서 지난해 2754억 원으로 2281억 원 늘었다. 당기순손실 증가율은 전년대비 499%에 달했다.

사별로 따져보면 JTBC의 방송사업매출액은 2011년 83억3768억 원에서 2012년 642억2205만 원으로 늘었으며, 광고매출액은 75억5457만 원에서 519억9539만 원으로 증가했다. 반면 영업손실은 같은 기간 376억8803만 원에서 1397억1264억 원으로 확대됐고, 당기순손실도 276억200만 원 적자에서 1326억2958만 원 적자로 늘어났다.

채널A 역시 방송사업매출은 2011년 79억7701만 원에서 480억21만 원으로 늘었으며, 광고매출액도 53억1077만 원에서 268억2425만 원으로 증가했다. 반면 영업손실은 같은 기간 310억4025만 원에서 737억8496만 원으로 확대됐다. 당기순손실도 191억원에서 619억 원으로 증가했다.

MBN은 2011년 방송사업매출이 613억7198만 원에서 2012년 628억611만 원으로 소폭 증가했고, 광고매출액 역시 528억1466만 원에서

555억5036만 원으로 늘었다. 그러나 영업손실은 같은 기간 67억7579만 원에서 419억4672만 원으로 급증했다. 당기순손익 규모는 2011년 13억193만 원 흑자에서 2012년 255억6597만 원 적자로 돌아섰다.

TV조선은 2011년 방송사업매출 69억618만 원에서 2012년 513억4434만 원을 기록했고, 광고매출은 2011년 59억1427만 원에서 2012년 366억1240만 원으로 신장됐다. 반면 영업손실은 같은 기간 114억7106만 원에서 543억1098만 원으로, 순손실은 5억594만 원에서 553억5474만 원으로 급증했다.

강 의원은 "수천억 원에 달하는 영업손실 및 당기순손실 규모를 감안할 때 종편은 사실상 부실기업과 다름없다"며 "이런 추세가 계속되면 버텨내기 어려울 것"이라고 지적했다.

그러면서 "이명박 정권의 4대강 토목공사에 이은 또 다른 대표적 정책 실패 사례가 될 수 있다. 종편채널의 부실확대로 인한 정부나 국민 부담 방지를 위해서는 재무상황 및 경영여건도 꼼꼼히 따져 종편 재심사에 반영해야 한다"고 강조했다.

방송통신위원회를 중심으로 박근혜 정부로부터 더 많은 특혜를 받아내야 적자의 굴레에서 벗어날 수 있는 조중동의 입장에서 정권이 바뀐다는 것은 재앙을 의미한다. 시청률 확보보다 더 중요한 것은 박근혜 정부에 잘 보이는 것이고 더 중요한 것은 19대 대선에서 미디어법을 활성화시켜줄 후보를 당선시키는 일이다.

18대 대선 때보다 더 심하게 조중동과 종합편성채널은 특정후보 대통령 만들기에 협력하게 될 전망이다. 언론단체들의 지적과 토론회가 반복되지만 공허한 메아리만 허공에 맴돌 뿐이다. 방송통신위원회, 방송통신심의위원회 등 선거보도를 심의하는 심의기구까지 여당 중심으로 확고하게 재편된 만큼 안심하고 불공정보도를 할 수 있는 토대가 확보됐기 때문이다.

일곱, 공영방송과 국가기간뉴스통신사 연합뉴스의 선거개입은 은밀하게 그러나 집요하게 나타날 것이다.

KBS, MBC 등 공영방송사들은 종합편성채널처럼 노골적으로 불공정보도를 하는 데는 머뭇거리게 된다. 그러나 방송전문가들답게 무엇을 어떻게 보도하는 것이 특정후보에 유리하고 불리한지를 알기 때문에 과잉, 축소, 왜곡 보도 형태로 권력과 눈맞추기를 할 것이다. 권력이 낙점한 사장은 권력이 기대하는 보도행태에 맞추기 위해 '진실보도' 운운하는 저널리스트보다 '나긋나긋' 하게 말 잘 듣는 권력지향 정치부장, 팀장으로 미리 조직을 개편할 것이다.

이명박 대통령 시절 철저한 불공정보도로 2012년 최장기 파업사태까지 빚었던 국가기간뉴스통신사인 연합뉴스는 형식적으로는 공정보도에 힘을 쏟을 것이다. 법으로 국가기간뉴스통신사를 만들었지만 내부 구성원들로부터 정치적 공정성을 상실했다는 비판에 직면한 연합뉴스가 사장만 바뀌었다고 그 행태가 바로잡힐 것이라 기대하기에는 그동안의 불신과 불공정보도의 전통이 너무 화려하다.

유권자들은 연합뉴스의 파워를 실감하지 못하지만 미디어 전문가들은 신문과 방송에 뉴스를 판매하는 도매상격인 연합뉴스야말로 전파력과 영향력면에서 어떤 미디어와도 비교할 수 없다고 판단한다. 연합뉴스는 신문과 방송에 뉴스만 판매하는 것이 아니라 때로는 자사 기자의 이름으로 내보내기 어려운 정치적 보도를 연합뉴스가 보도하도록 하면 각 신문사 방송사들이 대서특필하는 방식으로 언론플레이를 하기도 한다.

연합뉴스와 공영방송, 조중동과 그 종합편성채널 이렇게 주요 미디어가 힘을 합치면 '동을 서로' 만들 수 있다. 영웅을 간신으로 간신을 충신으로 만들 수 있는 빗나간 파워도 행사한다. 방송과 신문, 연합뉴스가 합작하여 군부독재자, 5공비리의 몸통 전두환을 '민족의 영도자', '영웅 중의 영웅'으로 만들었다는 역사적 사실을 잊어서는 안 된다. 과거에 거짓말한 집단은 미래에도 필요하다고 판단하면 언제든 목적 달성을 위해 거짓말을 할 수 있다.

여덟, 야당 후보는 여당 후보와 불공정한 미디어, 사이버 여론조작 부대 등 1:3의 불리한 구도에서 힘겨운 전쟁을 치르게 될 것이다.

야당 후보는 단일화를 하더라도 1:3의 불리한 선거전을 치러야 한다. 맞상대 여당 후보만으로도 벅찬데 또 다른 두 개의 조직은 어쩌면 여당 후보보다 더 막강할 수 있다. 가장 강력한 또 다른 상대는 바로 미디어다.

2014년의 미디어 구도[22]는 완전히 권력에 장악당한 모습이다. 공영방송사들은 사장인사 개입을 통해 권력의 친구로 만들었다. 조중동은 장악이란 표현이 어울리지 않는다. 거꾸로 대통령을 만들었고 그 대통령을 통해 사업 영역을 넓히고 이제 이윤을 남기는 일이 남았다고 생각한다.

미디어의 사업적 미래가 누가 권력을 잡느냐에 따라 직결되는 문제라면 미디어는 원천적으로 특정권력과 공생하려고 한다. 장악이란 표현은 어울리지 않고 권력과 미디어 간 상부상조가 되는 셈이다.

---

22 2014년 한국 언론의 구도를 사면초가에 비유하여 '사면여가(四面與歌)'로 표현할 수 있겠다. 신문시장을 지배하고 있는 조중동과 KBS 등 공영방송사, 새롭게 부상하고 있는 종합편성채널, 마지막으로 국가기간뉴스통신사 연합뉴스 이렇게 4개 조직에서 '여당 후보'를 찬미하는 보도행태를 사면여가로 부를 수 있겠다. 선거철이 되고 정치적 민감한 뉴스를 보도하게 될 때 사면여가라는 구도를 기억해야 할 것이다.

미디어가 어느 정도 가시적인 불공정보도 도구라면 사이버 여론조작부대는 유령부대처럼 형체는 보이지 않지만 새로운 여론광장이 된 인터넷 세상을 확실하게 교란하게 될 것이다. 18대 대선에서는 국정원과 국방부에서 직접 작전을 수행해 효율성 높은 결과를 가져왔지만 이후 선거법 위반 논란으로 그 대가를 치러야 했다.

그러나 그 성과는 기대 이상이었다는 판단 때문에 19대 대선에서도 사이버 여론부대는 다시 귀신처럼 등장하게 될 것이다. 다른 점은 국방부나 국정원 등에서 과거처럼 직접 나서지 않고 한두 단계를 거쳐 외형적으로는 국가조직과 무관한 임의기구 같은 곳에서 체계적으로 조직화하게 될 것이라는 점이다.

적발돼도 '개인적 일탈' 등으로 꼬리자르기가 가능하고 민간기구의 자발적 댓글달기였다 등으로 주장하게 되면 법적으로도 문제될 것이 없어지도록 보다 주도면밀해질 것이다. 사이버 여론부대는 '종북', '빨갱이' 등의 익숙한 어휘를 구사하며 반대여론을 제압하는 데 단순한 논리로 과거처럼 이념대결을 조장하게 될 것이다. 이런 1:3의 불리한 구도 속에서 여당과 야당 후보의 불공정한 대결이 불꽃을 튀기게 될 것이다.

아홉, 정체불명의 인터넷 미디어, 노골적인 보수 인터넷 신문, 팟 캐스트 등이 활발해지며 온라인 미디어와 오프라인 미디어가 서로 주고받으며 여론잡기가 더욱 치열해질 전망이다.

사이버 유령부대가 주로 트윗이나 리트윗 등으로 불공정한 정보를 확산하는 데 주력하는 반면, 특정후보에 유리한 뉴스나 해설기사, 칼럼 등을 직접 생산하는 곳도 만들어진다. 바로 정체불명의 인터넷 미디어 혹은 보수 인터넷 신문 등이다. 국정원이나 국방부 홍보실에서 주문하면 내용의 진위에 상관없이 뉴스나 칼럼을 만들어 내기도 한다. 저널리즘의 일탈이지만 이미 전통적 개념의 저널리즘은 찾아보기 힘들다. 인터넷상의 작은 뉴스도 조중동과 같은 영향력이 큰 미디어에서 다뤄 주면 뉴스는 삽시간에 전국적인 대형 뉴스로 발전한다. 예를 들면 이런 식이다.

그럴듯한 헛소문을 기자가 찌라시를 통해 증권가에 뿌린다. 이를 파워블로거나 인터넷 미디어에서 다시 재포장해서 더욱 그럴듯하게 꾸며 소개한다. 주목을 받겠다는 판단이 들면 이를 조중동이나 종합편성채널에서 확인하지 않고 뉴스로 내보낸다. 이제 헛소문이 뉴스로 둔갑했고 이를 본 사람들은 믿게 된다. 이 공식을 정확하게 따라 만들어진 것이 바로 '황수경 부부 이혼설'이었다. 이것은 당사자가 적극적으로 나서서 수사를 의뢰해서 바로잡았지만 당사자들은 정신적으로 큰 상처를 입고 난 뒤 수습에도 수개월이 소요됐다. 선거도 마찬가지다. 진실이 알려질 무렵이면 이미 상황은 종결된 상태다.

소문으로 조용히 끝날 수 있는 사안을 많은 사람들의 입방아에 올리고 피해를 주는 것은 바로 미디어에서 이를 확인 없이 뉴스로 다뤘기 때문이다. 선거철에도 확인이 어렵다는 이유로 혹은 당사자가 해명하지 않았다는 이유로 인신공격성 보도는 얼마든지 특정후보를 괴롭힐 수 있다. 그것이 후보의 이미지에 악영향을 미친다고 판단하면 인터넷 미디어와 오프라인 미디어는 합동작전을 펼칠 수도 있다. 심지어 익명의 취재원을 동원하거나 유령 취재원을 등장시켜서라도 정치적 타격을 주는 행태는 선거철에 반복되는 일이다. 법치가 정착되지 못하는 나라에서 불법과 탈법은 반복되는 것이 일반적이다.

열, 야당 후보가 당선되기는 낙타가 바늘구멍을 통과하는 격이 될 것이다.

선거를 통해 집권자가 바뀔 때 국민의 주권은 그 가치를 확인한다. 물론 선거를 통해 능력 있는 집권당을 재창출할 때도 국민의 주권은 똑같이 그 가치를 확인하게 된다. 어느 경우든 전제조건은 공정하고 합법적인 투표행위의 결과여야 한다는 것이다.

정당간의 정책대결, 후보간의 인물경쟁이 아닌 미디어의 과잉개입, 국가기관의 불법적 선거개입 등은 게임의 룰을 망치고 민주주의의 근본을 해치는 행위다. 그런 일들이 현실로 이 땅에 반복된다는 것은 불운이고 불행이다. 그 결과 야당 후보가 정상적인 노력으로 당선되기 어려워졌다는 것은 간과할 수 없는 중대사안이다.

19대 대선이 다가와서 법과 제도를 손질하는 것은 너무 늦다. 박 대통령이 공약으로 내건 공영방송 지배구조의 개선과 같은 일들이 하나씩 이뤄져야 한다. 그래서 공영방송사를 비롯해서 주요 미디어 기관에서 정치적 중립성을 유지하며 공정한 보도를 할 수 있는 제도를 확보해 줘야 하는 것이 청와대와 정치권의 일이지만 시간만 허비하고 있다. 야당은 때이른 대선 후보 논란으로 헛힘을 빼고 있다. 빅토르 위고는 "정치가는 다음 세대를 생각하고 정치꾼은 다음 선거를 생각한다"고 말했다는데, 한국의 정치인들은 무엇을 생각하고 있을까.

결론적으로 19대 대선에서는 여당 후보가 절대적 우위의 구도 속에서 이변이 없는 한 당선이 확실시된다. 야당이 권력을 탈환한다는 것은 기적이 될 것이다.

제2장

미디어의 여론조작
10가지 유형

언론플레이는 한국에서만 일어나는 현상은 아니다. 미국에서조차 미디어를 활용한 권력의 언론플레이는 종종 일어난다. 전쟁 같은 극단적 상황에서 미국 정부는 언론의 협조 아래 언론플레이를 통해 이라크전쟁을 일으켜 뒤늦게 논란이 됐다. 이라크전쟁은 불필요한 전쟁이었지만 미국 언론의 신뢰도가 곤두박질한 것은 두말할 나위 없다. 이라크전쟁은 불필요한 전쟁이었지만 여론을 조작해서까지 전쟁을 치렀다는 주장이 조지 부시 미국 대통령 최측근으로부터 나왔다. 부시 대통령을 3년 가까이 보좌했던 스콧 매클렐런 전 백악관 대변인이 회고록을 통해 이런 파격적인 주장을 하고 있다고 한국의 워싱턴 특파원들은 경쟁적으로 보도했다.

1. 언론플레이 유형

여론을 우호적으로 바꾸기 위해 인위적으로 다양한 방식을 시도하는 유형

언론플레이[23]가 노리는 목적은 하나다. 바로 여론을 자신에게 우호적으로 혹은 동정적으로 조작하는 것이다. 여기에는 항상 우호적인 신문사나 방송사 혹은 기자들이 동원된다. 때로는 로비에 놀아난 언론이 앞장서서 마치 언론플레이가 아닌 것처럼 보도한다. 일반인들은 눈치채지 못하는 경우가 대부분이다.

먼저 쉽게 이해할 수 있는 연예인 관련 언론플레이 사례를 살펴보자. (연예인 언론플레이 관련, 박스기사 참조) 한 연예인이 해외 원정도박과 거짓 말 때문에 입국하기 어렵게 되자 일부 언론에서 앞장서서 '영구 불구' 운 운하며 동정적인 보도를 만들어냈다. 이런 기사는 기자의 자발적인 취재

---

23 언론플레이란 사전적으로 '방송국이나 신문사 등의 보도기관에서 어느 한 세력에게 유리한 방향으로 여론을 몰아가려는 보도행위'로 규정하고 있다. 여론에 민감한 정치인, 정당, 연예인 등이 때로는 언론과 짜고 특정한 방향으로 보도를 하는 행태를 말한다. 언론플레이를 하는 사람들을 영어로는 '스핀 닥터(Spin Doctor)'라고 부르는데 적합한 한글용어 찾기가 쉽지 않다. '웩 더 독(Wag the Dog) 현상' 소위 꼬리가 몸통을 흔드는 현상을 말하는데, 이는 바로 언론플레이로 본말을 전도시키거나 여론을 인위적으로 조작할 때 사용되는 용어들이다. 커뮤니케이션 학문에서는 정권이 여론을 조작하려고 할 때 스핀 닥터를 활용하는 사례가 있다고 지적하고 있다. 대표적인 사례는 2003년 미국이 이라크 침공을 정당화하기 위해 이라크에 대량살상무기가 있다고 허위주장을 편 것이라고 할 수 있다.

라기보다는 연예인 소속 기획사나 매니저의 부탁을 받고 언론플레이용으로 보도하는 경우가 많다. 그는 입국 후 가벼운 처벌을 받고 자유의 몸이 됐다. '영구 불구' 운운하던 그의 다리에 대해서는 더 이상 보도가 없었다. 언제 TV에 복귀할까 다시 여론의 눈치를 보고 있지는 않을까. 마치 재벌회장들이 수사 때가 되면 휠체어를 타거나 갑자기 병원 신세를 지게 되면서 일부 언론에서 '한국경제 위기'라는 식으로 보도하는 것과 마찬가지다.

[김창룡의 미디어창]

'언론플레이에 놀아나는 언론'
신정환의 다리 재수술…

'신정환, 다리 재수술 못 받으면 영구 불구될지도'라는 제목의 기사가 한 포털 사이트에 최근 검색기사 순위 1위를 차지했다. 제목이 자극적이기 때문에 많은 사람들의 검색대상이 됐을 수도 있지만 내용을 보면 '언론플레이'에 놀아나고 있는 것으로 판단된다. 수많은 사람들이 보고 있는 관심사항만 아니라면 무시하고자 했다.

그러나 이런 류의 기사는 독자들을 호도하고 두 번 속이는 결과를 빚을 가능성이 매우 높다. 우선 이 기사를 '언론플레이'로 보는 이유는 내용 자체가 매우 과장돼 있다는 점이다.

신정환은 이미 알려진 대로 필리핀 원정도박, 불법도박 물의를 빚다가 뎅기열 등의 거짓말을 했다. 방송 펑크를 낸 것은 물론이고 이후 잠적했다 네팔로 갔다 등의 소문만 무성했으며 한동안 '한국으로 돌아오지 않는다' 등의 보도가 주류를 이뤘다.

처음부터 필리핀에 다리 수술을 받으러 간 것도 아니고 도박물의로 외국을 떠돌다 특별한 사고를 당한 것도 아닌데 갑자기 지난해 오토바이크 사고로 다친 다리 때문에 재수술을 받지 못하면 영구 불구가 될지도 모른다는 식이다. 이런 믿거나 말거나 한 신뢰도 낮은 기사가 네티즌들의 눈길을 사로잡아 본질을 왜곡한다는 것은 비극이다.

또한 이 기사의 신뢰도를 크게 의심하게 만드는 것은 확인 취재 없이 신정환 측근이라는 모호한 취재원의 말을 인용하고 있다는 점이다. 그것조차도 다른 매체의 글을 인용한 것이다. 언론이 다른 언론을 인용해서 제목 장사로 클릭수를 늘이는 매우 상업적 냄새가 강한 내용이다.

신정환 측근의 말이라며 인용한 내용이,

"(신정환이) 현재 다리 통증을 호소하고 있으며 재수술을 받아야 하는데 귀국이 늦어져 큰일이다."

"자칫 때를 놓쳐 평생 불구로 살아갈 가능성이 높다. 빨리 귀국해 다리 재수술을 받아야 하는데 걱정이다."

측근의 일방적 주장은 '재수술 받아야 한다', '평생 불구로 살아갈 가능성이 높다' 등 의도가 다분한 발언을 내놓고 있다. 그 측근이 의사도 아니면서 의료적인 진단과 재수술 운운하고 있다. 이렇게 상황이 절박하다면 본인이 나서지 않는 자체가 이상할 정도다.

특정 연예인을 두고 왈가왈부하고 싶지 않다. 이런 사건을 다루는 언론의 보도태도가 더 큰 문제가 있다고 본다. 의도했든 의도하지 않았든 특정 취재원에 지나치게 의존하면서 일방적이고 믿기 어려운 주장을 마치 사실인 양 센세이셔널한 제목을 달고 그 주장을 대서특필하는 방식의 천박한 편집, 보도행태는 정통 저널리즘의 적이다.

저널리즘은 일방적 주장을 거부하고 확인 취재를 통해 진실을 추구한다. 과장과 왜곡, 여론호도는 국민을 두 번, 세 번 속이며 우롱하는 취재원에 놀아나는 잘못된 보도행태다.

누가 그의 재수술을 막고 있나, 누가 입국을 방해하고 있나. 당사자는 숨바꼭질 하듯 모습을 숨기고 측근이라는 모호한 주변사람을 내세워 혹세무민(惑世誣民)하는 행태에 대해 비판은커녕 한통속이 돼 언론 장사하는 모습은 언론이기를 포기한 모습이다.

과거나 지금이나 언론이 취재원에 이용당하기도 하고 때로는 앞장 서서 취재원의 입장을 호도하기 위해 조작도 서슴지 않았다. 진실이 실종되고 왜곡, 과장의 악화가 양화를 구축했다.

악화에 환호하지만 진실 앞에서는 무심해지는 미디어 소비자들. 가짜와 과장이 넘쳐나는 정보화 사회에서 미디어 소비자들도 작은 성의와 노력이 절실하다. 깨어 있는 미디어 소비자들만이 가짜에게 응징을 가할 수 있기 때문이다.

다음은 정부의 한 부처가 기자회견을 이용하여 언론플레이에 나선 사례다. 법무부의 언론플레이 목적은 업무의 정당성과 당위성을 강조하여 여론을 유리한 방향으로 이끌고자 했다. 그러나 여기에는 문제가 있다는 지적을 하기 위해 법무부의 기자회견에 대한 비평을 시도한 것이다. 그 정당성과 합리성에 대해 함께 고민해 보고자 한다.(박스칼럼 참조)

진실이 우선이라는 대통령의 선택은?

법무부의 잘못된 언론플레이

법무부의 긴급 기자회견은 취소되었어야 했다. 지난 27일 법무부가 채동욱 검찰총장 관련, 발표한 긴급 기자회견 내용은 긴급하지 않았다. 오히려 법무부가 긴급 기자회견이란 형식으로 하지 말아야 할 여론재판을 했고 이를 통해 이미 사표를 제출한 채동욱 망신주기 목적을 달성했다. 이제 그 다음 수순은 대통령이 법무부의 건의를 받아들여 그의 사표를 수리하고 대통령 비서실장이 이미 점찍어 둔 차기 검찰총장을 임명하는 것이다.

법과 정의를 실천하고 인권을 수호하는 최후의 보루로 존중받아야 할 법무부가 보여 준 위험한 언론플레이는 비판받아야 한다. 그리고 일국의 법무부가 이런 행태로 운영된다는 것은 민주주의의 위험신호로 받아들여야 한다. 법무부가 잘못된 언론플레이를 하고 있다는 세 가지 이유.

첫째, 긴급 기자회견이란 주로 정치인이나 정부부처에서 국가적 중대사안이나 시기적으로 긴급을 요할 때 이용하는 대국민 메시지 전달 방식이다. 그러나 법무부가 긴급 기자회견이라면서 내놓은 채동욱 관련 발표 내용은 조선일보가 이미 보도한 의혹의 수준을 넘지 못하고 있다. 조선일보나 법무부나 똑같은 의혹 수준이지만 법무부가 긴급하게 발표하니 '진실'로 받아들여 달라는 억지를 부리고 있다. 긴급하다며 내놓은 법무부의 진상조사 결과 발표는 세 가지가 핵심이다.

1) 채 총장은 임 아무개 여인이 경영하던 부산의 카페, 서울의 레스

토랑 등에 상당기간 자주 출입했다.

2) 2010년 그 여인이 부인을 칭하며 당시 고검장이었던 채 총장의 사무실을 방문, 대면을 요청했으나 거절당하자 부속실 직원들에 '피한다고 될 문제가 아니다, 꼭 전화하게 해 달라'고 말하는 등 관계를 의심케 하는 언동을 한 사실이 있다.

3) 임씨가 조선일보 보도 직전인 지난 6일 새벽에 여행용 가방을 꾸려 급히 집을 나가 잠적한 사실을 확인했다.

법무부라는 국가조직이 겨우 이 정도를 가지고 긴급 기자회견을 열어야 했던가. 내부검토부터 해야 했던 것이 아닐까. 아니면 청와대의 지시를 받고 황급히 이런 회견을 했던 것일까.

둘째, 법적으로 논리적으로 법무부가 진실이라고 발표하기에는 문제가 많다.

심증적으로 '레스토랑에 상당기간 자주 출입했다'면 의심을 가져볼 만하다. 합리적 의심단계에서 진실이라고 발표하려면 'DNA 검사' 결과 등 물증을 제시해야 한다는 것은 법무부가 더 잘 알고 있다. 또한 조선일보 보도 직전 짐을 꾸려 나갔다고 임 여인이 내연관계를 유지했다고 믿을 인과관계가 성립되지 않는다. 이런 내용을 전문적으로 더잘 알 만한 위치에 있는 법무부가 긴급 기자회견으로 공식발표하니까 언론플레이로 비판받는 것이다. 또 논리적으로도 고검장실에서 임 여인을 만나주지 않은 것이 타당한 일이 아닌가. 자신의 아이까지 낳아키운다면 안 만나주는 것이 오히려 더 이상하지 않은가.

셋째, 법무부가 의혹단계의 검찰총장을 밀어내기 위해 너무 잔인한 방식을 동원하고 있다.

법무부가 법과 진실을 존중하지 않고 의혹을 진실로 단정하려 할 때 우리 사회는 매우 위험한 법치사회, 공포사회로 전락할 수 있다. 채동욱은 잠적한 것도 아니고 법원에 진실을 밝히기 위해 소송을 제기했고 DNA 검사까지 받겠다고 했다. 아직 진실이라고 드러난 것은 아무것도 없다. 사표수리의 명분용 정도로 그를 법무부가 나서서 다시 인격적 배도를 한다는 것은 최악이다.

채동욱을 검찰총장으로 임명한 정부가 바로 박근혜 정부다. 적장의 목을 벨 때도 '예를 갖추는 법'이다. 하물며 스스로 임명한 장수를 이렇게 길바닥에 패대기치는 행태의 방식은 보기만 해도 무섭다. 그 악역을 법무부가 하고 있는 셈이다.

이제 주시해야 할 일이 남아 있다. 청와대는 '사표수리보다 진실이 우선이다'라는 입장이었다. 과연 청와대도 의혹을 진실이라고 생각하는지 그것이 궁금하다. 의혹을 진실로 간주하는 식으로 사표를 수리하게 되면 앞으로 청와대는 필요에 따라 얼마든지 말을 바꾸는 신뢰할 수 없는 집단으로 비판받게 될 것이다. 어쩌면 이런 전체 시나리오 뒤에 바로 청와대가 있었다는 의혹을 받게 될 것이다.

정말 주목해야 할 사실은 누가 차기 검찰총장으로 오느냐는 것이다. 이번 검찰총장 파문을 계기로 청와대는 적어도 한 가지는 입증할 수 있어야 한다. 술집 출입한 검사는 안 된다는 것이다. 폭탄주 문화가 일반화된 검찰조직에서 고검장급까지 올라오면서 술집 출입하지 않은 사람을 어떻게 골라내는지 주목된다. 그가 설혹 인사청문회를 통과하더라도 주변사람의 말을 빌려 의혹을 보도할 때 법무부와 청와대가 어떻게 대응하는지도 관전 포인트다.

언론플레이의 유형은 다양하다. 대통령이 엠바고[24]를 이용하여 보도의 타이밍을 정하는 등 경우에 따라 언론플레이로 악용되는 수도 있다.(박스 기사 참조) 엠바고나 보도금지(오프더레코드) 등은 언론사와 일종의 신사협정이지만 경우에 따라 언론플레이로 악용하는 경우가 잦아 사회적 논란을 키우는 경우도 많은 편이다. 언론플레이는 그 용도가 무엇이든 건강한 여론조성을 방해하기 때문에 여론정치, 즉 민주주의의 적이다.

대통령과 엠바고

김창룡 인제대 신문방송학과 교수

엠바고(보도유예)란 취재원과 언론사 사이에 지켜야 하는 일종의 신사협정이다. 법적 효력을 갖는 것도 아니고 이를 반드시 지켜야 할 의무도 없다. 그러나 국가안보나 국익 등의 차원에서 일정기간 보도를 유예해야 한다는 엠바고 요청이 올 경우, 그 판단은 언론인과 언론사가 하는 것이 그동안의 관례였다. 물론 그 결과에 대한 법적·윤리적 책임도 언론사가 고스란히 감당해야 할 몫이다.

이명박 대통령이 2012년 8월 10일 헌정사상 처음으로 독도를 방문한 것과 관련해 엠바고 논란이 일고 있다. 이 대통령의 독도 방문 사실은 일본 언론이 10일 새벽 또는 이날 조간신문에서 일제히 보도한 데 반해 한국 언론은 엠바고 때문에 정부의 발표가 있고 난 뒤에야 뒤늦게

---

24 엠바고(Embargo)란 보도유예를 의미한다. 일정기간이 지난 후 보도하도록 언론사에 협조를 요청하는 것인데, 이를 받아들이느냐 여부는 언론사가 결정한다. 대개 국가안보나 국민 이익을 위해 엠바고는 지켜지는 편이다. 다만 엠바고를 악용한다고 판단될 때는 언론사가 보도하여 논란이 되기도 한다.

보도한 것이다.

일본 언론보다 거의 하루 늦게 보도하는 바람에 정작 '자기 나라 대통령의 최초 독도 방문조차 일본 언론을 통해 알아야 하느냐'는 반문과 불만의 목소리가 나오는 것이다. 심지어 이 대통령의 엠바고 요청을 무분별하게 받아들인 것이 잘못됐다는 지적도 나오고 있다.

결과적으로 이 대통령의 엠바고를 존중한 한국 언론은 신문, 방송 가릴 것 없이 모두 국민에게 최신, 최상의 정보를 제공하지 못했다. 오히려 일본 언론을 통해 자국 대통령의 독도 방문 소식을 전해야 하는 '국내 언론 부재의 상황'에 빠진 것이다. 무엇이 잘못된 것일까?

우선, 대통령의 최초 독도 방문과 관련하여 엠바고를 요청해서 이를 받아들인 국내 언론사에는 잘못이 없다고 본다. 보도금지도 아니고 일정기간 보도를 유보해 달라는 청와대의 요청은 나름 당위성이 있기 때문에 이를 존중한 언론사에 돌을 던지는 것은 너무 가혹하다. 결과론적으로는 언론의 책임을 다하지 못한 꼴이 됐지만 이 부분은 좀 더 따져봐야 한다.

문제의 원인 제공은 청와대에 있는 것으로 추정된다. 국내 언론사에 엠바고를 걸어놓았다면 설혹 일본 정부에 통보했다면 똑같이 엠바고를 요청해야 한다. 미국 정부가 한국 정부와 언론에 하는 것과 같은 이치다. 이 부분에서 청와대의 해명과 언론의 보도가 서로 엇갈린다. 청와대는 '일본 정부에 통보한 바 없다'는 주장이 보도되고 있다. 일본 언론은 '한국 정부가 독도 방문 관련한 내용을 일본에 통보했다'는 보도를 내보내고 있다.

이 대통령이 국내 언론에 거짓말을 하고 있다면 취재원의 잘못이지 언론의 잘못으로 몰아붙일 수는 없다. 온라인 교도통신은 "한국의 이명박 대통령이 10일 오전 독도에 들어간다고 한국 정부가 9일 일본 정부에 통보한 것으로 나타났다"고 보도했다. 이 보도를 믿는다면, 한국 정부가 국내 언론에 엠바고를 건 후 일본 정부에 통보했고 일본 언론이 이를 보도한 것으로 분석된다.

이 대통령이 많은 논란을 예상하면서도 왜 독도에 갔는지는 알 수 없다. 국내 언론의 분석보다 일본 언론이 더 자세하게 소개하고 있다.

아사히신문은 "임기 중 약 반년 동안 완전히 레임덕 상태에 빠져 있는 이명박 정권에 대해 광복절을 앞두고 대통령 자신이 독도를 방문해야 한다는 목소리가 올해 초부터 주변에서 강해지고 있었다"고 분석하기도 했다.

한국 정부에서조차 비밀리에 추진된 이 대통령의 독도 방문 사실이 어떻게 일본 정부로 전달돼 일본 언론이 1보를 보도하게 됐는지는 풀리지 않는 미스테리다. 비밀을 유지해 온 당사자만이 그 비밀의 열쇠를 갖고 있다. 그동안 이 대통령의 '유체이탈화법'을 보면 청와대의 해명은 진실과는 거리가 멀어 보인다. 엠바고를 이런 식으로 악용할 위험성이 있는 취재원과는 신사협정 자체를 파기하는 것이 국민의 알권리를 보호하는 결과가 된다. 취재는 지금부터 시작돼야 한다. 엠바고의 진실은 청와대의 유체이탈화법에 의존해서는 영구미제가 될 것이다.

엠바고는 상호 존중과 신뢰를 전제로 한다. 어느 한쪽이 사기를 치게 되면 신사협정을 존중한 당사자조차 사기꾼과의 동업자로 전락하게 되는 법이다. 가해자에게는 벌을, 피해자에게는 위로를 보내야 하는 것이 아닐까.

언론플레이는 한국에서만 일어나는 현상은 아니다. 미국에서조차 미디어를 활용한 권력의 언론플레이는 종종 일어난다. 전쟁 같은 극단적 상황에서 미국 정부는 언론의 협조 아래 언론플레이를 통해 이라크전쟁[25]을 일으켜 뒤늦게 논란이 됐다. 미국 언론의 신뢰도가 곤두박질한 것은 두말할 나위 없다. 이라크전쟁은 불필요한 전쟁이었지만 여론을 조작해서까지 전쟁을 치렀다는 주장이 조지 부시 미국 대통령 최측근으로부터 나왔다. 부시 대통령을 3년 가까이 보좌했던 스콧 맥클렐런 전 백악관 대변인이 회고록을 통해 이런 파격적인 주장을 하고 있다고 한국의 워싱턴 특파원들은 경쟁적으로 보도했다.[25](박스기사 참조)

---

25 2001년 9월 11일 미국 대폭발테러사건(9 · 11테러사건)이 일어난 뒤 2002년 1월 미국은 북한 · 이라크 · 이란을 '악의 축'으로 규정하였다. 그 후 이라크의 대량살상무기(WMD)를 제거함으로써 자국민 보호와 세계평화에 이바지한다는 대외명분을 내세워 동맹국인 영국 · 오스트레일리아와 함께 2003년 3월 17일 48시간의 최후통첩을 보낸 뒤, 3월 20일 오전 5시 30분 바그다드 남동부 등에 미사일 폭격을 가함으로써 전쟁을 개시하였다. 작전명은 '이라크의 자유(Freedom of Iraq)'. 전쟁 개시와 함께 연합군은 이라크의 미사일기지와 포병기지, 방공시설, 정보통신망 등에 3회에 걸쳐 공습을 감행하고, 3월 22일에는 이라크 남동부의 바스라를 장악하였다. 이어 바그다드를 공습하고 대통령궁과 통신센터 등을 집중적으로 파괴하였다. 4월 4일 바그다드로 진격해 사담후세인국제공항을 장악하고, 4월 7일에는 바그다드 중심가로 진입한 뒤, 이튿날 만수르 주거지역 안의 비밀벙커에 집중 포격을 감행하였다. 4월 9일 영국군이 바스라 임시지방행정부를 구성하고, 다음날 미국은 바그다드를 완전 장악하였다. 이로써 전면전은 막을 내리고, 4월 14일에는 미군이 이라크의 최후 보루이자 후세인의 고향인 북부 티크리트 중심부로 진입함으로써 발발 26일 만에 전쟁은 사실상 끝이 났다.(중략)
전쟁을 반대하는 시위가 세계 곳곳에서 이어졌으며, 민간지역에 대한 오폭 등으로 민간인 사상자가 늘어나면서 비난의 강도도 더욱 거세졌다. 게다가 미국의 실질적인 목적이 이라크의 자유보다는 ① 이라크의 원유 확보, ② 중동지역에서 친미 블록 구축, ③ 미국의 경기 회복을 위한 돌파구 마련, ④ 중동지역 정치구도 재편 등에 있다는 이유로 각국의 비난이 쏟아졌다.[출처] 이라크전쟁 [—戰爭, Iraq War] | 네이버 백과사전

옛 주인 물어뜯은 '부시의 입' 파문 확산

스콧 맥클렐런 전 백악관 대변인 회고록 파문. 부시, 체니, 라이스, 로브 등 기만의 정치 폭로.

3년이나 조지 부시 대통령의 입 역할을 했던 스콧 맥클렐런 전 백악관 대변인이 옛 주인과 정권 핵심 참모들을 신랄하게 비판해 워싱턴 정치권에 거센 파문을 불러일으키고 있다.

조지 부시 대통령에 충성하는 이른바 텍사스 사단의 한 충복으로 3년 가까이 백악관 대변인으로 일했던 스콧 맥클렐런 전 대변인의 회고록이 폭풍우를 몰아치고 있다. 6월 2일 공식 발간되는 회고록에서 맥클렐런 전 백악관 대변인이 이라크전쟁을 비롯한 대내외 정책 결정 과정에서 벌어졌던 정권 핵심부의 내막을 들추어 내면서 부시 대통령과 핵심 측근들을 신랄하게 비판하고 나섰기 때문이다.

무슨 일이 일어났나 : 부시 백악관의 내막과 워싱턴의 기만문화 (What Happened : the Bush White House and Washington's Culture of Deception)라는 제목으로 된 회고록에서 맥클렐런 전 대변인은 이라크전쟁에서부터 허리케인 카트리나 대응에 이르기까지 부시 행정부의 오점들을 적나라하게 공개하고 비판하고 있다. 스콧 맥클렐런 전 백악관 대변인은 29일 NBC 방송에 출연, 불필요한 이라크전쟁을 강행하기 위해 여론조작에 나섰던 정책 결정 과정과 그를 부추긴 딕 체니 부통령, 콘돌리사 라이스 국무장관 등을 공개 비판했다.

그는 회고록에서 부시 대통령이 이라크를 공격한 진정한 동기는 중동을 장악하기 위한 것이었음에도 이라크 사담 후세인 정권의 대량살상무기(WMD) 위협을 과장함으로써 진실을 호도했으며, 이라크전쟁은 불필요했음에도 강행한 전략적 실수였다고 주장했다. 이 과정에서 콘돌리자 라이스 당시 백악관 국가안보좌관 등 최측근들은 이라크 침공이 낳을 엄청난 결과를 제대로 설명하지 않은 채 부시의 전쟁 결심을 부추겼다고 비난했다. 그는 부시 대통령이 이라크전쟁으로 4천여 명의 미군이 죽고 수만 명의 사상자가 날 것으로 생각했다면 결코 전쟁을 벌이지 않았을 것이라고 지적했다.(하략)

원글 http://korusnews.com/korus/board.php?board=newspe&command=bo..

　　마치 한국 언론은 아무 문제가 없었다는 듯 '부시의 입 부시를 쪼다' 혹은 '부시가 이라크전쟁을 위해 여론을 조작했다' 는 식으로 미국 국내 문제로 한정해서 보도했다. 부시 행정부의 전쟁을 부추긴 미국 언론, 그 미국 언론보다 더 미국적인 보도를 통해 한국 국민의 눈과 귀를 가리며 진실 외면에 앞장서 스스로 침략전쟁 선전도구로 전락했던 한국 언론, 특히 조선, 중앙, 동아일보는 최소한의 자기반성과 죄의식을 느껴야 했다.

　　KBS, MBC, SBS 등 방송사들의 무책임한 보도, 미국 정부의 일방적 주장, CNN 등 미국 언론의 주장을 여과없이 보도했던 과거 자료는 고스란히 부끄러운 흉터처럼 남아 있다. 불필요한 전쟁 때문에 수십만 명의 무고한 이라크 시민들이 죽어갔고 지금 이 시간에도 이라크와 아프가니스탄에는 미국의 꼭두각시 정권 때문에 테러와 준전시상황이 그치지 않아 시민들이 질곡의 삶을 살아가고 있다. 여기에 대한 최소한의 도덕적 책임을 공유해야 한다는 주장에 대해 한국 특파원과 언론인들은 어떻게 받아들일까.

　　'거짓말' 을 앞세워 수많은 인명을 살상하는 전쟁이라는 극단적인 선택을 하는 미국 정부에 대해 논리의 정당성과 목적의 타당성 등을 검증하고 견제하기는커녕 선전도구처럼 전쟁논리를 전파하는 데 앞장선 국내외 언론은 이런 '자기반성형' 회고록을 보는 심정이 어떠했을까.

'담담하다'는 반응이라면 이미 그런 진실을 알고도 여론조작에 자발적으로 나섰다는 점에서 '사악하다'는 비판을 받게 될 것이다. '충격적이다'는 반응이라면 정보 부재, 판단 미숙에 따른 여론조작의 수단이 됐다는 점에서 보도기관의 역량과 윤리적 기준에 심각한 문제가 있다는 반증이다.

지금부터 10여 년 전인 2003년 4월 미국의 이라크 침략전쟁은 미국의 의도대로 사담 후세인을 제거했고 중동지역 한가운데 친미정권을 세우는 것으로 사실상 막을 내렸다. 유엔이 이 전쟁을 공식적으로 반대했고 전세계의 반전운동이 거셌지만 미국은 영국과 함께 전쟁을 일으켰고 전쟁 시작 불과 20일 만에 '성공'이라며 자평했다.

미국이 전쟁의 명분으로 내세웠던 '이라크 대량살상 무기의 존재'나 '9·11테러의 배후로 믿고 있던 오사마 빈 라덴의 연계설' 등에 대해서는 어떤 물증도 제시하지 못했다. 그러나 미국 언론이나 국내 '숭미주의' 언론은 미국의 전쟁명분에 대해 어떤 이의도 제시하지 않았다. 전쟁 후 미국 언론은 뉴욕 타임스 등을 중심으로 '반성문'을 내보냈지만 정작 한국 언론은 과거 어떤 보도를 했고 어떤 오보를 양산했는지 점검도 반성도 없다. 이런 빗나간 보도행태는 과거나 지금이나 별로 변한 게 없다.

출처가 불분명한 정보를 자의적으로 키우거나 확대해석해서 보도하는 행태로 여론조작을 하고 특히 한국 언론은 미국의 CNN이나 ABC방송 등 미국 언론의 충실한 나팔수 역할을 수행했다. 오보나 의도된 왜곡보도가 전쟁 초기 3~4일 동안 거의 85%에 이를 정도로 극심했다는 분석이 나왔다.

전쟁 초기 미국 내는 물론 세계의 여론을 미국 편으로 잡아두려는 미국의 언론통제전략과 정확하게 맞아떨어졌으며 결과적으로 한국 언론도 이런 미국의 언론통제전략에 놀아난 셈이 됐다고 지적했다.

부시 전 대변인의 뒤늦은 고백과 참회를 보도하는 한국 언론을 보면 마음이 착잡하다. 이런 지적을 하는 사람은 누구나 '종북', '반미주의자', '친북세력'으로 매도하는 행태에 변함이 없다. 신문시장을 지배하는 거대 신문사들에게 보다 높은 도덕성과 공정성을 요구하는 것은 당위다. 그만큼 영향력이 지대하기 때문이다.

불필요한 전쟁 때문에 직접적 피해자가 된 이라크 시민들은 영문도 모른 채 죽어갔고 부상당한 채 살아가야 한다. 왜 고향을 떠나야 하며 왜 가족과 헤어져 살아야 하는지 그들은 이해하지 못한다. 똑같은 인간이 다른 인간의 행복추구권을 훼손하고 생명까지 앗아갈 특권을 그 누구에게도 부여하지 않았다. 그런 나쁜 짓을 하는데 옆에서 말리지는 못할망정 부추기고 떠들어댄 그들은 누구인가.

맥클렐런 전 대변인의 고백은 우리의 판단과 죄악을 되돌아보게 한다. 현직에 있을 때는 전쟁 분위기에 편승하여 전쟁논리를 확산시켰고 이제 현직을 떠나 책을 통해 돈벌이에 나서는 전 대변인의 장삿속을 보면서, 여론을 왜곡한 미국 언론과 한국 언론은 어디로 가고 있는지 다시 생각하게 된다.

선거철에는 정치인, 유력 후보자들이 이런 언론플레이를 시도하는 경우가 잦다. 언론사와 합작을 할 때도 있고 그렇지 않을 때도 있지만 결과는 마찬가지다. 다음 사례는 이명박 대통령 후보 당시 중앙일보가 '선거 캠프를 대해부한다'고 내세웠지만 내용을 들여다보면 일방적 홍보로 채운 것을 알 수 있다. 여론을 인위적으로 호도한다는 차원에서 문제가 있다고 판단된다.(박스기사 참조) 선거가 가까워지면 이런 류의 보도가 많아진다.

대선캠프 대해부인가, 대홍보인가

이명박 캠프 시리즈 시작한 중앙일보

이명박 후보를 선전하는 것인가, 후보를 검증하겠다는 것인가. 누구를 위해 무엇을 대해부한다는 것인가. 제목이 낯부끄럽고 내용이 너무 노골적이다.

중앙일보(중앙SUNDAY)가 대선캠프 대해부라는 기획기사를 내보내며 첫 순서로 '이명박 캠프를 소개한 조인스닷컴의 기사(2007년 3월 20일)를 보면 이것은 기사가 아니라 이명박 후보 홍보물로 보인다. 아무리 좋게 봐줘도 기사를 가장한 홍보기사 이상으로 볼 수가 없다.

이런 류의 기사는 유권자를 위한 정보제공이라기보다는 특정후보자를 띄우기 위해 유권자를 우롱하는 일방적 선전물에 불과하다. 향후 이런 류의 기사는 더욱 많아지고 노골화될 것이기 때문에 미리 문제를 제기해야 한다. 특히 시장지배적 신문사들이 특정후보에 줄서기 하는 것을 마치 선거철 전통처럼 이어왔는데 이제 빗나간 전통을 단절시켜야 한다는 점에서 공론화하고자 한다.

중앙일보의 대선캠프 기획기사를 두고 왜 홍보라는 비판을 하는가. 우선 제목에서부터 정보보다는 홍보, 공정보다는 과장을, 독자보다는 후보를 내세우고 부각시키기 때문이다. '이명박 캠프'를 소개하는 기사 제목이 '남자 전부와도 안 바꾼다, 2人의 여비서'다. 이명박 후보의 의전연설을 담당하는 두 명의 여비서를 띄우기 위해 남자 전부를 별볼일없는 사람들로 폄하하고 있다.

이 후보측에서 그렇게 말하고 자랑한다고 해서 공정성을 중시하는 신문사에서 그대로 제목을 뽑고 그대로 인용한다는 것은 스스로 홍보맨으로 자처하지 않는다면 불가능한 일이다. 단순히 제목만 가지고 이렇게 문제를 제기하는 것이 아니다. 기사 내용을 살펴보면 더 심하다.

이 신문은 "이 전 시장이 '일어나서 잠들 때까지' 일정관리는 김희중 씨가 맡고 있다"며 "김씨는 의원직을 상실한 이 전 시장 곁을 유일하게 지켰고, 서울시장 재임 내내 의전비서관을 했다. 이 전 시장의 지난 10년을 가장 잘 아는 이 중 한 사람이다"고 전했다. 이 후보를 10년씩 보필하는 참모를 은근히 자랑하고 있다. 이 후보를 띄우면 노골적이라고 지탄을 받을 수 있어 주변 참모를 멋있게 포장하여 후보를 더욱 훌륭하게 보이는 후광효과를 노린 것이다.

수행비서 임재현 씨를 이 신문은 이렇게 소개했다. "임씨는 김우중 대우그룹 회장의 수행비서를 했다. 임씨는 서울시장 전반기를 보낸 이 전 시장이 '대선까지 갈 수 있는 믿을 만한 수행비서'를 수소문한 끝에 찾아낸 경우다. 미국 보스턴에서 경영대학원(MBA)을 마치고 직장생활을 하던 임씨는 이 전 시장의 제의를 받은 두 달 뒤인 2005년 4월 합류했다"고 전했다. 이어 "입이 무겁고 행동이 절제됐다"는 평이라는 말을 덧붙였다. 홍보 냄새가 나지 않도록 노력한 흔적이 보이지만 다음 단계에 와서는 더 이상 절제하지 못하고 속내를 드러냈다. 물론 이 후보의 입을 빌어서 교묘하게 선전하고 있다.

"이 두 사람은 나머지 남자들 다하고도 안 바꾼다"라고 "이 전 시장은 캠프 전체 회의석상에서 이렇게 말했다"고 전했다. 이 신문은 "이 전 시장의 강연과 회견에 담기는 모든 메시지가 두 사람의 손끝에서 정리된다"고 보도하면서 "헌신적이고 이 전 시장과 호흡이 잘 맞는다는 것이 캠프의 일치된 평가다"라고 전한다.

'그곳엔 4인의 젊은 피가 있다' 등 부분 부분을 차치하고라도 기사 전체를 읽어 보면 정보보다는 특정후보 홍보에 동원된 인상을 갖게 된다. 중앙일보가 내세운 대해부는 어디로 갔는가. 단순한 해부도 아니고 '대해부'인데 기사 내용이 이런 식의 피상적이고 캠프측의 선전을 단순 전달하는 것이 과연 앞뒤가 맞는 것인지 중앙일보의 부장, 국장, 미디어 전문기자에게 되묻고자 한다.

중앙일보는 이미 수차례에 걸쳐 특정 대선후보 줄서기를 지면을 통해 시도했다가 홍석현 회장이 구속되고 특별사면 받는 등 한국 언론사에 오점을 남겼다. 제목은 대선캠프 대해부로 내세우고 내용은 대선캠프 대홍보 식으로 내보내는 것은 독자를 무시하고 저널리즘을 망치는 일이다.

'남자 전부와도 안 바꾼다는 2人의 여비서'를 스타로 띄우면 결국 그 광고효과는 누구에게로 갈 것인가. 이 기사를 게재한 중앙일보 기자, 부장, 국장이 모르고 순진하게 이렇게 기사게재를 한 것인가.

대선경쟁의 공정할 룰을 감시하고 후보 간 비방과 흑색선전 등을 견제해야 할 신문사가 앞장서서 표리부동한 보도행태를 보일 때 그 피해는 단순히 중앙일보 독자에게만 한정되지 않는다. 또다시 한국 언론의 후퇴를 의미하고 나아가 민주주의의 퇴행으로 이어질 것이다. 중앙일보의 대선캠프 대해부가 명실상부한 검증된 내용으로 채워지기를 희망한다.

2. 권언유착형

언론을 이용하여 여론을 자기 편으로 유리하게 유도하는 유형

권언유착형은 권력과 언론이 한몸처럼 붙어서 서로 돕는 행태를 말한다. 원래 언론이 민주주의 사회에서 제4부[26]로 불리는 것은 권력을 감시, 견제하는 기구 역할을 하기 때문이다. 감시, 견제 역할을 제대로 하려면 정부와 언론사 간에 일정한 거리를 유지해야 한다. 너무 적대적이어도 곤란하고 너무 가까워도 곤란하다.

그러나 권언유착형 언론플레이는 민주주의가 자리잡지 못한 권위주의 사회에서 흔히 목격되는 언론플레이 유형이다. 권언유착형은 권력과 언론이 주체가 돼 일반 국민을 상대로 여론을 왜곡하는 전형적인 여론조작 기법이다. 해방 이래 한국의 언론은 권언유착의 부끄러운 전통을 여전히 이어가고 있다. 언론이 때로는 권력처럼 특정세력을 매도하거나 매장시키는 일도 서슴지 않는다. 박근혜 정부에서 벌어진 검찰총장 찍어내기는 최종적으로 법적 판결이 어떻게 나오든 상관없이 전형적인 권언유착형 여론조작 사례다.(박스기사 참조)

---

26 제4부란 자유민주주의 사회에서 입법부, 사법부, 행정부라는 권력의 3권 분립체제에서 언론은 이들 3부를 모두 견제, 감시하는 기구 역할이라는 차원에서 흔히 제4부로 부른다. 비정부 시민단체(NGO)를 제5부라고 부르기도 한다.

채 총장 저격수로 나선 조선일보,
조선일보가 이기는 이유 5 가지
채동욱 총장–조선일보 둘 중 하나는 '치명상'

한겨레신문은 2013년 9월 9일 위 제목으로 검찰총장과 조선일보의 대결을 전망했다. 과연 그럴까. 나의 전망은 '채동욱 검찰총장은 지는 게임, 조선일보는 이기는 게임을 하고 있다' 는 것이다.

막강한 검찰조직의 총수, 현직 검찰총장을 향해 도덕성에 치명타를 입힐 수 있는 '혼외아들' 보도로 포문을 연 일개 신문사가 이기는 게임을 하고 있다고 진단하는 것이 맞을까. 맞지 않을 수도 있겠지만 적어도 '둘 중 하나는 치명상' 이라는 전망은 오판한 것이다.

조선일보가 일방적으로 이기는 게임을 하고 있다는 이유는 최소한 다섯 가지는 된다.

첫째, 여론몰이에서 조선일보가 절대적 우위에 있다.

조선일보는 지난 9월 6일 '채동욱 검찰총장이 혼외아들을 숨겨 온 것으로 밝혀졌다' 고 보도했다. 일방적 의혹보도를 '밝혀졌다' 는 식으로 주장했다. 어느 기관에 의해 어떻게 밝혀진 것인지는 기사내용 어디에도 없다. 후속보도를 분석해도 의혹 당사자 누구도 밝히지 않았고 당사자 취재도 하지 않았다. 학교나 검찰 등 익명의 취재원을 이용해서 의혹을 부풀리는 수준이었다. 문제는 이 정도만으로도 이미 여론은 '아니 땐 굴뚝에 연기 날까' 라며 의심을 품고 있다.

검찰총장의 리더십을 흔드는 의혹보도를 조선일보는 언제든 '사실과 무관하게 의혹만'으로도 보도할 수 있는 유리한 입장이다. 검찰총장의 인격권을 훼손하고 검찰조직의 정당한 권위는 흔들리게 된다. 이것은 진실게임이 아니라 여론싸움이다. 정정보도 등 수세적 방어태세를 취해야 하는 검찰총장의 입장에서 막강한 여론몰이의 선봉장에 선 조선일보를 이길 수 없게 되는 셈이다.

둘째, 오보 때문에 조선일보가 치명상을 입을 일은 없다.

한국의 언론사가 오보 때문에 치명상을 입고 문을 닫았다는 뉴스를 본 적이 있는가. 이 땅의 언론환경은 열악한 듯하지만 권력게임에 관한 한 그렇지 않다. 신문제작 메커니즘에서 오보도 일종의 불가피한 작업으로 본다. 그래서 법률적으로도 '언론사의 오보에 대해' 비교적 관대한 편이다. 소위 '상당성 원리'를 적용하여 보도할 당시에 '오로지 공익을 위하고 진실이라고 믿을 상당한 이유가 있다'고 판단하게 되면 무죄로 처리하는 것이다. 아무리 사생활이라 하더라도 검찰총장의 도덕성과 직결된 문제인데 어찌 '공익의 범주'에 넣지 않겠는가.

또한 보도할 당시에 기자가 믿을 만한 나름의 정보와 근거를 내세우면 '면책사유'에 해당될 가능성을 배제하기 힘들다. 따라서 검찰총장은 조직을 이끌어가는 데 큰 부담을 안고 힘든 시간을 점점 더 갖게 되겠지만 조선일보는 '치명상' 염려 없이 계속 보도하면 된다.

셋째, 시작부터 지금까지 조선일보는 이기는 게임을 하고 있다.

조선일보가 단독 보도한 이번 검찰총장 이슈는 타 언론기관에서도 조선일보를 받아서 인용보도하고 있다. 언론기관이 경쟁 언론기관의 보도를 인용하여 보도하는 것은 특종을 인정한 셈이다. 진실 여부를 떠나서 조선일보의 기사를 쳐다보게 만드는 것. 모든 언론사의 꿈이다.

진실은 항상 밋밋하게 세월이 흐른 뒤에 나타나는 법이다. 어쩌면 기억 속에 사라져 버릴 때쯤 진실이 나타나는 듯 마는 듯 스쳐갈 수도 있다. 조선일보는 신이 났고 검찰총장은 흔들리는 검찰조직을 추스르기 위해 전전긍긍하고 있다. 검찰총장이 본업은 제쳐두고 조선일보 대응 수위를 어느 정도 하느냐가 주일과가 되고 있는 상황은 조선일보의 승리를 의미한다.

넷째, 조선일보 뒤에 또 다른 막강한 국가권력이 받쳐주고 있다는 의혹이 있다.

아무리 조선일보라고 하더라도 현직 검찰총장을 향해 확인되지 않은 정보로 '혼외아들' 주장은 위험천만이다. 더구나 1면 톱으로 다룰 정도라면 언론사 단독 결정으로 보기 힘든 측면이 있다. 이런 파격적인 내용을 톱으로 보도할 경우는 적어도 조선일보측에서 채 총장의 부인이나 친자라는 아이의 증언이나 물증 등을 확보한 뒤라야 가능하다. 아니면 채 총장이 술을 마시고 기자에게 고백을 했거나…. 그런 것이 아닌 불확실한 정보로 현직 검찰총장을 쓰러뜨릴 수 있는 보도 이면에는 어딘가 믿는 구석이 있기 때문이다. 정치권에서는 '국정원'이라고 주장하고 있고 그럴 가능성은 꽤 높다. 그것은 정치권의 이야기이고… 내가 추론하는 것은 저널리즘적 차원의 분석이다.

조선일보 보도에 등장하는 '가족관계등록부, 출입국 기록 및 학적기록부' 등은 기자들이 합법적으로 입수할 수 없는 사적영역의 내밀한 자료들이다. 수사권도 조사권도 없는 기자가 접근할 수 없는 정보를 입수했다면 검찰이나 국정원 같은 수사기관의 도움을 받았다는 의미가 된다. 따라서 이런 보도의 이면에 조선일보는 보이지 않는 국가기관과 함께 하고 있다는 것을 기사로 보여 주는 셈이다. 그것이 국정원인지 여부는 수사기관만이 확인할 수 있다.

마지막으로 시간은 조선일보 편이다.

사실 여부를 떠나 '물의'(?)를 일으킨 채 총장에 대해 여권 내부에서 가만히 있지 않을 것이다. 조선일보의 역할은 여기까지다. 나머지는 악화된 여론, 검찰조직을 이끌기에는 도덕성이 문제 등의 밑도끝도없는 주장으로 대통령 비서실장, 법무부장관 등은 이미 차기 검찰총장 카드를 만지작거리고 있을지도 모른다. 여기에 검찰조직과 대립각을 세우고 있는 개혁대상 국정원도 '보이지 않는 손'을 활용하여 적극적인 펌프질을 하게 된다.

'법과 원칙을 바로 세운다'는 것은 말처럼 그렇게 쉽지 않다. 이미 시작된 채 총장과 조선일보의 대결은 그래서 일방적인 게임이 되고 있다. 여권 내부를 인용하거나 정치권을 활용하여 조선일보는 적절하다고 판단될 때 또 다른 보도를 언제든지 할 수 있다. 시간이 지날수록, 진실을 부르짖을수록 공허해지는 쪽은 채 총장이다. 새로운 검찰총장이 오게 되면 그는 누구에게 감사의 메시지를 보낼까.

이 칼럼은 보도 당시 대부분의 언론이 '어느 한쪽은 치명상'이라는 식으로 흥미 위주로 보도한 데 대한 반박기사였던 셈이다. 예측대로 검찰총장은 청와대가 임명했지만 언론사를 이용하여 거의 패대기치다시피 쫓아냈다. 임기가 보장된 검찰총장의 혼외자식 문제는 왜 임명 당시에 검증하지 못했을까.

언론은 권력과의 종속관계를 벗어나지 못한다. 권력과 언론의 성격에 따라 그 존재가치는 천양지차로 달라질 수 있다. 암울한 시대에 진실을 위한 언론의 노력은 그 자체로 언론의 존엄을 입증한다. 그러나 언론자유가 보장된 자유민주주주의 시대에조차 권력의 시녀로 기생하며 진실을 훼손할 때 '권언유착'의 망령은 뿌리칠 수 없게 된다.

'혼외아들' 논란으로 중도에 쫓겨난 채동욱 전 검찰총장 이야기는 권언유착과 여론조작 차원에서 간과할 수 없는 권력과 언론의 문제다. 조선일보에서 대서특필한 채 검찰총장 혼외아들 문제는 삽시간에 그의 직위를 박탈했다. 법무부의 감찰로 이어지자 그는 사표를 제출했고 그것으로 끝이었다. 문제가 있으면 검찰총장직에서 물러날 수도 있지만 언론 보도에 따른, 그 과정이 너무 과격했고 너무 폭력적이었으며 너무 충격적이었다.

논란은 남았다. 도대체 수사권도 없는 언론기관에서 어떻게 개인의 내밀한 사적 정보를 입수했으며, 어떤 확신이 있었기에 1면에 자신있게 보도할 수 있었던가. 다시 되돌아보면, 조선일보의 보도는 일반 기자가 취재하여 보도하기에는 너무나 자세했고 너무나 확고했고 너무 비밀스런 정보를 많이 담고 있다. 이 비밀은 수사중이지만 청와대 행정관이 여러 차례 거짓말을 하는 등 그 진실을 드러낼 것 같지 않다. 법적 결과는 기대하지 않는 편이 현명하다. 대신 당시 조선일보 보도에 대한 분석과 문제 제기는 간과할 수 없다.

조선일보 2013년 9월 6일자 '채동욱 검찰총장 혼외아들 숨겼다'는 제목 자체가 벌써 단정적이었다. 기사 내용도 저널리즘의 일반적 신중함을 넘어 확신과 자신감이 넘쳤다. '임씨와 채 총장 아들은 가족관계등록부에 모자 가정으로 등재돼 있는 것으로 확인됐다'고 보도했다. 누구에 의해 어떻게 확인됐는지 알 수 없지만 이 신문은 이미 확인됐다고 확신했다. 눈여겨보라. 어느 언론에서 보도할 때 공식기구의 공식 발표 없이 이렇게 확인을 확신하는가. 뒤에 검찰수사로 밝혀진 바에 의하면 서초구청 모 국장과 청와대 간에 이런 사적 정보가 오고간 것으로 드러났다.

조선일보가 어떻게 그런 비밀스런 사적 정보를 입수했는지는 청와대로부터 전달받았다는 야당측 주장이 있었을 뿐 수사로도 사실을 밝혀내지 못하거나 안할 확률이 높다. 법적 판결과는 무관하게 청와대나 국정원 등에서 이런 비밀스런 정보를 제공하지 않았을 경우 조선일보는 보도하기 힘들다. 여기서 권언유착의 의혹이 단순히 의혹이 아니라는 점을 짐작할 수 있다.

이 신문은 당시 보도에서 '이들은 채 총장 인사청문회 하루 전날인 4월 1일 서울 도곡동 아파트로 이사해 전세를 살고 있다. 임씨는 8월 31일 아들이 탄 미국 뉴욕행 비행기를 함께 타지 않았다'는 내용을 보도했다. 이렇게 상황을 손금보듯 훤히 꿰뚫고 기사작성을 한다는 것은 거의 불가능에 가깝다. 그래서 다른 언론사들은 조선일보 보도를 주목하지 않을 수 없었던 것이다.

그러나 시간이 지나고 검찰 수사가 조금씩 진척되면서 이 모든 의문들이 풀려났다. 역시 취재기자의 홍길동 같은 취재 기적은 없었고 권력과의 추악한 거래가 있었을 뿐이라는 추측이 조금씩 사실로 드러난 것이다. 세월이 흘러 사람들은 잊어버렸을 뿐이다.

가장 핵심적인 개인정보 유출에도 국정원이 개입됐다는 사실이 검찰 수사결과 밝혀졌다. 구속된 원세훈 전 국정원장의 최측근으로 분류된 인사가 서초구 행정지원국장으로 재직하면서 불법으로 개인정보를 확인, 유출한 것이라고 한다. 이제 남은 것은 이런 사사로운 개인정보가 어떤 과정을 거쳐 조선일보 기자에게 넘어가서 권력의 '언론플레이'로 조화를 부리게 됐는가 여부다.

한국여성단체연합 등은 2013년 9월 채 전 총장의 혼외아들 의혹 보도와 관련해 개인정보를 불법 취득·유출한 혐의로 조선일보 기자 2명과 전 청와대 민정수석, 이들에게 개인정보 자료를 건넸을 것으로 추정되는 신원 불상의 전달자 등을 가족관계등록법 위반, 개인정보보호법 위반, 초중등교

육법 위반 등의 혐의로 고발했기 때문에 좀 더 기다릴 필요가 있다.

이 시점에서 권력과 언론의 관계를 다시 생각해 본다. 부도덕하고 불법적인 권력은 언론을 가만히 두지 않는 속성이 있다. 언론 역시 이런 약점 많은 권력과 결탁하게 되면 이익을 챙길 수 있기 때문에 '국민을 내세워 권력의 하수인'으로 전락한다.

전두환 군사정권 때 모든 언론은 그를 '사나이 중 사나이', '왕 중 왕' '큰바위얼굴'로 찬양과 경배에 열을 올렸다. 방송과 신문은 경쟁이라도 하듯 그를 '육사의 혼이 빚어낸 인물', '영웅 중의 영웅' 등 시리즈물로 도배를 했다. 지울 수 없는 한국 언론의 부끄러운 기록으로 언제든 검색이 가능하다.(박스기사 참조)

큰바위 얼굴 전두환…

1999년 한국기자협회와 언론개혁시민연대가 합동으로 주최한 세미나에서 '권력과 언론의 유착에 관한 소고'라는 제목으로 발표한 발제문

권언유착이 남긴 역사적 오보 1

큰바위 얼굴, 전두환

한국의 거의 모든 신문사, 방송사는 80년 '전두환 장군' 우상화에 동원됐다. 육군 소장 전두환을 갑자기 '새 시대의 영도자'로 만드는 데 조선, 동아, 중앙, 대한매일 등은 파격적인 지면 할애로 '전 장군'을 새 시대의 지도자로 미화했다. 유치할 정도의 내용으로 지면을 채우는데 민족지를 자처하는 언론들은 반민족적·반역사적 편집을 했다.

권언유착이 남긴 역사적 오보 2

평화의 댐

거짓과 불신의 상징으로 남아 있는 평화의 댐을 두고 성금 마련에 전폭적인 지지를 보냈던 국민은 아직도 분하고 허탈하다. 어쩌면 그렇게 국민을 바보로 만드는 데 언론이 현란하게 앞장서서 왜곡, 과장보도를 할 수 있었던가? 5공화국 정부가 정말로 북의 수력발전용 금강산 댐 건설에 안보의 위협을 느꼈는지, 아니면 5공 말기 불안한 정국을 탈출하기 위한 돌파구로 이용했는지, 어느 경우든 국민은 배신감과 허망함을 감출 수 없다.

권언유착의 역사적 오보 3

그 피해자, 김대중 대통령

89년 7월 24일자에서 각 언론사는 '김대중 총재 대북친서 전달 가능성'이라는 기사를 톱으로 올려 엄청난 파문을 던졌다. 당시 연합통신 청와대 출입기자가 단독으로 보도한 이 기사를 각 신문사, 방송사들은 크게 다루었던 것이다.

이런 엄청난 보도의 결과는 '의도'한 대로였다. 김대중 당시 평민당 대표는 혐의를 벗었지만 정치지도자로서의 도덕성과 당의 이미지는 큰 타격을 입었다.

(이하 생략)

권력에 아부하던 언론이 정적을 치는 데는 잔인했다. 좀 시간이 지났지만 자료를 한번 확인해 보면 처절한 모습을 금방 확인할 수 있다. 1989년 7월 24일자 모든 언론사가 대서특필한 사건이 있었다. 제목은 '김대중 총재 대북친서 전달 가능성'이었다. 당시 연합뉴스가 작성한 기사를 모든 언론이 크게 부각시킨 것이다. 내용은 당시 야당 평민당 총재였던 김대중 씨가 북한에 친서를 비밀리에 전달하는 등 국가보안법을 위반했으며 정치생명을 끝낼 수 있다는 것이었다.

이 기사는 안기부(현재의 국정원)가 청와대 출입기자에게 정보를 제공하는 방식으로 익명을 동원하여 작성된 허위기사였다는 사실이 나중에 밝혀졌다. 일선기자들이 쓴 언론비평서 〈부끄러움을 보여 드립니다〉에서는 이 사건에 대해 이렇게 논평했다.

"여론조작을 노리는 안기부 등 정부당국의 언론플레이, 파행적 한국 언론의 보도관행이 전체적인 사회문제로 떠오르는 계기가 되었다. 안기부 고위 관계자의 입을 빌린 이 기사는 가뜩이나 서 의원 사건으로 곤경에 빠져 있던 평민당에 심대한 피해를 주었으며 김 총재의 입지를 더욱 어렵게 만드는 결과를 빚고 말았다."

부끄러운 과거의 관행, 권력과의 결탁을 뿌리치지 못하고 승자 편에 서서 과실을 챙기려는 언론의 모습은 국민이 기대하는 민주주의 언론이 아니다. 사적 이익을 추구하고 권력의 하수인으로 전락, 언론플레이에 동원될 때 언론의 위치는 초라해진다.

한국 언론이 다시 한번 과거의 부끄러웠던 역사를 되돌아보기를 기대한다. 특종이 많고 요란한 사회는 전형적인 후진국의 모습이다. 국민화합과 국민행복의 시대에 언론의 고민과 역할도 좀 더 새롭게 정립되어야 하지 않을까.

이명박 정부 이후 권언유착은 더욱 고착화됐다. 방송 진출을 미끼로 주요 신문사들을 손에 넣은 셈이 됐다. 이후 종합편성채널에 대한 특혜를 줄 듯 말 듯 혹은 조금씩 던지면서 지속적으로 주요 언론사를 내 편으로 만들었고 유지하는 데도 성공했다는 평가를 받았다.

박근혜 정부에서 이런 기조가 바뀐 것은 없다. 권언유착형 보도는 더욱 꽃을 피우는 듯한 모습이다. 권력에 다시 순치되는 주요 한국의 언론사들의 모습은 역사가 후퇴하는 듯한 착각에 빠지게 된다. 언제까지 이런 저급 권언유착형 여론몰이가 가능할지 지켜볼 일이다.

3. 언론 장악용 낙하산 투여형

주요 언론사를 장악하기 위해 최고경영자를 낙하산식으로 투여하는 인사배치형

어느 조직을 장악하는 데 사장을 바꾸는 것만큼 효율적인 것은 없다. 한국처럼 가부장적 문화가 발달한 곳에서 사장은 인사권을 휘두르며 자신의 입맛에 맞는 사람을 재배치할 수 있는 전권을 갖기 때문이다. 마음에 들지 않을 경우 해고 등 징계를 내릴 수 있는 막강한 권한을 낙하산 사장은 누릴 수 있다. 더구나 낙하산 뒤에는 권력이 보호막을 치고 있다.

여기서 낙하산에 대해 조금 부가설명이 필요하다. KBS, MBC 등 영향력이 큰 방송사 사장에 권력이 낙하산을 투여하는 과정에서 '파업' 등 사회적 논란이 컸던 만큼 과거처럼 외부 낙하산은 부담이 컸다고 판단해서 이제 낙하산 투여방식을 바꿨다.

주로 내부 인사들 중에서 낙하산 그 이상으로 말을 잘 듣는 성향의 인사를 발굴하여 '충성맹세'를 받고 사장자리에 앉히는 방식이다. 그 대표적인 사례가 MBC 김재철 사장의 경우다.(박스기사 참조)

'김재철, 이제 시작이다' MBC 공영방송의 몰락

정의가 무너지고 협잡이 일상화된 사회

천민자본주의에 함몰된 이명박 정부가 5년간 변함없이 보여 준 공영방송의 생얼굴은 참담하게 일그러졌다. 최시중과 이상득 등 감방으로 간 권력 실세들은 공영방송사에 낙하산 사장들을 보내 권력의 애완견, 관영방송으로 만들었다.

의식있는 기자들은 좌절했다. 공영방송사는 물론 뉴스전문채널 YTN, 국가기간뉴스통신사 연합뉴스 구성원들도 파업을 통해 절규했다. '언론이 바로 서야 나라가 바로 선다'는 진실을 현실에서 실천하고자 했지만 권력과 결탁된 사주의 장악력은 대단했다.

권력에 줄타기 한 언론인들은 국회의원, 차관 등으로 변신했다. 한때 중립인 양 방송 프로그램을 진행했거나 권력을 감시한다던 언론인들이 정당의 대변인으로 혹은 정치인으로 변신한 모습은 이제 낯설지 않다.

언론을 바로 세우려는 양심적인 언론인들, 언론을 바탕으로 권력의 품으로 뛰어가기 위해 틈만 나면 추파를 던지는 폴리널리스트들. 왜 정의와 양심을 위해 고통을 감수하는 사람들이 늘 실직, 해고, 징계 등의 대상으로 대책없이 찬바람에 나서야 하는가. 이런 사회에서는 정의가 강물처럼 흐를 수가 없다는 것은 상식이다.

문제는 이명박 정부만 끝나면 공영방송은 제자리로 되돌아올 수 있다는 믿음이 깨지고 있다는 현실이다. MBC 김재철 사장의 위상은 더욱 굳건해지고 있다. KBS 이사회에서 새롭게 추천하는 사장은 '권언유착의 구악'으로 '절대로 안 된다'는 인물이다. 현실의 위기는 미래의 재앙을 예고하고 있다.

열 명이 넘는 사장 후보군 중에서 KBS 노조, 언론단체 등에서 '최악의 인물'로 꼽은 인물, 선정 심의에 들어가기도 전에 '유력하다'는 소문이 사실로 확인된 현실에서 정의는 사라지고 음험한 협잡과 밀실 인사의 냄새가 강하다.

방송통신위원회 한 상임위원은 최근 기자회견을 통해, "하금열 대통령 실장과 김무성 새누리당 총괄선대본부장이 MBC 김재철 사장의 해임안 처리가 예정됐던 날 여당 추천인 김충일 이사에게 전화를 걸어 "김재철 사장을 '스테이(유임)시켜라'하고 압력을 행사했다"고 한다.

기자회견 후 김무성 새누리당 선대본부장은 이를 부인했고, 하금열 실장은 침묵했다. 현시점에서 정확한 진실은 알기 힘들다. 그러나 그동안 현 정부의 이중행태, 거짓말 등을 바탕으로 추측하면 역시 이런 주장이 사실에 가까울 것으로 예상된다.

대통령 실장과 새누리당 선대본부장은 왜 이런 불미스런 일에 연루됐을까. 국민은 이들의 주장을 얼마나 신뢰할까.

공영방송의 영향력, 전파력에 대한 통제의 유혹에서 권력은 쉽게 벗어나지 못한다. 특히 대통령선거라는 권력게임에서 방송의 역할은 더욱 강조되는 만큼 후보자의 의지와 무관하게 참모들은 공영방송을 중립이 아닌 '자기 편'으로 만들고 싶은 강력한 필요성을 인식하는 법이다.

권력의 손아귀에 힘이 들어갈수록 공영방송의 위상은 추락한다. 공영방송에서 일하는 기자, PD, 작가 등 모든 언론인들은 자부심과 신뢰에 상처를 받게 되고 민주주의에 대한 실망과 좌절에 빠진다. 결국 권력은 스스로 부르짖는 민주주의를 후퇴시키는 자가당착에 직면한다.

권력의 끝자락에서 이명박 대통령과 그 참모들의 행태는 훗날 역사의 심판을 받게 될 것이다. 집권당이 미래에도 공영방송을 '내 편'으로 만드는 시도를 포기하지 않을 때 한국 언론계는 또다시 혼란과 퇴보의 소용돌이에 휘말리게 될 것이다. 공영방송에 무절제한 정치의 개입은 독이다.

김재철을 수식하던 'MBC 사장'이란 타이틀이 마침내 떨어져 나갔다. 출발부터 낙하산 시비와 방송장악 논란을 몰고왔던 인물, 사장 시절 수백 명의 사원들을 중징계의 칼날로 좌절의 막다른 길로 몰아붙이고 결국 MBC방송사 사장 최초로 해임되는 참담한 결론의 장본인이 된 김재철 전 사장은 한국 언론사에 '낙하산 그 이상의 낙하산'이란 오명을 남겼다.

한국은 주요 언론사 사장에 대해서는 법무부 내규로 구속조차 함부로 할 수 없을 만큼 치외법권 지대로 특혜대우하고 있다. 내규 따위가 법 위에 있다는 비판을 받았지만 현실은 그게 아닌가 보다. 그가 현역 공영방송사 사장으로 재직할 동안에는 그만큼 제대로 된 수사를 받기가 힘들다는 것이다. 그게 한국의 현실이다.

MBC 대주주인 방송문화진흥회(방문진)에서 그에게 사장직 해임 결정을 내렸다. 방문진의 다수인 여당 추천 이사들이 그를 보호하려고 했다면 야당 추천 이사(3명)만으로는 도저히 해결할 수 없는 사안이었다. 이미 세 차례나 해임을 주도했지만 실패했던 과거가 이를 입증한다.

김 전 사장은 2010년 취임 한 달 만에 김우룡 당시 방문진 이사장이 언론인터뷰에서 한 '청와대 조인트'[27] 발언의 당사자로 거론됐다. 김씨는 기자회견을 자청해 김 이사장의 발언을 전면 부인했고 문제를 지적한 사람들에게 "민형사상 고소를 하겠다"고 큰소리쳤다. 그러나 그의 공언은 허언이 됐다. 사장 임기는 물론 임기 후에도 소송은 없었기 때문이다.

이명박 정권에 비판적인 프로그램을 축소·폐지해 공영방송의 독립성과 비판 기능을 축소시켰다는 지적이 끊이지 않았다. MBC 간판 시사프로그램인 'PD수첩'의 불방 결정과 아이템 내부검열, 제작진 전보조치를 통한 프로그램 무력화 시도가 대표적이다. 김씨는 '후 플러스'와 'W' 등 각종 시사프로그램을 폐지했고 라디오방송 진행자인 김미화 씨를 자진사퇴 형식으로 사실상 '퇴출' 시켰다.

대선을 앞둔 2012년 11월에는 정수장학회가 보유한 MBC의 지분 매각 논의를 진행한 사실이 알려지며 정치적 파장을 일으켰다. 정치개입이라는 논란 속에 흐지부지되고 말았다. 공영방송 MBC의 위상은 추락했고 구성원들의 반발과 강압적 조처는 반복됐다.

김 사장 재임 중에 MBC에서는 네 번의 파업이 벌어졌다. 김 사장은 매번 대량 징계와 고소·고발 등으로 강경 대응해 사내 반목을 키웠다는 지적을 받는다. 김 사장 재임 중에 징계받은 직원은 해고자 8명을 포함해 200여 명에 이른다. 170일간 지속된 사상 최장기 파업에 대해 김 사장은 195억 원에 달하는 손해배상청구소송을 제기하기도 했다. 파업 후 단행한 인사에서는 파업 참가자들을 직무와 무관한 부서로 대거 발령해 '보복인사' 논란이 일었다. 이에 대해 서울 남부지법은 훗날 "기자, PD, 아나운서 등 방송 제작에 관련된 노조원들을 미래전략실, 사회공헌실 등의 부서로

---

27 김우룡 전 방송문화진흥회(방문진) 이사장은 지난 2010년 3월 김재철 문화방송(MBC) 사장 선임 과정과 관련해 "임명권자의 뜻을 감안하지 않을 수 없었다. 청와대 뜻과 무관하지 않은 낙하산 인사였다"고 밝혔다. 그는 방문진이 김 사장을 선임했을 때 방문진 이사장을 맡고 있었다. 방문진은 문화방송의 최대주주(지분 70%)다. 김 전 이사장은 지난 7일 한겨레와 인터뷰에서 당시 상황을 공개하며 "제대로 된 경영능력과 리더십을 갖추지 못한 김 사장을 임명한 것은 잘못된 선택이었다"고 털어놓았다. 김 전 이사장은 2009년 8월 방문진 이사장에 취임했으나 2010년 3월 김재철 사장이 실시한 문화방송 임원 인사에 대해 "(이번 인사는) 김 사장 인사가 아니다. '큰집'도(김 사장을) 불러다가 '조인트' 까고 매도 맞고…"라고 발언했다가 논란에 휩싸여 같은 달 사퇴했다.

발령한 것은 업무상 필요에 의한 것이라 인정하기 어렵다"며 사실상 김 사장의 인사가 부당하다는 판결을 내렸다.

그의 불법과 전횡은 직원들의 불행, MBC의 좌절로 이어졌다. 결국은 자신의 목을 스스로 치는 인과응보가 되고 말았다. 그가 몸부림치며 수많은 구성원들의 피눈물을 흘리게 하며 얻고자 한 것은 무엇이었던가. 출발부터 잘못된 권력형 낙하산 인사는 공영방송의 몰락을 가져왔고 구성원 다수의 불행을 초래했다.

김재철로 인해 MBC는 충분히 상처를 받았다. 제2, 제3의 김재철 유형의 인사는 MBC를 회복불능의 상태로 몰아갈 수 있다. 국민행복이 구호에 그치지 않으려면 공영방송 MBC를 구제할 수 있는 정치중립적이고 검증된 인사가 오기를 기대했다. 그것이 김재철이 온몸으로 국민에게 던지는 살아 있는 교훈이었지만 후임 사장 역시 권력의 눈치보기에 충실한 인사로 뽑았다는 것이 중론이다. 정치보도를 어떻게 하는가를 보면 간단히 판명된다.

집권당이나 권력에서 방송에 집착하는 것은 그만큼 국민 여론 조성에 큰 영향력을 행사하기 때문이다. 어느 정권이 들어서도 방송사 장악은 가장 주요한 사안 중의 하나가 된다. 방송사의 불행은 여기서 시작된다. 권력이 가만두려 하지 않기 때문이다.(박스기사 참조)

대통령을 위한 방송, 그 종말은 파국

언론사는 선거승리의 전유물이 아니다

권력이 방송을 장악해도 국민이 침묵하던 시절이 있었습니다. '권력의 나팔수'를 자처하던 언론사 간부들이 국회의원, 청와대 수석 등으로 불려가던 과거 수치스러웠던 '권언유착의 세월'은 한국 언론사의 한 페이지를 장식했고 이것은 전통이 됐습니다.

진실은 실종되고 유언비어가 난무하던 시절, 일부 양심적인 언론인들이 '진실보도'를 외치며 일어났지만 권력에 의해 간단히 제압당했습니다. 그후 전두환 군사정권시절에도 언론사 통폐합을 통해 다시 방송을 포함한 모든 언론을 '독재의 입'으로 만들었습니다. 민주주의는 질식했고 수많은 대학생, 젊은이들이 의문사라는 죽음으로 피를 흘렸지만 언론의 감시와 견제는 찾아보기 힘들었습니다.

억압된 인권과 갇혀 둔 진실은 'KBS 시청료 거부운동'으로 나타났습니다. '땡전뉴스'를 자처하던 방송사들의 충성 경쟁은 국민의 인내심의 한계를 넘어선 것이었습니다. 방송사는 불타올랐고 기자들은 취재현장에서 쫓겨나야 했던 시절이었습니다. 1987년, 소위 '6·29선언'으로 언론자유는 비로소 이 땅에 꽃피기 시작했습니다.

'모든 자유를 자유롭게 하는 것이 언론의 자유'라면서 악명 높던 언론기본법도 개정했습니다. 더 이상 정치권력의 눈치를 보지 않도록 언론의 자유는 주어졌고 새로운 매체들도 잇달아 탄생했습니다. 국민의 눈물과 저항, 피로 쟁취한 언론자유였습니다. 20여 년 사이 한국의 언론자유는 크게 신장됐습니다.

노무현 정부 시절, 정치권력은 언론을 장악하려 하지 않았습니다. '언론은 언론의 길로 정치는 정치의 길로'라는 말로 서로의 영역을 구분했습니다. 그러나 권력 말기에 '취재지원 선진화 방안'이라는 명목으로 기자실 폐쇄라는 무리수를 뒀지만 명분도 실리도 살리지 못하고 실패로 끝났습니다.

이명박 정부가 들어서면서 언론의 환경은 척박해지기 시작했습니다. 정치권력의 노골적인 방송 장악 시도가 이뤄졌습니다. 영향력이 가장 큰 KBS는 불법적으로 정연주 사장을 해임하는 초강수를 뒀습니다. 그를 쫓아낸 후 결국 그 자리에 선거캠프 참모를 낙하산 사장으로 보낸 것입니다.

공영방송 KBS를 관영방송, 정권방송으로 만들어 버리는 후진적 행태를 대통령과 그 측근들은 자행한 것입니다. MBC는 '낙하산 인사에 대한 반발' 때문에 내부 인사로 골랐지만 '조인트 사장'이라는 별명처럼 그의 역할도 정치권력의 하수인 역할을 하는 것이었다는 것이 MBC 노조의 고백입니다.

MBC, KBS 파업에 이어 YTN 노동조합도 총파업 몸살을 앓았습니다. 국가기간통신사인 연합뉴스도 불공정보도로 인해 2012년 최장기 총파업을 했습니다. 이 모든 파업의 공통점은 대통령을 비롯한 정치권력 때문에 '공정보도'를 하지 못하고 있다는 것입니다. 국민을 위한 진실하고 참된 보도, 공정한 보도를 하고 싶다는 열망이 파업으로 나타나고 있는 것입니다.

이명박 대통령은 '내가 알 바 아니다', '참모들이 알아서 한 일'이라고 도리질을 할 수 있습니다. 그러나 그동안 낙하산 사장을 보내거나 이사회 구성에 실질적인 영향력을 행사했던 최시중 방통위원장이나 청와대 홍보수석, 문광부 장차관 등은 일선에서 물러났거나 감방으로 갔습니다.

국가적 대사(大事)인 총선거를 불과 40여 일 앞두고 공정한 선거방송을 해야 할 방송사들의 파업은 국민적 불행입니다. 유권자들을 위한 '알권리'를 제대로 할 수 없다면 직무유기가 될 것입니다. 방송사 사장들은 파업에 대한 응징을 해고 등 중징계로 위협하고 있습니다. 민주주의 발전과 미디어 선거를 심대하게 위험에 빠트리는 중대한 일입니다. 차기 방통위원장은 현재의 방송사 파업에 대해 '방송사 내부의 문제'라는 식으로 의미를 축소합니다.

이 혼란과 퇴행, 불협화음의 중심에는 이 대통령이 있습니다. 의도 했든 하지 않았든 권력의 방송 개입은 구성원들을 좌절시키고 방송 독립을 공염불로 만들었습니다. 이 파업을 조기에 종식시키고 혼란을 수습할 수 있는 사람은 그래도 대통령입니다. 결자해지(結者解之)의 지혜를 발휘해 주시기 기대합니다.

차기 권력은 어떤 정치세력이 갖게 될지는 두고봐야겠습니다만, 이번 총파업이 전하는 메시지는 분명합니다. 공영방송과 국가기간통신사 사장 선임 방식은 이대로 안 된다는 것을. 적어도 두 가지를 분명히 해야 합니다.

첫째, 사장 선임 이사회를 구성하는 이사 한 명 한 명에 대한 검증과정이 청문회 수준이어야 한다는 것입니다. 적격성과 전문성, 도덕성 등을 검증해야 합니다.

둘째, 이사회를 통해 사장이 선임됐다 하더라도 중간평가 과정을 둬야 한다는 것입니다. 한국의 경우, 낙하산 사장이 아니더라도 권력의 눈치를 보는 '학연·지연·혈연' 내부 사장은 얼마든지 나올 수 있기 때문입니다.

언론사 안팎의 공정보도위원회, 시청자위원회, 옴부즈맨 프로그램, 미디어 비평 등은 존재하지만 유명무실합니다. 파업이라는 극단적 상황이 오는 동안 이런 기구, 제도들은 무슨 역할을 했던가요. 내부 점검이 필요한 부분입니다.

어떤 정치권력이든 언론사를 선거 승리의 전유물이 아닌 독립기관으로 인정해야 권력말기적 비극을 막을 수 있다는 점입니다. 정치권력이 언론의 존엄을 짓밟는 것은 민주주의 원칙을 위반하는 반국민적 악행이 될 것입니다. 그 책임의 맨 꼭대기에 대통령이 위치하게 될 것이고 훗날 역사는 평가를 내릴 것입니다.

국가기간뉴스통신사 연합뉴스도 정치적 독립성을 처음부터 강하게 주장했지만 제도적 장치는 마련하지 못했다. 그 결과 이명박 정부에서 연합뉴스는 공정성을 상실했다는 내부 구성원들로부터 외면을 받아 파업사태까지 빚어졌다.

연합뉴스는 정부의 재정지원을 매년 수백억 원씩 받아내기 때문에 처음부터 독립성과 공정성은 논란이 됐다. 이 점의 보완이야말로 국가기간뉴스통신사를 말이 아닌 실질적으로 담보할 수 있는 것이었기 때문이다.

연합뉴스는 2009년 한시법을 영구법으로 전환하는 데 성공하여 안정적으로 정부의 재정지원을 받게 됐다. 이것은 곧 친정부적 보도를 하는 이유, 불공정보도를 해야 하는 이유이자 목적이 됐다. 국가기간뉴스통신사는 공정성과 독립성이 가장 강조됐으나 불공정성과 편향성 등을 해야 하는 관영뉴스통신사가 된 셈이다.

법을 개정하지 않는 한 연합뉴스의 불공정보도는 이제 막을 길이 없게 됐다. 여야 합의로 연합뉴스라는 특정 언론기관을 국가기간뉴스통신사를 만들 때의 입법취지는 사라졌다. 야당에서 아직까지 연합뉴스의 전파력과 힘을 과소평가하고 있거나 이를 제대로 살필 수 있는 전문가가 없거나 있어도 요령부득일 수 있다.

연합뉴스 기자들은 파업이라는 극단적 수단으로 최대한 불공정 편파보도에 저항했다. 기자들에게 너무 많은 부담을 요구해서는 안 된다. 한 줌도 되지 않은 일부 정파적 경영진의 과잉충성이 연합뉴스를 망치고 있기 때문이다. 19대 대통령선거가 오면 연합뉴스의 공정성은 또다시 시험대에 서게 될 것이다. 부끄러운 역사가 반복되는 데는 그 이유가 반드시 있다.

4. 본말전도식 뉴스물타기 유형
뉴스의 본래 메시지를 혼란 또는 약화시키는 유형

일반인들에게는 다소 생소한 '뉴스물타기'란 언론인들이 의도적으로 뉴스의 본질을 혼란시키는 방식을 의미한다. '물타기 뉴스'라고도 하며 사건의 본질을 훼손하여 일반인에게 정확하게 전달하지 않는다는 특징이 있다. 뉴스의 본질을 흐려 여론조성에 혼란을 초래하는 경우가 대부분이다.(박스기사 참조)

권은희는 진실 말하고 방송3사는 진실 물타기 뉴스 보도하고[28]

2013년 8월 19일 MBC 뉴스데스크, SBS 8시 뉴스, KBS1 뉴스9 보도에 의하면 국회에서 열린 국정원 국정조사 2차 청문회에서 권은희 전 수서경찰서 수사과장은 김용판 전 서울경찰청장이 전화를 직접 해서 압수수색 영장을 신청하지 말라고 압력 행사했다고 증언한 것으로

---

28 http://blog.hani.co.kr/hhhon/56968 홍재희 시청자

확인됐다.

 김용판 전 서울경찰청장이 국정원의 대선개입 혐의 수사과정에서 압력을 행사해 국가정보기관의 정체성을 스스로 무너뜨리고 참여민주주의의 꽃이라고 볼 수 있는 선거에 개입하는 민주공화국인 대한민국의 민주적 정통성과 민주공화국의 국기를 뒤흔든 사건을 축소·은폐 시도했다는 권은희 전 수서경찰서 수사과장의 국정원 국정조사 2차 청문회에서의 증언은 국정원의 대선개입 혐의 수사를 축소한 경찰 수뇌부의 정권 하수인 노릇으로 무너지고 있는 경찰의 정체성을 되살리는 경찰 내부의 자정적 '내부고발'이라고 볼 수 있다.

 2013년 8월 19일 방송 3사간 다른 한편으로는 권은희 전 수서경찰서 수사과장이 밝힌 경찰 수뇌부 외압의 실체적 진실을 여야의 정쟁으로 진실공방으로 물타기 하는 데 여념이 없었다. 국회 국정조사는 여야의 정쟁의 장이 아닌 행정부의 비리와 문제점을 국회가 여야를 초월해 국회 차원에서 행정부의 문제점을 바로잡고 실체적 진실을 밝히는 장이다.

 권은희 전 수서경찰서 수사과장의 경찰 수뇌부 축소수사 증언이 국정원 대선개입 관련 뉴스보도보다 사회공익적으로 더 중요하게 시청자들에게 다가오고 있는 현실은 방송 3사가 실체적 진실을 사실상 은폐·왜곡시키고 있기 때문이다.

 다음은 관영방송으로 전락한 KBS, MBC의 사례를 살펴본다.

 한때 시청자들의 사랑과 신뢰를 받았던 MBC의 추락은 그 끝이 어디인지 알 수 없을 정도로 나락으로 떨어지고 있다. 그동안 지겨울 만큼 반복, 논란이 됐던 노무현 전 대통령의 NLL 포기 발언은 검찰의 수사결과에서

조차 '없었던 것'으로 결론을 내렸다. 검찰은 최근 '남북정상회담 회의록 폐기의혹 관련 고발사건 수사결과'를 발표하면서 아래와 같이 결론을 내렸다.

- 초본과 수정본 사이에 본질적인 차이가 없다.
- 수정본이 국정원에 보관되어 있다.
- 새누리당이 주장해 온 'NLL 포기 발언'은 노 전 대통령이 아니라 김정일이 한 것이었다.
- 2007년 남북정상회담 회의록이 노무현 전 대통령의 지시에 의하여 의도적으로 삭제·파쇄되어 대통령 기록관으로 이관되지 않고 봉하 마을 사저로 유출되었다.

검찰은 회의록 삭제와 관련해 백종천 전 청와대 외교안보실장과 조명균 전 비서관을 불구속 기소하고, 문재인 의원은 무혐의 처분했다. 물론 법원의 최종판결은 더 기다려야 한다. 그러나 법원도 기소 내용에 없는 부분을 판결할 수는 없다. 적어도 검찰 수사결과에서조차 'NLL 포기 발언은 없었고 회의록은 존재한다'는 중대 사실은 명확해졌다.

문제는 이런 검찰 수사결과를 보도하는 공영방송 KBS와 MBC는 본질적인 문제보다 지엽적인 문제를 부각시키는 납득하기 어려운 행태를 보였다. 검찰 수사결과를 보도한 KBS와 MBC는 각각 '노무현 전 대통령이 삭제 지시', '대통령이 지시 고의로 폐기'라고 제목으로 뽑았다. 마치 노 전 대통령이 여전히 그런 발언을 했고, 그런 발언을 감추기 위해 회의록 삭제 지시를 내린 것처럼 보도했다. 전형적인 물타기 뉴스 보도행태다. 정상적이라면 NLL 포기 발언은 없었다 혹은 회의록은 사라지지 않았다 정도가 돼야 하지 않을까.

특히 MBC는 다분히 의도적으로 검찰 수사 이상으로 과장되게 보도했다. 제목에서 '대통령이 지시 고의로 폐기'라고 했는데, '폐기'라는 용어는 부적확한 용어 선택이다. 검찰은 '삭제'라는 표현을 사용했다. 폐기와 삭제가 같을 수는 없다. 부분적인 삭제는 있을 수 있어도 폐기는 전혀 다른 주장이다.

더 심각한 문제는 MBC가 검찰의 수사결과를 보도한 뒤에조차 혼란을 가중시키는 보도행태를 보이고 있는 모습이다. 2012년 11월 19일 MBC는 제목부터 'NLL 포기 요구 화답'이라고 뽑고는 '노 대통령의 NLL 포기는 있었다'는 새누리당 정문헌 의원의 발언을 부각시켰다. 그전에도 정 의원의 발언을 대단한 것인 양 강조하던 MBC는 그가 피의자 신분으로 검찰에 출두하며 외치는 일방적 주장을 또다시 충실히 보도했다.

정 의원의 말바꾸기 논란을 JTBC 등 타 언론에서는 보도했지만 MBC는 그렇지 않았다. 이런 MBC에 대해 일부 언론에서는 '정 의원 대변자'라고 비판했을 정도다. 이 지경이 되자 MBC 내부의 양심적 저널리스트들이 문제제기를 했다.

전국언론노동조합 MBC본부(본부장 이성주)가 대화록 실종 의혹과 관련한 자사 뉴스가 지나치게 여권 편향적이라고 비판했다. MBC본부는 민실위 보고서 'MBC뉴스, 관제방송으로 추락할 것인가'에서 "일주일 사이에 여야의 두 거물 정치인이 남북정상회담 회의록과 관련해 검찰 조사를 받았는데 MBC의 보도는 참 달랐다"며 구체적 내용을 지적했다.

국정원의 국기문란 사건을 용기있게 수사하던 권은희 과장에 대해 인신공격을 하고 수사 독립을 외친 채동욱 검찰총장을 쫓아내는 데 앞장선 언론. 사초 폐기, NLL 포기 등 날조된 사실을 과장, 반복하는 데 앞장서는 주요 언론사들. 새로운 '권언유착'의 망령이 21세기 대한민국에 떠돌고 있다.

NLL 포기 논란, 사초 폐기 논란 등은 이제 이 정도에서 정리돼야 한다. 검찰의 수사에서조차 여당의 기대를 충족시켜 주지 못했다. 문제를 제기한 정 의원은 결자해지에 나서야 한다. 이런 문제를 해결하는 데 한국의 공영방송사가 진실에 더욱 충실한 보도행태를 보이기는커녕 뉴스 물타기라는 오명을 남겼다. MBC의 치부로 기록됐다.

권력 감시와 견제 대신에 권력의 하수인, 권력의 나팔수로 자처하는 공영방송은 존재의 이유가 없다. 그런 식의 보도는 종합편성채널이 반복하여 그 역할을 충실히 하고 있다. 신문시장을 지배하는 조중동의 목소리가 또다시 방송을 통해 반복, 확산되는 획일화는 민주주의의 다양성을 질식시키고 있다.

윤창중 진 청와대 대변인의 성추행 사건이 발생했을 때도 본질 흐리기식 뉴스 물타기가 있었다는 지적이 나왔다. 시민단체에서 관련뉴스를 분석한 자료를 PD저널에서 정리하여 보도했다.(박스기사 참조)

"종편 윤창중 보도, 본질 흐리고 선정적"

한국여성민우회 종편 4사 모니터 결과 발표…"언론의 고민 필요해"

최영주 기자

종합편성채널(이하 종편)이 윤창중 전 청와대 대변인의 성추행 사건을 다루는 과정에서 윤창중 개인의 과오 문제로 프레임을 끌고가면서 사건을 축소하는 효과를 낳았던 것으로 지적됐다.

한국여성민우회 미디어운동본부(이하 미디어운동본부)가 지난 23일 TV조선·JTBC·채널A·MBN 등 종편 4개사에서 지난 10일부터 15일까지 방송된 윤창중 사태 관련 보도를 분석한 결과 이같은 문제점이 나타났다.

미디어운동본부는 "6일간 TV조선 48개, JTBC 45개, 채널A 70개, MBN 56개 등 엄청난 분량의 뉴스를 쏟아냈다"며 "하지만 분석 결과 사건의 본질을 흐리는 보도 태도를 보이고, 선정적으로 화면을 구성하는 등의 문제점을 지닌 뉴스가 다수인 것으로 나타났다"고 지적했다. 또한 인권침해를 불러일으키는 보도행태 역시 심각한 수준이라고 비판했다.

■ 성추행, 윤창중 개인 문제?=모니터 결과에 따르면 먼저 이들 종편 4사는 윤창중 사태가 윤창중 전 대변인 개인의 과오라는 점을 부각시켜 사태를 축소하는 듯한 모습을 보였다.

JTBC는 "'1호 인사' 윤창중의 좌충우돌"(5월 10일), MBN은 "윤창중의 6가지 갑 행동"(5월 13일), TV조선은 "'그럴 줄 알았다' …여권도 격양"(5월 11일), 채널A는 "깜짝 발탁 충격 경질"(5월 10일) 등 보도를 통해 윤창중 개인의 부도덕함을 강조했다는 지적이다.

이들은 보도에서 대선 전 '보수 논객'으로 활동하면서 방송에서 독설을 쏟아냈고, 당시 문재인 민주당 대선 후보 지지자들을 '정치적 창녀'로 표현하는 등 끊임없이 잡음을 만들었다는 점을 지적하며 이번 사건 역시 개인의 과오에서 비롯된 것이라는 점을 강조했다는 것이다.

■ '징크스'로 취급, 논점 흐려= 사태 축소뿐 아니라 논점을 흐리며 전반적으로 '물타기'를 한 것도 문제점으로 지적됐다.

JTBC는 "충격·분노…들끓는 교민사회"(5월 10일) 리포트에서 "교민들은 이런 불미스러운 일로 인해 무엇보다 박 대통령의 방미 성과가 가려지지 않을까 안타까워하고 있습니다"라며 박 대통령이 피해자인 것마냥 보도했다.

또한 채널A "'순방 징크스' 이번에도…"(5월 10일), TV조선 "제2의 옷로비 사건 되나?"(5월 12일), JTBC "'집권 100일의 저주' 또"(5월

13일) 리포트에서는 1999년 김대중 전 대통령의 옷 로비 사건, 2003년 고 노무현 대통령의 미국 순방 전후로 터진 화물연대 파업과 전교조의 연가투쟁, 2011년 이명박 전 대통령의 미국 국빈 방문 직전 터진 내곡 동 사저 사건 등을 들며 이번 윤창중 사태마저 대통령이 겪는 '징크스'로 취급하는 태도를 보였다.

미디어운동본부는 "박근혜 정부를 보호하고 사건의 심각성을 희석시키는 전형적인 '물타기' 보도행태"라고 비판했다.

■선정적 화면으로 호기심 자극=종편 4사 보도가 지나치게 선정적인 화면 구성과 자극적으로 시청자들의 호기심을 부추긴 깃 역시 문제점으로 꼽혔다.

JTBC "술집서 호텔방서 무슨 일 있었나"(5월 10일), MBN "그날 밤 무슨 일 있었나"(5월 10일), "현장 화면으로 본 사건의 재구성"(5월 13일), TV조선 "현지에서 무슨 일이?"(5월 10일), "의문의 17시간…무슨 일?"(5월 11일) 등의 꼭지에서는 시간대 장소별로 사건을 재구성하여 보여 주었고, 지도를 이용해 사건과 관련된 장소를 드러냈다. 그러면서 사건 내용과 피해 상황을 자막을 통해 상세하게 묘사했다.

화면 구성 역시 불필요한 재연 화면과 사건과 무관한 선정적 영상이 반복적으로 노출됐다.

MBN은 "호텔방에서도 신체 일부 접촉"(5월 14일) 리포트에서 앵커 멘트 배경화면에 상의를 벗은 윤창중과 여성의 뒷모습을 침대를 배경으로 내보냈다. TV조선 "현지에서 무슨 일이?" "접촉은 인정, 성추행 안했다"(5월 10일)에서는 사건을 재구성하며 술집에서 여성의 손을 잡는 장면, 남성이 호텔방에 들어가는 장면 등을 보여 주었다.

■인권 침해 우려=미디어운동본부는 또 종편의 윤창중 관련 보도에서 피해자뿐 아니라 가해자 주변인물에 대한 인권 침해까지 이뤄졌다고 우려를 나타냈다.

TV조선의 "여성 인턴 B는 누구?"(5월 11일), "사건 무마의혹 한국문화원 궁지"(5월 14일), JTBC의 "네 장의 사진 퍼나르는 SNS"(5월 12일) 등의 뉴스에서는 피해여성의 얼굴이라며 인터넷에 떠도는 사진을 영상으로 내보냈다. TV조선의 경우 피해자의 신상털기를 지적하면서도 실제로는 자막을 통해 피해자의 신상을 자세히 소개했다.

MBN의 경우 "윤창중 또다시 행방묘연", "윤창중 아내 하염없이 통곡"(5월 13일) 등 윤창중 부인의 울음소리를 여과없이 내보냈다.

미디어운동본부는 "피해여성에게 2차 피해를 유발하는 것으로 언론이라면 절대로 해서는 안 되는 행동"이라며 "또한 사건과 관계없는 가해자 주변인물의 심각한 인권침해로, 언론이 나서서 또 다른 피해자를 만들고 있다"고 비판했다.

미디어운동본부는 "종편은 윤창중 전 대변인의 성희롱 못지 않게 저급한 보도를 했다"고 지적했다. 정작 박근혜 정권의 인사문제 해결, 청와대 내부 자체 감찰 등 후속조치 문제 등 핵심적인 문제들이 산적해 있음에도 종편은 축소하거나 침묵으로 일관했다는 것이다.

미디어운동본부는 "산적해 있는 과제를 풀어나가야 하는 이 시점이야말로 이 사건의 또 다른 시작"이라며 "선정적이고 자극적인 보도를 되풀이하기보다는 이러한 사건이 다시는 발생하지 않도록 어떠한 노력이 필요한지 언론이 나서서 고민을 시작해야 할 것"이라고 일침했다.

5. '클릭' 유도형

상업적 용도로 없는 뉴스를 만들거나 과장, 왜곡, 날조 보도를 하는 유형

스마트폰의 대중화와 함께 미디어 경쟁시대가 격화되면서 나타나는 미디어 부작용 현상 중의 하나다. 제목을 선정적으로 뽑는 것은 물론 개인의 사생활 침해나 명예훼손 등에 아랑곳하지 않고 일단 보도하고 보는 방식이다.

특히 종이신문을 보지 않게 되고 스마트폰으로 인터넷 검색을 통해 국민으로부터 선택받는 방식으로 바뀌면서 '클릭유도형'은 국민을 기만하는 과장과 왜곡이 심화되고 있는 상황이다. 누구나 제목에 낚여서 검색했으나 별 내용이 아니었던 경험이 있는 것은 이런 클릭유도형에 이용당했기 때문이다.

언론사에서 이런 클릭유도형 뉴스를 내보내는 이유는 한마디로 '장사를 하기' 위해서다. 일부 언론사에서는 클릭수를 가장 많이 확보한 기자에게 인센티브를 부과하기까지 한다. 이런 클릭유도형의 대상은 주로 연예인, 스포츠 스타, 유명 정치인 등이다. 이런 유형은 이제 일반화, 일상화되어 기자들조차 별 죄의식 없이 헛소문을 확인조차 없이 뉴스화하기도 한다.(박스기사 참조)

KBS 황수경 아나운서에 대한 클릭유도형 뉴스 사례

'텔레비전의 꽃'이라는 여성 아나운서들은 늘 부러움과 시샘의 대상이 된다. 방송 진행이 주는 긴장감과 스트레스는 본인의 몫이고 항상 밝고 환한 미소를 보여 줘야 한다는 강박관념에 사로잡힌다. 늘 남의 시선을 의식하고 살아야 하는 방송인들은 철저한 자기관리를 한다고 하지만 때로는 헛소문에 시달리기도 한다.

KBS 황수경 아나운서의 경우 헛소문의 작성자가 잡고 보니 중앙일간지 현직 기자라는 점은 특이하다. 연예기사로 황 아나운서를 다룬 것이 아니라 익명이라는 커튼 뒤에 숨어서 증권가 찌라시에 악성소문을 퍼뜨리고 이를 파워 블로거가 인터넷에 확산시켰다. 심심풀이, 흥밋거리를 찾던 네티즌들은 이를 SNS를 통해 더욱 빠르게 확산시켰다.

소문은 황 아나운서 부부가 파경을 맞고 있다는 파경설이었다. 소문을 생산한 기자는 매우 구체적인 내용을 그럴듯하게 포장하여 전파했다. 문제는 이런 정도의 소문을 자체 취재나 확인도 없이 확대재생산하는 데 일부 언론기관이 앞장섰다는 점이다. 인터넷에 떠도는 소문을 공신력 있는 언론기관에서 보도하면 엄청난 폭발력을 갖게 된다는 점에서 이를 전달한 'TV조선'은 법적 처벌대상이다. 이것을 보도한 중앙일보도 마찬가지다.

중앙일보 홈페이지 10월 11일자 제목은 "'황수경 부부 파경설' 현직 기자가 퍼뜨린 SNS 내용을 보니"라며 공개하지 말아야 할 SNS 내용을 공개했다. SNS에 나타난 내용을 사진까지 찍어 구체적 사실을 확대재생산하는 데 역시 한몫 거들었다. 중앙일보는 "소문의 진위를 확인하지 않고 그대로 보도한 TV조선과 담당 기자를 상대로 정정보도 및 손해배상 청구소송도 제기했다"고 보도하면서 헛소문의 내용을 역시 확대재생산했다.

인터넷에 떠도는 미확인 소문이 TV조선, 중앙일보 같은 공신력 있는 언론기관의 보도를 통해 보도되는 순간 엄청난 폭발력을 갖게 된다. 가해자들이 법적 처벌을 받기도 전에 헛소문의 당사자들은 언론기관에 의해 두 번, 세 번 짓밟히는 희생양이 되는 셈이다.

언론기관이 왜 이런 반인권적 보도행태를 반복하고 있는가. 소문을 확인 취재 없이 기사화하거나 단순 전달하는 것만으로도 법적 처벌의 대상이 된다는 것을 알면서도 무책임하게 피해자의 명예와 개인의 행복추구권을 훼손하는 이유는 무엇인가.

황 아나운서는 검찰에 낸 진정서에서 "무슨 이유로 파경설을 유포했는지, 이를 퍼나른 사람은 누구이고 왜 그랬는지 알 수 없어 답답합니다. 방송활동 중 매일매일 수많은 의혹의 눈길을 느끼며 고통스러운 시간을 보내고 있습니다"라고 절박한 심경을 토로하고 있는데….

언론기관이 남의 불행을 클릭수로 상업적 목적에 이용하고 있다는 비판은 어제 오늘의 일이 아니다. 오보를 내고 헛소문을 기사화해도 법적 처벌은 미약하기 짝이 없다. 정정보도는 너무나 인색해서 법원의 판결이 날 때까지는 버티고 또 버틴다.

더 근본적으로는 언론자유를 내세우면 언제든지 법적 처벌을 솜방망이로 만들 수 있다는 오만함, 여기에 법원에서도 명예 등 인격권에 대해서는 관대한 판결이 언론인, 언론사를 더욱 무책임하게 괴물로 키우고 있는 셈이다.

언론의 자유, 표현의 자유는 존중되어야 한다. 그러나 헛소문이나 날조보도로 개인의 명예를 훼손하고 언론자유를 방종으로 타락시키는 언론인, 언론사에 대해서는 솜방망이가 아닌 법적 철퇴를 내릴 수 있어야 한다. 최후의 강제수단인 법조차 언론사 앞에서 힘을 잃는 현재의 풍토 속에서는 언론인들의 자율규제인 방송윤리강령, 언론윤리강령은 헛소리에 불과하다.

언론이 법적 처벌 대상이 되는 것은 바람직하지 않다. 자율규제가 차선책이다. 그러나 자율규제가 활성화될 수 있게 만드는 강력한 힘은 타율규제, 즉 법운용에서 나온다는 점을 법관들은 명심해야 한다. 한국에도 언론사에 대해 '징벌적 손해배상제도'(punitive damage = 언론 피해에 대해 큰돈으로 배상하라는 제도)를 원용해야 할 시점이다.

클릭유도형은 국민의 호기심을 자극하여 때로는 불법행위에 동참시키게 하는 잘못된 보도행태다. 황수경 아나운서처럼 피해자의 입장에서 미디어가 확인 없이 보도하게 되면 사실 여부를 떠나 엄청난 상처를 받게 된다. 심지어 대인기피증에 시달리는 사람도 있다고 한다. 타인의 불행을 때로는 불가피하게 보도하는 언론행위는 정당하기 위해서는 공익성을 갖춰야 하고 '취재성실의 의무'[29]를 지켜야 한다.

클릭유도형은 흥밋거리가 된다면 보도윤리강령 같은 것은 지키지 않는다. 일단 제목부터 눈길을 끌 만한 내용으로 포장한다. 특히 인터넷에서

---

29 취재성실의 의무는 모든 언론인들에게 요구되는 기본적인 언론윤리강령이다. 언론인들이 개인이나 단체의 명예를 훼손하는 등 법적 분쟁에 휘말리게 될 때, 판사가 가장 중요하게 필수적으로 확인하는 것이 바로 보도당시 기자가 얼마나 사실관계 확인에 충실했는가 여부다. 대법원 판결조차도 '보도 당시에 사실로 믿을만한 상당한 이유가 있었다면 처벌대상에서 예외적으로 면책대상에 포함시켜주는 판결을 내렸다. 이는 언론자유를 신장시키기 위한 전향적인 판결로 기자들의 보호조항이 되고 있다.

제목 장사는 기사의 경중을 판단하는 기준이 된다. 다음 글은 방송에서 잘못된 발언을 거르지 않고 보도하는 잘못을 범했다. 합법이나 절제보다 중요하게 여겨지는 클릭수의 유혹에서 벗어나지 못했기 때문이다.(박스기사 참조)

[김창룡의 미디어창]

지나치게 친절한 우유주사 기사, 광고하는 것도 아니고…

불필요한 호기심, 마약류 오남용 부추긴다

마약류 의약품, 프로포폴을 소재로 만든 방송 프로그램과 일부 신문의 보도가 위험선을 넘고 있다. 연예오락 프로그램은 생방송이 아님에도 불구하고 편집 없이 그대로 방영하는 무지함을 드러내고 있다.

2012년 10월 최근 SBS TV '자기야'라는 프로그램에서, '헬스푸어'를 주제로 건강에 대한 고민을 나누고 해결책을 제시하는 내용을 방영했다. 여기서 요리연구가 '빅마마' 이혜정이 일명 '우유주사'로 불리는 프로포폴을 맞았던 경험담을 털어놨는데, 직접 인용하면 이렇다.

"근데 약이 투여되며 기분이 굉장히 좋아지는 것을 느꼈다. 마취에서 깨어나는 순간에도 기분이 묘했다. 마치 우화등선처럼 풍선을 타고 하늘을 나는 기분이었다. 문제는 완벽하게 깨어나는 순간이었는데 묘하게 기분이 드러워졌다."

이것은 마약류 의약품, 즉 향정신성 의약품에 대해 불필요한 호기심을 유발할 수 있다는 언론의 역기능 때문에 방영되기에는 부적절한 내용을 포함하고 있었다. 언론중재위원회에서는 시정권고 대상에 '향정신성 의약품의 사용방법, 사용량, 효능, 구입방법' 등을 부적절하게 공표

하는 것을 포함시키고 있다. 구체적으로는,

- 필로폰 등 향정신성 의약품의 사용방법, 사용량 등을 공표하는 경우
- 유해화학물질의 명칭, 사용방법, 효능, 구입방법 등을 상세하게 공표하는 경우 등이다.

프로포폴도 향정신성 의약품으로 분류되며 식품의약품 안전청에서 특별관리대상으로 중복이나 과다처방을 받을 수 없도록 하겠다고 선언할 정도다. 그런데 방송과 신문에서는 거꾸로 일부 경험자의 체험을 바탕으로 효능을 자세하게 홍보, 선전하고 있다.

출연자야 자신의 의견을 말하는 것뿐이라고 하더라도 진행자나 담당 PD가 발언을 제지시키거나 문제의 녹화된 부분을 드러냈어야 했다. 그대로 이런 내용이 안방까지 방영된다는 것은 무지하거나 무책임하다는 반증이다. 더 큰 문제는 이런 문제점을 지적하고 경계해야 할 신문이 한 걸음 더 나아가 인터넷에 광고하고 있다는 점이다.

조선닷컴에서는 SBS에서 방영된 관련 내용에 대해 매우 선정적으로 제목을 뽑았다. '이혜정 '프로포폴 맞아봤다, 하늘 나는 기분'

이 제목만 본 사람들은 자연스럽게 호기심이 생길 수도 있다. '과연 프로포폴 맞으니 하늘을 나는 기분일까?' 등등.

채널A에서 프로포폴에 대한 보도를 하면서도 비슷한 잘못을 범했다. 내용을 인용하면 이렇다.

"…한번 맞으면 푹 잘 수 있고 행복감을 느낄 수 있어 중독성이 강하다는 프로포폴은 최근 방송인 A씨가 투약 혐의로 구속되는 등 연예인 투약 소문이 끊이지 않았습니다."

보도기자가 과연 "…한번 맞으면 푹 잘 수 있고 행복감을 느낄 수 있어…"라고까지 선전했어야 할까. 향정신성 의약품을 어떻게 신중하게

보도해야 하는지 보도 가이드 라인이라도 한번 본 것일까.

뉴스를 다루는 보도방송에서 혹은 연예오락 프로그램에서도 프로포 폴을 부적절하게 소재로 삼고 있다. 이런 역기능을 문제삼기보다 오히려 확대재생산하는 신문 보도는 또 무엇인가.

한 일간신문이 다음과 같은 내용을 보도해서 언론중재위원회 시정 권고 대상이 된 적이 있다. 프로포폴을 다루는 방송과 신문 종사자에게 선하는 메시지가 분명해서 인용한다.

"형사기동대는 18일 환각증세에 빠지는 ○○을 동네 약국에서 구해 흡입한 김아무개씨 등 8명에 대해 유해화학물질관리법 위반혐의로 구속영장을 신청했다. …이들은 약국에서 벤졸 7병을 구입한 뒤 비닐봉지에 넣어 냄새를 흡입하고… 황군은 '○○이 본드나 부탄가스보다 빨리 환각상태에 빠지고 값이 싸…"(김창룡, 법을 알고 기사쓰기, P. 49, ○○은 이름을 밝히지 않았음―필자주)

이 기사는 환각성 유해화학물질의 명칭, 사용방법, 효능, 구입방법 등을 지나치게 자세하게 보도하고 있다. 이를 잘 모르는 사람들에게까지 오도할 우려가 있다는 점에서 언론중재위원회 시정권고 대상이 된 경우다.

우리 사회에 마약류 의약품이 오남용되지 않도록 경계심을 가져야 할 방송과 신문이 관련 내용을 좀 더 신중하게 제작하도록 노력해야 한다. 특히 시청률이 높은 연예오락 프로그램의 제작은 더욱 책임감과 전문성이 요구되고 있음을 잊어서는 안 된다.

클릭유도형에는 유독 연예인이나 스포츠 스타들의 사생활, 죽음 등이 주요 소재로 등장한다. 2008년 국민배우 최진실의 자살은 대표적인 케이스다. 문제는 최씨의 자살은 동생 최진영의 자살로 이어졌다. 2012년에는 전 남편 조성민의 자살로 또다시 국민을 충격으로 몰아넣었다. 자살에 따른 각종 추측과 오해 등은 미디어의 먹잇감이 되다시피했다.

특히 자살의 경우 공공성과 공익성을 따지지 않고 일단 보도부터 하고 보자는 식이다. 연예특종이라고 해서 대중의 호기심을 자극하는 극적 요소를 갖춘 연예인의 자살은 매우 주요한 뉴스로 취급받고 있다. 물론 이 과정에서 확인 안 된 추측성 보도, 흥밋거리, 소문 등도 전한다. 우리나라 속담에 떡은 돌릴수록 작아지지만 말은 퍼져 나갈수록 덧붙는다고 한다. (박스기사 참조)

[김창룡의 미디어창]

연예인 자살은 미디어의 먹잇감

언론 보도관행, 근본적 개선 필요

'자살'이 유행병처럼 한국 사회를 흔들고 있다. 경제선진국 모임 OECD 가입국 중 자살율 1위의 불명예를 안은 한국은 2위와의 격차를 더욱 벌리고 있다. 작년보다 무려 20%가량 자살증가율을 보일 정도로 한국 사회는 정신적으로 깊이 병들어 가고 있다.

최근 한 젊은 여성이 자살을 시도한 사건을 접한 적이 있다. 아직 죽기에는 너무나 젊디젊은 그녀는 극약을 마시고 3주 만에 고통 속에 결국 30세의 짧은 생을 마감해야 했다. 중환자실에서 마지막으로 "꼭 살겠다, 다시 일어나겠다"는 의지를 보였지만 독극물은 이미 그녀의 여린 내장을 엉망진창으로 만들어 버린 뒤였다. 뒤늦은 후회 속에 한 움큼 눈물을 뿌리며 숨을 거두었지만 그녀는 끝내 눈을 감지 못했다.

작은 몸뚱이를 고통 속에 비틀며 괴로워하던 모습을 유가족들은 평생 잊을 수 없을 것이다. 그녀의 어머니는 넋을 놓아 버렸다. 그녀의 여동생은 식음을 전폐하고 언니의 뜻하지 않은 불행을 고스란히 짊어지고 가야 할 부담을 안게 됐다.

어떤 이유로든 자살하는 사람은 매우 이기적이다. 사회와 가족으로부터 사랑을 받았던 사람들일수록 더욱 그러하다. 슬픔과 괴로움은 고스란히 남은 자의 몫이다. 자살로 눈을 감은 사람들은 그것으로 끝났다고 생각할지 모르지만 살아남은 자, 유가족들의 고통은 이제부터 본격적으로 시작된다. 웃음을 잃은 가정, 눈물을 달고 살아야 하는 부모, 자식을 먼저 보낸 어머니의 통곡은 멈출 수가 없다. 결국 가슴에 묻은 자식 때문에 부모들도 고통 속에 불행하게 살다가 세상을 하직하게 된다.

한국 사회에서 자살이 이렇게 유력한 살인마로 등장한 데는 크게 두 가지 이유가 있다. 첫 번째는 모든 죽음에 대해서 따스하게 감싸는 사회관행, 풍습이 한몫하는 경향이 있다. 어떤 비리, 부패로 수사를 받고 실형을 선고받더라도 일단 자살로 생을 마감하게 되면 그때부터 대우가 달라진다. 수사는 즉각 중단될 뿐만 아니라 시장, 군수 할 것 없이 성대한 예우를 갖춰 장례를 치러 준다. 연예인들에게도 극찬이 쏟아진다. 일반 죽음과 자살은 달라야 하지만 자살에 대해서까지 이런 사회적 관행은 심화되는 추세다.

두 번째, 이런 풍조를 부채질하는 데는 미디어가 중요한 역할을 한다. 미디어에게 연예인 자살, 유명인 자살은 매우 좋은 먹잇감이다. '궁금해한다' 는 이유 하나로 남자관계, 부채관계 등 추측성 보도,

과장보도 등이 판을 친다. 여기다 늘어난 방송프로그램에서는 빈소에 어떤 연예인이 어떤 차림으로 얼마나 통곡하는 모습을 보여 주는지 생중계까지 해 주는 식이다. 비가 오면 '하늘도 운다', '하늘도 슬퍼한다' 는 식이다.

미디어 오늘(6월 30일자)은 "박용하 자살, 무리한 추측보도… 빈소 중계 관행 사라져야"라는 제목으로 자살보도의 문제점을 잘 정리했다. 그리고 "지난 2008년 톱스타 최진실이 자살로 사망했을 때 언론의 추측보도는 극에 달했다. 최진실의 자살 이유에 대해 언론은 이미 결과를 정해놓고 짜맞추기식 보도를 이어갔다. '40억 사채설', '증권가 정보지', '네티즌 악플' 등을 원인으로 삼았다"며 "지금 박용하의 자살에도 여러 추측보도가 나오고 있다. 대표적인 것이 '아버지의 암투병에 힘들어하다 자살했다' 는 내용의 보도다. 사실 여부를 떠나 남겨진 가족의 마음을 헤아리지 않는 보도"라고 지적했다.

문제는 이런 올바른 지적조차 대다수 언론, 특히 방송에서 지키지 않고 있다는 현실이다. 고인에 대한 애도와 예의를 표한 것과 미디어의 과잉보도는 별개의 문제다. 한국기자협회와 자살방지협회 등에서 보도 가이드 라인을 만들었지만 현실에서 이런 기본원칙조차 지켜지지 않고 있다.

해마다 엄청나게 늘어나는 자살율, 경제선진 30개국 중 최고의 자살율을 기록하는 대한민국의 이면에는 늘어난 미디어의 잘못된 보도관행과 자살에 대한 동정적 사회풍조 등이 큰 역할을 하고 있다.

미디어의 자살보도에 일대 획기적인 개선이 있어야 한다. 당장 빈소에 누가 무슨 옷을 입고 오는지 카메라를 들이대는 행태에 일침이 가해져야 한다. 더 이상 자살에 동정적 시선을 보내서는 안 된다. 자살은 사회에 대한 일종의 범죄행위이며 가족 전체를 불행과 비극으로 몰아넣는 매우 이기적이고 극단적 실패행위임을 주지시켜야 한다.

특히 사회에 큰 영향력을 미치는 연예인이나 유력 정치인들의 자살행위에 대해 무조건적인 동정적 시선은 거둬들여야 한다. 무책임한 행태에 대해 비난도 필요하지 않다. 그 사건으로 인해 다른 사람들이 생명을 경시하지 않도록 충동적 행위에 쉽게 빠지지 않도록 절제의 원칙, 사회적 금도를 바로 세우자는 것뿐이다. 사이비 언론보다 더 무서운 것이 멀쩡한 신문사, 방송사들이 '자살'을 미디어 상업주의의 소재로 악용하는 것이다.

2013년 미디어의 클릭형 유도 거리를 가장 풍성하게 제공한 사람은 가수 장윤정 가족이다. 어머니와 동생 등 가족간에 막말과 욕설, 고소·고발 행태는 공해라고 표현할 정도로 너무 많은 사사로운 이야기, 일방적 주장이 넘쳐났다. 심지어 종합편성채널은 논란의 당사자인 장윤정의 어머니만 불러내 일방적 주장을 맘껏 늘어놓게 하는 불공정 방송을 내보냈다. 방송 말미에 진행자가 '할 말 있으면 장윤정 씨도 우리 프로그램에 나오라'는 식의 발언은 방송의 횡포, 불공정 방송의 전형을 보는 듯했다.

이 가족의 불행한 다툼과 클릭유도형 미디어 보도는 2014년에도 계속될 전망이다. 미디어는 이들을 흥미 위주로 먹잇감 다루듯이 장사하고 있는 것이다. 여기에 일반인들도 흥미 위주로 호기심을 보이며 댓글로 응수하며 클릭수를 늘여간다. 본인 의지와 무관하게 일반인들도 공범자가 된다는 사실조차 인식하지 못한다.

이런 흥밋거리가 아닌데도 불구하고 마치 대단한 뉴스인 양 보도하는 것도 일종의 클릭유도형이다. 특히 제목만 보는 미디어 소비자들의 클릭을 유도하기 위해 이런 과장과 허위의 제목은 더욱 기승을 부리게 된다. 한 독자는 너무 심하다고 판단해서 직접 조사까지 한 기록을 공개했다. (박스기사 참조)

2013년 '기사 낚시왕' 동아일보

낚시기사 감시 '고로케 닷컴' 2013년 충격 어워드 발표

정철운 기자

2013년 낚시기사를 가장 많이 쏟아낸 언론사로 동아일보가 선정됐다. 충격·경악 등 단어가 포함된 낚시성 기사를 집계해 공개해 온 충격 고로케(http://hot.coroke.net/2013)의 2013년 '충격 고로케 어워드' 결과다.

충격 고로케는 지난 1월 3일 낚시성 제목에 염증을 느낀 시민 이준행 씨가 퇴근 후 한 시간 만에 만든 사이트로, 각 신문사 홈페이지 전체기사 목록에 있는 기사를 2~3시간 안에 자동검색해 특정 단어가 포함된 기사 제목을 자동 수집해 공개하며 일반 누리꾼을 비롯해 언론계에도 반향을 일으켰다.

고로케가 발표한 2013년 낚시기사 생산 종합순위(12월 15일 기준) 1위는 동아일보였다. 2위는 한국경제, 3위는 매일경제, 4위는 아시아경제, 5위는 TV Report였다. 전국 종합일간지 중에서는 동아일보가 1위, 조선일보가 2위, 서울신문과 세계일보가 뒤를 이었다. 집계 결과에 따르면 낚시성 기사는 2013년 동안 총 13만 건이 집계됐다.

해당 수치는 제목 낚시기사와 내용 낚시기사를 모두 포함한 것으로 제목과 내용에서 같은 단어가 있는 경우(교집합)를 제외한 결과다. 고로케 닷컴으로 집계된 건수를 따져보면 하루 약 300~400개의 낚시기사가 생산된 셈인데, 업계에서는 반복 송고한 뒤 삭제되는 기사와 충격, 경악, 멘붕, 헉!, 이럴수가, 알고보니 등 '낚시단어'가 포함되지 않은 기법으로 낚시에 성공한 기사들을 감안할 때 낚시기사 수는 헤아리기 어려울 정도로 많다고 지적한다.

낚시단어는 △미모(14,460) △몸매(13,608) △폭소(8,142), △충격(7,879) △얼짱녀(3,994) △아찔(3,969) 순서로 많았다. 고로케 닷컴 운영자 이준행 씨는 "동아일보가 1위를 차지한 비결은 낚시성 제목 붙이기와 반복 송고 작업"이라고 밝혔다. 예로 실시간 검색어에 오르기 위해 동아는 '가면 벗은 텔레토비' 키워드로 5개의 기사를 1시간에 한 번씩 송고했다.

이준행 씨는 "언론사들은 '최근 한 온라인 커뮤니티 상에 ○○○가 화제다'의 집계를 피하고자 '최근 온라인상에 ○○○가 올라와 눈길을 끌었다' 등으로 바꿔 쓰는 노력을 기울이기도 했다"며 이번 결과를 두고 "지난 1년 간 언론사 스스로 바뀔 생각이 없음을 잘 알았다. 이제는 독자 스스로 나쁜 언론사 사이트의 클릭을 자제해야 한다"고 강조했다.

이씨는 "1년 동안 낚시기사는 늘어나면 늘어났지 줄지는 않았다"고 설명했다. 그는 "처음엔 뉴스엔이나 TV데일리 등 작은 언론사가 주로 낚시성 기사를 쓸 거라 생각했지만 조선, 중앙, 동아가 상위권 순위에 올랐다. 한국경제, 매일경제는 그 이상이었다"며 "더 많은 온라인 광고 수익을 올리기 위해 의도적으로 제목 수정작업을 한 것"이라 지적했다.

이준행 씨는 소위 메이저 언론을 두고 "정론직필, 올바른 의제 설정이란 본래 사명감은 도외시한 채 독자 클릭 낚시에만 여념이 없었다"

고 비판하기도 했다. 고로케 닷컴은 하나의 사회현상이 되어 버린 낚시성 기사를 조롱·비판하는 장치로 등장했으나 본래 취지인 '온라인 낚시기사 감소 및 언론사 자정능력 향상'이란 성과는 얻지 못했다. 이는 온라인 트래픽에 의해 광고 수익을 얻어야 생존할 수 있는 닷컴 등 온라인 뉴스업체의 구조적 한계 때문이다.

이와 관련 조중동 중 한 곳에서 일하는 온라인 편집기자는 "출고부터 제목이 낚시로 달려 나오면 우리도 어쩔 수 없다. 처음엔 고로케 순위가 충격적이었고 내부적으로 자정 논의도 있었지만 뉴스 스탠드 개편 이후 예전만큼 와 닿지는 않는다"고 말했다. 그는 "고로케 낚시 순위는 회사마다 얼마나 많은 트래픽 압박을 받고 있는지를 반영하고 있다"고 덧붙였다.

이 편집기자는 "뉴스 스탠드 변화 이후 아르바이트생과 정체불명의 온라인 뉴스편집부를 통해 충격이나 경악 같은 단어를 달아도 전만큼 트래픽이 늘어나지 않는다"며 "덕분에 다들 검색어 장사에 열을 올리고 있다"고 전했다. 언론사가 각 사의 닷컴사이트에 대한 지원액을 늘리지 않는 한 닷컴은 '경영'을 위해 2014년에도 충격과 경악을 남발할 것으로 보인다.

또한 인용부호("…")를 이용한 제목 장사도 대표적인 클릭유도형의 하나다. 미디어에서 인용부호를 사용하는 것은 당사자가 직접 그런 말을 한 것처럼 보도할 때 사용하는 부호다. 그러나 실제로 그런 발언을 했는지 혹은 일부만 자의적으로 인용할 때 왜곡은 불가피하다.

다음은 오마이뉴스에서 조선일보가 어떻게 제목 장사를 했는가를 비판한 내용이다. (박스기사 참조)

조선일보의 보도를 보면, 노무현 전 대통령이 마치 'NLL'을 포기한 것 같이 소개하고 있다. 그러나 훗날 검찰조사에서 'NLL'포기발언은 김정일이 한 것으로 밝혀졌다. 수사결과가 나와도 아직 상당수 사람들이 노 전 대통령이 NLL을 포기한 것처럼 착각한 것은 조선일보를 비롯한 중앙, 동아와 그 종편채널 방송사들이 반복적으로 이런 식으로 보도했기 때문이다.

[이봉렬의 첨삭 뉴스]

영악한 '조선일보'의 제목 장사, 당황하셨죠
독자 우롱하는 '조선'의 따옴표 제목··· 30점

"김정일의 NLL法 포기 제안 盧 前대통령 '예, 좋습니다'"
– 21일자 조선일보 1면 머리기사

조선일보다운 제목입니다. 눈에 확 들어오고, 기사를 읽지 않아도 무슨 말을 하고 싶은지 파악되네요. 기사 제목만 보면 조선일보가 남북정상회담 대화록을 확인하고 특종 보도한 것 같아요. 하지만 사실은 새누리당 의원들이 국정원이 국회로 가져온 남북정상회담 대화록의 발췌본을 열람한 후 기자회견을 열어 밝힌 내용입니다.

아, 그렇군요. 따옴표가 있었군요. 확인되지 않은 내용이라고 하더라도 따옴표에 넣어서 제목을 달면 나중에 설령 사실이 아니라고 밝혀지더라도 책임지지 않아도 되니 조선일보가 자주 써먹는 수법이죠.

그렇다면 저 따옴표 안의 발언은 어디서 나온 걸까요? 남북정상회담 대화록은 아니에요. 국정원이 대화록 전체를 공개한 건 아니니까요. 발췌록에 있는 발언일까요? 그것도 아니에요. 기사 내용을 보면

"정상회담 대화록 발췌본을 열람한 의원들에 따르면"이라고 되어 있어요. 발췌록에 제목 그대로 적혀 있어서 인용한 게 아니라 '여러 정보위원'들의 전언을 종합해서 만들어 낸 거예요.

따옴표를 써서 인용 형식을 취하긴 했지만 사실은 창작에 가깝죠. 궁지에 몰린 국정원을 도와 NLL 관련 소식을 키우고 싶은 조선일보의 마음은 이어지는 관련 기사들에서도 잘 드러나 있어요.

노무현 前대통령 "국제무대서 나는 北대변인 노릇"
국정원 "국회 요청 땐 대화록 전문 공개 검토 용의"

그럼 같은 날 다른 신문들은 이 건에 대해 어떤 기사 제목을 달았을까요? 평소 비슷한 행동을 보이는 중앙일보와 동아일보의 제목을 먼저 보죠.

"노 전 대통령 NLL 포기발언 확인했다"(중앙일보)
與 "盧 2007년 'NLL 포기' 발언록 확인"
野 "국정원 사건 물타기 위한 국기 문란"(동아일보)

조선일보와 똑같이 따옴표를 쓰긴 했지만 NLL 관련 발언이 새누리당 의원들의 주장이라는 게 한눈에 확인되네요. 이게 정직한 제목 달기에요.

"노, NLL 포기발언 확인했다" 새누리 국회 정보위원들, 2007년 남북정상회담 발췌본 열람 (국민일보)
與 "盧 NLL 포기발언 확인" (세계일보)

서상기 "盧 NLL포기 발언 확인… 전문 공개 추진" (서울신문)

국정조사 몰린 국정원 'NLL 발언' 기습 공개 (한겨레)

여 "노, NLL 포기발언 확인" 발췌본 열람·공개 불법 논란 (경향신문)

국민일보, 세계일보, 서울신문 역시 새누리당 의원들이 발췌본을 열람하고 그 내용을 공개했다는 사실에 걸맞은 제목을 뽑았어요. 한겨레와 경향신문은 "국정조사 몰린 국정원" "불법 논란" 등 기사를 통해 전하고 싶은 신문사의 의견을 제목에 담았네요.

기사 제목만 봐도 그 신문이 하고 싶은 이야기가 뭔지 파악이 돼요. 조선일보는 자극적인 제목으로 시선을 끌고 사건을 더 키우고 싶었던 거예요. 새누리당 의원들의 주장만 듣고 기사를 써놓고 실제로 대화록에 그렇게 쓰여 있는 것처럼 보이게 제목을 뽑는 건 독자들을 속이는 짓이죠. 독자 우롱하는 조선일보의 따옴표 제목, 30점짜리예요.

클릭유도형은 특정인이나 특정조직을 공격할 때도 자주 사용하는 미디어 횡포 방법의 하나다. 언론중재위원회 가이드 라인 등에는 따옴표를 인용하여 큰 제목으로 뽑지 못하도록 하고 있다. 그러나 이는 가이드 라인일 뿐 지킬 것인가 여부는 언론사에 달려 있다. 다음 사례는 동아일보가 PD연합회장을 상대로 어떻게 불법적 보도를 했는가를 보여 주는 사례다. (박스기사 참조)

동아일보의 위험한 기사쓰기

전 PD협회장 의혹 제기자 실형을 보며

동아일보의 '위험천만한 기사쓰기'가 마침내 다시 심판대에 서게 될 전망이다. 이번 동아일보의 보도 건은 향후 한국 언론에서 무리한 주장을 무책임하게 따옴표로 처리하는 보도관행, 일방적 주장에 불과한 혐의 내용을 자사 입맛에 맞게 제목으로 뽑아 부각시키는 편집행태 등에 대해 문제를 제기한다는 점에서 주목된다.

이런 주장은 최근 의정부지방법원이 한국방송프로듀서연합회 이강현 전 회장에 대해 내린 1심 판결에 근거한다. 의정부지방법원 고양지원(이인석 판사)은 이 전 회장이 방송출연을 대가로 900만 원대의 향응을 제공받았다는 의혹 등을 제기한 탤런트 L씨에 대해 '공갈협박, 명예훼손'을 인정, 징역 10월을 선고하고 법정구속했다고 한다.

언론보도에 따르면, 법원은 "피고인 L씨는 공익적 차원에서 PD의 비리를 제보했다고 주장하고 있으나 이를 인정할 수 없고, 오히려 개인의 목적을 위해 공갈 협박을 일삼아 왔던 점이 인정된다"고 판시했다. 물론 아직 1심 판결이긴 하지만 언론계에 던지는 교훈은 무시할 수 없을 만큼 중대하다. 향후 판결 내용이 어떻게 바뀔지는 더 두고봐야 할 것이다. 그러나 이 전 회장은 동아일보에서 제보자의 일방적 주장에만 근거한 보도내용을 바탕으로 언론중재위원회에 정정 및 손해배상청구까지 적극 검토하고 있어 이 사안은 언론계의 현 보도관행을 다시 한번 되돌아보게 한다.

미래의 일은 미래에 맡기고 동아일보가 왜 위험한 기사쓰기를 했다고 평가하는지 그 근거를 제시하고자 한다. 문제의 동아일보 2005년 10월 10일, 11일 이틀간 연속보도된 "KBS윤리강령과 PD협회장 비리 혐의", "방송출연 대가로 900만 원대 향응, KBS PD연합회장 감사"라는 제목의 글을 자세히 살펴보면 분명해진다.

동아일보는 따옴표를 붙여서 마치 방송출연 대가로 900만 원대 향응을 받은 것처럼 오인하도록 허위사실을 제목으로 달아 부각시켰다. 따옴표가 면죄부 구실을 하지 못한다는 법적 해석은 언론중재위원회가 2006년에 발간한 〈언론보도에 따른 분쟁의 대처방안과 언론중재위원회〉 책자에 자세하게 나와 있다.

이 책자는 '따옴표 처리로 책임을 회피할 수 없습니다'라고 정의하며 이렇게 부연하고 있다.

"타인의 말을 인용하여 따옴표 처리로 보도하는 경우, 인터뷰를 기사화한 부분, 인터넷에 떠도는 소문을 기사화하는 경우 등에도 그 사실들에 의하여 명예가 훼손된다면 명예훼손 책임을 질 수 있습니다."

동아일보가 이 전 회장에 대해 방송출연 대가로 900만 원대 향응을 받았다는 식으로 제목을 단 것은 이런 논리에 의하면 명백한 명예훼손에 해당된다. 구체적 사실을 적시하여 한 개인의 명예를 훼손했을 뿐만 아니라 PD연합회 회장의 도덕성을 공격하여 조직의 장이 지녀야 할 정당한 권위와 명예, 신뢰마저 무너지게 했으니 얼마나 부적절하고 부당한 보도행태인가.

제목뿐만이 아니다. 동아일보의 기사작성 내용과 구성을 봐도 이 전 회장을 비난하는 의도를 분명히 드러내고 있다. 제목은 "KBS윤리강령과 PD협회장 비리혐의"라고 붙였지만 그 기사의 첫머리에 "직무 관련자에게 제공되는 일체의 금전, 골프접대, 특혜 등을 받지 않고 부당한 청탁을 하지 않는다"는 한국방송공사의 개정된 윤리강령을 인용하며 이 전 회장의 윤리성을 공격하고 있다. "···KBS는 물론 방송계 전체가 충격을 받은 분위기다.""···PD의 도덕성을 의심하게 만드는 사안이다" 등의 표현은 단순한 혐의 내용을 마치 사실로 몰아가는 듯한 표현이다.

더욱 중요한 문제는 이런 내용을 기자의 의도대로 몰아가기 위해 근거 없는 소문마저 기사화하고 있다는 점이다.

"···KBS 자체 감사가 시작되자 이 PD측이 이를 무마하기 위해 감사팀 등에 대해 전방위 로비를 펼쳤다는 소문이 KBS 내에 끊이지 않고 있다."

거대 신문사가 한 개인을 공격하기 위해 근거 없는 소문을 기사화하는 것은 비열한 행태이며 윤리적으로나 법적으로도 용납되지 않는 기사작성법이다. 기사 일부에 이 전 회장이 이런 사실을 부인하고 있다는 주장도 일부 담았지만 분량이나 정도 차원에서 비교가 되지 않는다.

설혹 취재기자가 이런 식의 일방적 매도형 기사쓰기를 했다고 하더라도 신문은 부장, 국장 등의 게이트키핑(gate keeping) 과정을 거치기 때문에 조금만 눈여겨보면 기사의 균형, 보도의 공정성 차원에서 잡아낼 수 있는 사안이다. 그렇게 못했다면 무능한 데스크 탓을 해야 할 것이고 알고도 그렇게 기사를 내보냈다면 더욱 큰 문제가 된다.

이런 식의 보도행태는 PD연합회 회장 개인을 공격하는 데 그치는 것이 아니라 PD연합회 전체의 이미지를 손상시키고 그가 속한 KBS 방송사의 윤리성마저 허무는 결과를 빚는다. 법적 판결이 나기 전에 특정한 편에 서서 기사화한다는 것이 그래서 위험하다.

그러나 동아일보를 비롯한 한국의 언론이 이런 빗나간 보도관행에서 탈피하지 못하는 것은 이런 잘못된 보도를 하고도 별다른 처벌이나 책임을 지지 않기 때문이다. 서양처럼 이런 악의적 보도에 대해 징벌적 손해배상 책임을 요구하게 되면 이런 내용은 쉽게 기사화하지 못했을 것이다. 설혹 기사화했더라도 현재처럼 법원의 판결이 나오면 해당 신문은 자발적으로 정정 및 사과 보도를 했을 것이다. 그렇게 하지 않으면 언론사가 물어야 할 위자료 책정액수가 달라지기 때문이다.

언론사유는 마음대로 근거 없이 남을 공격하는 자유까지 포함하지 않는다. 책임 있는 언론이란 설혹 오보를 했더라도 사후 최대한 신속하게 정정, 반론, 추후보도 등을 통해 피보도자의 손상된 사회적 평가를 복원시키는 데 앞장서는 것을 의미한다.

이 전 회장은 그나마 운이 좋은 편이다. 법원의 판결로 명예를 회복할 수 있었기 때문이다. 언론의 부당한 보도, 교묘하게 왜곡된 보도를 뻔히 보고도 소송조차 할 수 없는 힘없는 사람들, 소송을 해서 겨우 이겼지만 아무런 실익이 없는 껍데기뿐인 공허한 판결이 얼마나 많은가. 언론이 억울한 자의 눈물을 닦아 주지 못하고 오히려 눈물나게 하고도 무책임하게 대응한다는 것은 죄악이다.

6. 블랙리스트 활용 유형
우호적이지 않은 인사 블랙리스트를 만들어 원천 배제시키는 유형

블랙리스트[30]란 존재를 확인하기가 매우 어렵다. 논란이 되면 블랙리스트는 보이지 않고 피해자만 나타나는 특징이 있다. 블랙리스트 존재가 확인되고 그 피해자의 목소리가 법적으로 인정받는 데는 때로 최소한 수십 년의 세월이 소요된다.

이명박 정부에서 블랙리스트는 여러 차례 논란이 됐지만 그때마다 '있다 없다'가 항상 논란이 됐다. 형식적으로는 블랙리스트의 존재가 없었지만 실제로는 있었다. 그 피해자들의 증언이 이어졌다. 방송가의 블랙리스트 논란은 이명박 정부에서 단골메뉴가 됐다. 심지어 자사 방송기자들 중에서도 블랙리스트를 만들어 정부에 비우호적인 기자는 라디오 출연조차 하지 못하도록 했다는 주장이 뉴스가 될 정도였다.

방송계의 블랙리스트는 다양한 시각을 차단하고 일방적 목소리를 전달한다는 점에서 문제가 된다. 이명박 정부에서 낙하산 사장이 지배한 KBS는 방송진행자 김미화 씨와의 블랙리스트 논란으로 법정 소송까지 갔다가 스스로 취하한 것은 대표적인 사례다.

---

30 블랙리스트란 정부나 공공단체에서 특정 인물의 명단을 작성하거나 이와 유사한 행태로 취업, 재취업, 방송출연 등을 원천 봉쇄하거나 방해하는 데 사용하는 비밀스런 리스트를 말한다.

방송인 김미화 씨에 대해 명예훼손 소송을 건 KBS가 2010년 11월 9일 고소를 취하했다. 이것으로 김미화 씨 '블랙리스트 발언' 사건은 일단락 됐다. 김미화 씨도 "고소 취하가 이뤄진 만큼 향후 이번 일에 대해 불필요한 오해가 더 이상 확대되지 않기를 바란다. 긴 시간 내가 힘들어 할 때마다 용기 주신 여러분께 깊이 감사드린다"며 자신의 트위터를 통해 심정을 밝혔다.

KBS는 보도자료를 통해 지난 2010년 7월 'KBS 출연 블랙리스트' 발언을 한 김미화 씨에 대한 명예훼손 고소를 취하한다고 밝힌 이유에 대해, "KBS에 블랙리스트가 없다는 것에 대한 사회적 공감대가 형성됐다고 판단했고, 대승적 차원에서 고소를 취하하기로 했다"는 것이다.

KBS의 고소취하의 이유가 '사회적 공감대 형성'이라는 주장은 매우 자의적이라 공감하기 쉽지 않다. 이 사건은 이렇게 일단락되겠지만 KBS 등 언론기관 종사자나 트위터 등 소셜 미디어 이용자들은 다시 한번 생각해야 할 문제점들이 드러났다.

가장 우선적인 문제로 언론기관이 트위터, 블로거 등 소셜 미디어 이용자로부터 문제제기, 비판 등을 받았을 때 어떻게 대응할 것인가에 관한 것이다. KBS는 김미화 씨의 블랙리스트 발언에 대한 진위를 묻는 내용에 대해 두 가지로 대응했다. 먼저 전파력에서 비교가 되지 않는 KBS 공중파 방송을 통해 '대응 및 비판 보도' 형식으로 반격했다. 이것으로 부족하다고 판단해서인지 그 다음 단계로 다시 형사고소를 했다.

표현의 자유를 존중해야 할 대표적 언론기관이 소송에 나선다는 것은 자칫 헌법이 보장한 표현의 자유를 스스로 위태롭게 할 위험성이 높다. 그래서 법원에서는 소위 '무기 대등의 원칙' 차원에서 언론사 간 비판, 비난성 보도에 대해서 가급적 법적 책임을 따지지 않는 편이다. 언론사들끼리는 상호 무기를 대등하게 동원하여 얼마든지 반론, 재반론 등이 가능하다고 판단하기 때문이다.

그런 관점에서 KBS는 영향력에서 비교가 되지 않는 정규방송을 통해 일개 트위터에 대해 과잉대응을 했다고 할 만큼 충분히 반론을 한 것으로 보인다. 이것은 소송으로 가더라도 KBS가 이기기 힘든 법리가 되는 셈이다. 처음부터 언론기관이 무리한 형사고소를 한 것으로 판단했고 이 소송은 끝까지 가봐야 승산이 없는 것으로 보였다.

예상대로 KBS는 도중에 고소를 취하했다. 그러나 이 과정에서 김미화 씨는 수사기관에 수차례에 걸쳐 출두하여 조사받는 인간적 아픔과 고초를 겪었다. 또한 이런 과정에서 'KBS에 블랙리스트'가 실제로 존재한다고 주장하는 인사들이 여기저기서 나왔다. 블랙리스트가 없다고 주장하는 쪽은 사실상 'KBS'만이 외롭게 목소리를 높였다. 대신 KBS에 블랙리스트가 있음을 주장하는 사람들은 방송인 유창선 박사를 비롯해서 다수가 실제 자신이 겪은 사례를 제시하며 김미화 씨의 입장에 힘을 실었다.

시청자들은 과연 KBS의 주장처럼 "KBS에 블랙리스트가 없다는 것에 대한 사회적 공감대가 형성됐다고 판단"하고 있으며, KBS가 "대승적 차원에서 고소를 취하하기로 했다"는 말에 공감을 표현하고 있을까.

수사기관에서 김미화 씨에 대해 수차례에 걸쳐 소환, 수사를 했을 뿐 검찰의 기소 여부나 법원의 유죄 판단 여부가 나오지도 않았다. 오히려 KBS 블랙리스트 의혹만 커진 상황에서 갑자기 '사회적 공감대' 운운하는 것은 적절하지도 정확하지도 않다. 그런 공감대를 형성할 논리적 근거나 토대가 없는데 갑자기 '사회적 공감대'를 주장하는 것은 설득력이 없기 때문이다.

법적으로 고소 사안 자체가 되기 어려운 이슈를 형사고소한 것이나 수사 중간에 돌연 고소를 취하한 것이나 모두 언론기관답지 못하다. 법을 강자의 액세서리로 만든다는 비판은 이런 경우에 해당될 수 있다.

한 개인이 상대하기에 언론사의 힘과 조직은 너무 강대하다. 그런 우월적 위치에 있는 언론기관, 그것도 국민의 방송을 자처하는 한국의 대표적 공영방송 KBS가 방송뉴스로 한 개인에 대해 충분히 반론, 비판보도까지

하고 여기다 형사고소까지 했다는 것은 언론사적으로 수치스런 사건으로 기록될 것이다.

소송은 진실로 억울한 힘없는 사람들의 마지막 보루가 돼야 한다. 권력자들, 국회의원들, 언론기관 등이 법이라는 합법적 수단을 동원하여 상대적 약자에게 고통을 줄 때 법치사회는 멀어진다. 사회적 강자들의 절제와 예의가 아쉽다. 블랙리스트는 또 다른 국민 주권을 침해하는 은밀한 여론 조작형 범죄의 하나다.

블랙리스트는 그 은밀성 때문에 외부에 실체를 드러내는 일은 쉽지 않다. 그러나 그 피해자의 모습은 확연하게 나타난다. 당사자의 피해 정도를 일반인들은 짐작하기 쉽지 않다.

다음 사례는 배우 김여진 씨가 어떻게 블랙리스트 파문으로 고초를 겪고 있는가를 소개한 뉴스다.(박스기사 참조) 당사자가 아니면 알기 힘든 내밀한 대화 내용을 조금은 짐작할 것 같다.

'소셜테이너 블랙리스트' 다음 정권에도?

스포츠경향 | 백은하 기자

배우 김여진이 "정치적 입장 때문에 밥줄이 끊기는 상황은 부당하다"고 주장하면서 표현의 자유와 방송 출연 제재 간 상관관계가 다시 논란으로 재연되고 있다.

김여진은 지난 4일 자신의 트위터에 "각 방송사 윗분들, 문재인 캠프에 연관 있었던 사람들 출연금지 방침 같은 건 좀 제대로 공유를 하시던가요. 작가나 피디는 섭외를 하고, 하겠다고 대답하고 나서 다시 '죄송합니다 안된대요' 이런 말 듣게 해야겠습니까? 구질구질하게…"

라는 글을 올렸다. 김여진은 18대 대선에서 패배한 민주통합당 문재인 전 후보를 지지했다. 김여진의 메시지는 이 때문에 바로 방송사 고위층, 정치권 등 '외압' 시비를 불렀다.

김여진은 7일 경향신문과의 전화통화에서 "이전에는 '김여진은 너무 세다(발언이 강하다)'는 식으로 돌려서 출연 거절 이유를 말했다. 하지만 이번엔 너무 정확하게 '위에서 안된대요' 식의 말을 듣고 보니 화가 많이 나더라"했다. 그는 "이게 소셜테이너 금지법 첫 사례가 아닌가. 나는 이런 일들을 여러 번 겪었고 일상적인 일"이라고 말했다.

군사정권 시절에는 연예인의 정치 참여는커녕 정권의 비위를 거스르는 것만으로도 제재 대상이 됐다. 5공 때 전두환 전 대통령처럼 머리가 벗겨진 배우 박용식은 출연정지를 당했고, 전 대통령 부인인 이순자와 비슷하게 턱이 나온 개그맨 김명덕, 심철호 등은 방송출연이 어려웠다.

이후 민주화를 거쳐 연예인들의 정치적 견해 표출이 좀더 자유로워지고 웹사이트, 블로그, 소셜네크워트서비스(SNS) 등 통로가 많아지게 됐다. 이에 연예인들도 여당은 물론 야당 지지를 표명하는 이들도 많아졌다. 하지만 그들이 대중에 갖는 영향력 때문에 이들에 대한 사회적 제재 강도도 함께 강해졌다. 방송사가 '알아서' 출연을 막는 식이다.

노무현 전 대통령 시절에는 개그맨 심현섭의 방송 출연 문제가 시비가 됐다. 그는 16대 대선에서 한나라당 이회창 후보를 지지했다. 당시 가수 윤도현이 진행하던 KBS 2TV '윤도현의 러브레터' 출연을 놓고 심현섭은 "제작진이 막았다"고 해 제작진과 소송사태로까지 번졌다. 이회창 후보 패배 이후 실제로 심현섭은 지상파에서 자취를 감추다시

피 했다.

연예인과 방송사 간 갈등이 첨예화한 것은 이명박 정권 들어서다. 노무현 전 대통령의 노제 사회 등 사회참여적 행보를 보여 온 김제동은 2009년 KBS '스타골든벨' MC에서 갑작스럽게 하차했다. KBS측은 시청률 부진 때문이라고 주장했다. 가수 윤도현도 2008년 미국산 쇠고기 반대집회에 참석해 정부의 졸속협상을 강하게 비판한 이후 KBS '윤도현의 러브레터', KBS 라디오 '윤도현의 뮤직쇼' 마이크를 놓아야 했다.

다양한 사회참여를 해온 코미디언 김미화는 2010년 KBS를 상대로 "블랙리스트가 존재하는지 알려 달라"며 기자회견을 열기도 했다. KBS는 당시 '다큐 3일'의 내레이터로 활동하던 김미화에 대해 "내레이션 상 호흡과 발음의 작위성, 문장의 띄어 읽기 정확성 등의 문제로 프로그램에 큰 도움이 되지 않는다. KBS 심의실 심의평가에 따른 결정이었다"며 하차 이유를 설명했다. 김미화는 2011년에는 MBC 라디오 시사 프로그램인 '세계는 그리고 우리는'에서 돌연 하차당했다.

2002년 대선에서 국민통합21의 정몽준 대선 후보의 문화예술특보로 선거운동을 돕는 등 우파 성향의 정치활동을 꾸준히 했던 가수 김흥국은 노무현 정권을 거치고 이명박 정권에서 문제가 되지 않았다. 다만 2011년 MBC 노조가 김미화의 라디오 퇴출에 항의하며 문제삼자 김흥국도 라디오 프로그램 '2시 만세' 하차를 통보받았다.

이런 행태가 반복되는 것을 놓고 연예인을 포함한 유명인들의 '정치적 견해 표현'의 자유가 보장돼야 한다는 주장이 제기되고 있다. 특히 정치적 견해가 다르다고 상대방에 제재를 가하는 것은 군사정권 때나 있던 퇴행적 상황이라는 것이다.

익명을 요구한 한 시사 프로그램 라디오 PD는 "말 한 마디도 조심하게 되는 분위기"라며 "프로그램 진행자가 지나치게 편향된 정치색을 가졌다면 문제이지만 단순 출연자까지 그렇게 눈치를 보며 섭외 여부를 판단한다는 것은 저질 민주주의고 분명한 후퇴"라고 말했다.

대중문화평론가 김선영 씨는 "소셜테이너들은 발언이 갖는 전파력 때문에 본연의 직업을 넘어서 사회적 멘토 역할을 담당하게 된다"며 "이들의 표현의 자유를 억압할 때 대중들은 압박의 정도를 이중 삼중으로 더 강하게 느낄 수밖에 없다"고 말했다. 이어 "소셜테이너 활동 제약을 지켜보는 이들에게는 직접적 공포로 다가올 수밖에 없다"며 "'당신들도 조심해라, 아니면 이렇게 된다'는 전시효과가 강하다"고 말했다.

블랙리스트는 항상 내부용으로 반대 목소리를 원천적으로 차단함으로써 여론 형성을 방해하게 된다. 이를 악용하는 주체는 항상 베일 속에 가려져 있고 당하는 피해자는 속수무책이라는 특징이 있다.

7. 언론인의 과장, 특종 유혹형

국민의 주목을 받기 위해 혹은 특종 욕심 때문에

과장, 과잉보도로 여론을 왜곡하는 보도유형

미디어의 힘은 국민의 신뢰에서 나온다. 여론의 힘은 미디어의 힘이다. 여론을 움직이는 뉴스를 내보낼 때 기자들은 신이 난다. 그 특종과 과장의 유혹은 모든 저널리스트의 경계대상 1호다. 문제는 보도과정에 나타나는 불가피한 오보가 아니라 여론에 편승하려는 과장 뉴스나 기자의 특종 유혹에서 나오는 과잉보도로 빚어지는 부작용이다.

정보나 오보나 그 영향력은 같다. 한번 오보가 나가면 원상회복이 되지 않는다는 점에서 미디어는 두 번 세 번 확인을 요하지만 경쟁관계로 인해 과장보도는 불가피한 현실이 됐다. 남이 보도하지 않는 것을 보도하는 것은 일종의 특종이란 의식 때문에 확인 없이 인터넷에 떠도는 소문조차 바로 보도하는 것을 예사로 한다. 무책임한 보도지만 많은 사람들의 주목을 끌 수 있을 때는 과장, 과잉보도를 서슴지 않는다. 루머를 만든 것도 기자이고 이를 확인하지 않고 보도한 것도 'TV조선'이라는 언론매체다.(박스 기사 참조)

"일탈한 언론인은 강도보다 무섭다"
황수경 아나운서 파경설 유포자가 기자라니…
"펜은 칼보다 강하고 일탈한 언론인은 강도보다 무섭다"

날강도보다 무서운 기자 경험은 당해 본 자만이 안다. 더구나 기자가 어둠의 커튼 뒤에 숨어서 날조된 헛소문을 퍼뜨릴 때 그 당사자와 가족의 고통은 이루 말할 수 없다. 특히 요즘처럼 정보, 오보, 소문 등을 가리지 않고 SNS를 통해 유포하고 이를 언론기관에서 확대재생산해내는 구조에서 피해 당사자들의 고통과 피해는 상상 그 이상이다.

KBS의 간판 아나운서 황수경 씨 부부가 8월과 10월 두 차례에 걸쳐 서울중앙지검에 진정서를 제출한 것으로 알려졌다. 내용은 각종 증권가의 사설정보지에서 출발한 '밑도끝도없는 파경설'에서 급기야 'TV조선'에서조차 이를 보도한 사안에 대해 "유포자를 찾아내 처벌해 달라"는 것이었다.

황 아나운서는 진정서에서 "무슨 이유로 파경설을 유포했는지, 이를 퍼나른 사람은 누구이고 왜 그랬는지 알 수 없어 답답합니다. 방송활동 중 매일매일 수많은 의혹의 눈길을 느끼며 고통스러운 시간을 보내고 있습니다"라고 토로했다.

수사에 속도를 낸 검찰이 파경설 루머를 유포한 혐의자를 잡고 보니 멀쩡한 종합일간지 P기자였다. 이를 열심히 퍼나르고 전파한 사람은 인터넷 블로그 운영자라고 한다. 검찰은 이들에 대해 구속영장을 신청했다. 루머를 만든 P기자가 왜 그런 황당한 파경설을 조작해서 만들었는지 현재 묵비권을 행사하고 있어 알 수 없다고 한다. 앞으로 법적 처벌이 기다리고 있겠지만 한국에서는 언론인에 대해서는 법원이 비교적 관대한 편이라 어떤 결과가 나올지 지켜봐야 할 것 같다.

이 글을 작성하는 가장 큰 목적은, 일부 언론인들의 일탈행위, 개인 인격 말살, 가정파괴 행위에 대해서까지 언론자유의 범주에서 보호해서는 안 된다는 것이다. 특히 언론이나 언론사에 대해 유죄처벌을 내리면서도 그것이 솜방망이에 그치는 경우가 많아 전혀 경각심을 줄 수 없다는 점이다.

법이라는 타율적 최후 징계수단이 언론영역에만 오면 흐리멍텅해질 때 언론 내부의 자율강령은 힘을 잃고 만다. 언론자유라는 헌법적 가치는 자율규제가 존중되는 언론사, 언론인들의 보호막으로 존재해야 한다.

현대 미디어사회의 가장 큰 특징은 언론인과 일반시민 사이의 경계가 모호해졌다는 점이다. 누구나 쉽게 SNS 등을 활용하여 동영상이나 루머를 퍼나를 수 있고 소문을 조작할 수 있는 기반이 확보돼 있다. 파워 블로거들은 클릭수를 올릴 수 있는 사안이라면 오보, 날조, 소문을 가리지 않는다. 문제는 이런 인터넷을 떠도는 수준의 헛소문을 국민의 알권리를 내세워 멀쩡한 언론사들이 확대재생산하게 되면 이는 걷잡을 수 없는 속도로 파급되는 메커니즘이다.

황 아나운서의 파경설도 비슷한 공식을 따랐다. 찌라시 수준의 소문이 블로그를 타고 인터넷 이곳저곳을 헤집고 다녔고 SNS를 통해 빠르게 전파됐다. 검찰이 수사를 하는 동안에도 더욱 확산돼 급기야 'TV조선'이라는 언론기관에서 뉴스로 격상시켜 보도하기에 이르렀다.

이에 비례해서 방송활동을 해야 하는 황 아나운서와 가족의 행복추구권은 쓰레기통에 버려졌다. 마이크를 잡고 스포트라이트를 받는

MC가 얼굴에 수심이 가득하면 방송에 집중할 수 없게 된다. 이런 헛소문을 만드는 커튼 뒤에 숨어 있는 맨살을 확인해 보면 멀쩡한 직장인, 일반 사회인, 학생들이다. 죄의식도 없이 한 개인을 몰락의 구렁텅이로 힘을 합쳐 밀어넣는 것이다. 여기에 종합일간지 기자가 함께 했다는 사실은 언론계 전체가 충격으로 받아들여야 할 것이다.

이미 한국 언론의 타락은 자정이란 단어를 잊어버린 지 오래다. 과거에는 권언유착, 경언유착이었다면 현재는 여기에다 후안무치(厚顔無恥)가 하나 더 보태졌다. 도대체 언론인이 부끄러운 일이 무엇인지, 무엇을 해서는 안 되는지 최소한의 도덕적 판단이 마비된 것 같다. 물론 일부 일탈한 언론인, 언론사 때문에 다소 과장된 주장이라는 비판도 있을 수 있다.

그러나 동아일보 같은 유력지에서조차 논설위원이 채동욱 전 검찰총장 아들의 이름으로 '채동욱 아버지 전상서' 같은 날조된 편지를 버젓이 게재할 수 있는 풍토, 이에 대한 비판이 쏟아졌지만 그는 아무 일 없다는 듯이 여전히 논설과 칼럼을 게재하고 있다. 동아일보 기자들조차 내부에서 이를 문제시했다는 말을 들을 수 없을 정도다.

언론이 이렇게 글을 터주자 이번에는 한 네티즌이 채동욱 부인을 가상하여 대국민 호소문을 허위로 작성했다. 이 역시 삽시간에 SNS를 타고 빠르게 확산됐다. 뉴미디어가 한 가정을 파괴하는 데 올드 미디어와 손잡고 엄청난 파괴력을 보여 줬다.

이들의 새로운 범죄행위는 당사자들의 고통은 헤아릴 수 없고 가해자들은 별 죄의식도 없다는 특징이 있다. 헛소문을 만드는 자, 이를 확인 없이 확산하는 파워 블로거 혹은 언론기관에 대해 '가정파괴범' 수준의 형사처벌이 있어야 한다. 물론 여러 가지 이유로 형사처벌은

해 봐야 솜방이다. 그래서 대안으로 민사상 위자료 처분을 강화해 달라는 주문이다.

한국에서 언론에 대해 위자료 산정은 기껏해야 수백만원, 수천만원 수준을 벗어나지 못한다. 백지연 전 MBC 앵커에 대한 헛소문을 기사화한 스포츠신문에 1억 원의 위자료를 청구한 것이 최고액으로 기억하는 정도다. 판사들이 이런 일을 당해 보기 전에는 위자료 액수가 올라갈 것 같지 않지만 다시 한번 일관되게 강조한다. 언론계의 자율규제를 존중하기 위해서도 타율규제인 법은 보다 강력한 처벌이 있어야 한다.

언론인의 무책임한 과장보도는 당사자에게는 낭패감과 미디어 소비자들에게는 혼란을 부추기는 결과를 가져온다. 물론 미디어에서 일부러 그렇게 했다기보다는 오해나 부주의, 미확인 등의 이유로 발생하는 경우가 대부분이다.

다음 사례는 한 유명 야구감독이 어떻게 미디어로부터 낭패를 당하는가를 생생하게 보여 준 사례다.(박스기사 참조)

동아일보, 이만수 감독에게 사과 안 하나

오보에 우는 사람들

오보는 기자와 언론사 모두에게 불명예이며 신뢰감 상실로 이어진다. 그러나 신속하게 보도하는 것이 생명인 언론사의 입장에서 오보는 피할 수 없는 숙명이다. 문제는 오보에도 종류가 있고 그 정도와 성격에 따라 받아들일 수도 있고 그렇지 않을 수도 있다는 점이다. 법적인 논란을 떠나 저널리즘 차원에서 어떤 오보는 사회적으로 용인할 수 있으며 어떤 오보는 곤란할까.

동아닷컴의 한 보도가 최근 네티즌들 사이에 큰 논란이 된 적이 있다. 2012년 7월 20일 저녁 서울 잠실야구장에서 열린 한일 레전드 매치 2012 식전 행사에서 김성근 감독이 시타를 마친 뒤 주전 포수를 맡았던 이 감독에게 악수를 청했으나 이만수 감독이 이를 무시하고 덕아웃으로 걸어갔다는 게 동아닷컴의 보도였다.

동아닷컴은 "이 감독이 시타를 마친 후 악수를 청하는 듯한 김 감독을 무시한 채 덕 아웃으로 발걸음을 옮겼다"면서 "이에 김 감독은 머쓱한 표정을 지었고 굳은 얼굴을 한 채 그라운드에서 퇴장했다"고 보도했다. 이 자체로 이미 네티즌들의 공분을 살 수 있는 내용이었다.

동아닷컴은 "이 감독이 자신이 세운 기록에 비해 프로답지 못한 행동으로 야구팬의 빈축을 샀다"고 지적한 데 이어 '프로답지 못한 행동', '악수 한 번 하는 게 뭐 어렵다고 저러는지 모르겠다'는 등 누리꾼들 반응을 자세하게 전했다.

그러나 결론부터 말하자면 이는 사실이 아닌 오보였다. 누리꾼들이 동아닷컴의 보도가 사실과 다르다고 지적했고, 동아닷컴은 결국 하루 만인 21일 정정보도를 냈다. 이런 오보로 인해 이 감독이 받았을 팬들의 항의와 욕설 등은 당사자가 아니면 상상하기조차 힘들다.

이런 보도가 나가면 이 감독이 어려움에 처할 것이라는 짐작이 가능한데, 동아닷컴은 어떻게 이렇게 보도할 수 있었을까. 동아닷컴은 정정기사에서 "정확히 알아보지 않고 기사를 게재한 점에 대해 야구팬과 SK 와이번스 이만수 감독께 고개 숙여 사과드린다"면서 "향후 기사 작성에 있어 보다 신중할 것을 약속드린다"고 밝혔다. 스스로 정확히 알아보지 않고 오보를 낸 점을 시인한 셈이다.

미디어오늘은 "김 감독과 이 감독이 평소 껄끄러운 것은 사실이지만 동아닷컴의 기사는 단순히 사진 한 장과 인터넷에 떠도는 이야기를 묶어서 쓴 가십성 기사였고 몇 장의 사진만 교차 확인했어도 피할 수 있는 오보였다"고 분석했다.

피할 수 있는 오보였다는 지적, 정확히 알아보지 않았다는 고백… 저널리즘 차원에서 '취재성실의 의무'를 회피한 셈이다. 더구나 보도로 인해 그 대상자가 사회적 어려움에 처할 때는 두 번 세 번 확인하도록 하고 '프로답지 못한 행동' 등의 비난하는 취재원의 신원까지도 공개하도록 보도준칙은 권고하고 있다. 사회통합은커녕 분열과 갈등을 조장하는 보도 내용으로 언론사가 궁극적으로 꾀하는 것이 무엇인지 되묻게 된다.

조선일보는 7월 19일자 1면에서 18일 오후 태풍 '카눈' 상륙 시기에 맞춰 부산 해운대 앞바다의 험한 파도 사진을 내보냈다. 그러나 그 사진은 2009년 사진으로 역시 오보였다.

조선일보는 즉각 사과문을 냈다. 20일자 2면에 사과문을 내고 "본지 19일자 1면에 실린 '해운대의 성난 파도' 태풍 카눈 사진은 3년 전인 2009년 8월 9일 태풍 모라꼿 당시 동일한 장소에서 촬영된 사진인 것으로 확인됐다"고 밝혔다.

3년 전 사진을 조선일보 본사에 송고한 김아무개 사진기자는 19일 오마이뉴스와 통화에서 "3년 전 찍은 사진이 맞다"고 시인하며 고의성을 인정했다. 김 기자는 "(3년 전 찍은 사진의) 화상 상태가 좋아서 노트북에 있던 것을 빼서 서울(본사)에 보냈다"며 "(본사에서) 어제 찍은 사진 상태가 안 좋아서 그 사진을 쓴 모양"이라 전했다.

조선은 사과문에서 "사진을 촬영한 기자는 프리랜서이며, 해당 기자는 18일 부산 해운대 일대에서 태풍 취재에 나섰지만 사진 상태가 좋지 않자 자신이 3년 전 같은 장소에서 찍었던 사진을 본사에 전송한 것으로 밝혀졌다"고 전했다.

사과 내용만 봐도 사진기자가 3년 전 사진을 보내 실리도록 한 고의성이 인정된다. 고의성 있는 오보는 독자를 속이는 행위로 저널리스트가 가장 피해야 할 대목이다. 사과문에서조차 정확한 사실관계를 짚은 것으로 보이지 않는다. '태풍 취재에 나섰지만 사진 상태가 좋지 않아서…'라고 하는데, 그 당시 태풍 카눈은 부산지역을 비껴서 호남, 서해안 쪽으로 갔기 때문에 해운대는 수영을 할 수 있을 정도로 별 문제가 없었다. 말하자면 태풍에 어울리는 그림을 찍을 수가 없었지, 사진 상태가 좋지 않은 상황은 아니었다. 부산·경남 지역에서는 테니스를 치는 등 야외활동을 하는 데도 아무 지장이 없을 만큼 태풍은 조용히 사라졌다.

태풍을 실감나게 보도해야 할 언론사의 입장에서는 파도치는 멋진 장면이 필요할지 모르지만 진실은 언론사의 예상과 다를 수 있어 밋밋하다. 기사를 만들려는 욕심, 키우려는 오만이 독자를 우롱하는 결과를 초래한다. 과장된 몸짓, 부실한 오보, 삽시간에 퍼져나가는 포털의 기능… 저널리스트가 과거보다 더욱 신중해져야 할 충분한 이유다.

조선과 동아일보같이 영향력이 막대한 신문사의 보도는 오보 역시 정보와 같은 파급효과를 갖게 된다. 고의성이 있든 없든 오보를 최소화할 수 있는 검증시스템과 신속한 후속조치가 필요하다. 특히 12월 대선을 앞두고 불성실한 오보, 고의성 있는 오보가 특정 후보에게 부당하게 유리 혹은 불리하게 작용하지 않도록 해야 한다. 방송, 신문 등 미디어 선거의 주역들은 형식적인 '선거보노 가이드 라인'이 아닌 구속력 있는 자율 규제기구를 자발적으로 만들기를 기대한다.

8. 모욕주기식 명예훼손형

여론재판을 통해 사회적 매장을 시키는 여론 악용형 보도방식

모욕주기식 명예훼손의 대표적인 경우가 조선, 중앙, 동아일보의 노무현 전 대통령에 대한 보도들이다. 이미 고인이 된 전 대통령을 틈만 나면 불러내 화풀이 대상으로 삼을 만큼 보도에 이성을 잃었다는 비판을 받는다. 퇴임 후 그가 시골로 내려가 시골살이를 하고 있을 때, 수사를 목적으로 서울로 불러오고 이를 언론에서 대서특필했다. 검찰 수사는 이례적으로 중계방송을 하듯 자주 브리핑을 했고 언론은 덩달아 마치 범죄자 다루듯 보도했다. 부끄러운 언론의 모습은 그대로 기록으로 남아 있기 때문에 언제나 검색 가능하다.

그중 동아일보는 특히 물불을 가리지 않을 정도로 노무현 비판이 아닌 비난 수준으로 집착했다. 이런 행태는 앞으로도 계속 될 것으로 보여 언론의 공정성과 신뢰도를 스스로 무너뜨리는 결과를 초래하고 있다. 그가 사망한 후에도 동아일보는 조현오 전 경찰청장의 헛소문을 확대재생산하는 식으로 노 전 대통령과 그 유가족들의 명예를 심각하게 훼손했다.(박스 기사 참조)

"온 국민을 잠시 속일 수는 있어도 영원히 속일 수는 없다"
조현오의 세 가지 잘못과 동아일보

조현오 전 경찰청장의 길었던 법정 이야기가 막바지에 이르렀다. 노무현 전 대통령의 명예를 훼손한 혐의로 기소된 조 전 청장이 최근 항소심 결심공판을 마치며 '국민화합'을 위해 선처를 호소했다고 한다.

조 전 청장의 호소에 법원이 어떻게 화답할지는 2013년 9월 결심공판에서 나올 것이다. 유무죄에 대한 법의 심판도 법원의 몫이다. 3년여 간 길게 끌어온 그의 재판과정을 지켜보면서 법의 심판과는 무관하게 적어도 세 가지 점에서 그는 자유로울 수 없을 것 같다.

첫째, 부적절한 장소에서 부적절한 발언이 원천적으로 잘못됐다.

조 전 청장은 2010년 3월 일선 기동대장을 상대로 한 강연에서 "바로 전날 10만원권 수표가 입금된 거액의 차명계좌가 발견돼 노 전 대통령이 부엉이바위에서 뛰어내렸다"는 취지로 말했다가 사자(死者) 명예훼손혐의 등으로 기소됐다.

'거액의 차명계좌가 발견돼 부엉이바위에서 뛰어내렸다'는 단순논리로 사실을 적시했다. 일선 기동대장들에게 이런 말을 해야 할 이유나 목적이 무엇이었는지 분명하지 않다. 노 전 대통령의 '거액의 차명계좌'가 발견됐다 하더라도 그런 자리에서 강의의 본질과 무관하게 공개발언을 하는 것이 적절했는지 여전히 논란거리가 된다.

그런데 검찰의 수사결과는 물론 자신이 지목한 당사자들조차 '거액의 차명계좌' 존재는 입증하지 못했다. 자신의 위치를 망각하고 한 개인의 법익을 심각하게 훼손할 수 있는 발언을 공개적으로 한 것은 분명히 잘못된 것이다.

둘째, 더 큰 잘못은 재판과정에서 더 많은 의혹과 고인과 유가족에 대한 실질적 명예훼손을 범했다는 점이다.

한번 잘못된 발언을 다시 정당화시키기 위해 무고한 사람들을 끌어들이거나 궤변을 늘어놓고 이것을 동아일보를 비롯한 주요 언론들이 대서특필하게 했다. 특히 동아일보는 2012년 5월 4일자 "조현오 전 경찰청장 '어느 은행 누구 명의인지' 다 까겠다"는 선정적인 제목으로 크게 보도했다. 동아일보는 같은 날짜에 또 다른 기사 형태로 "조현오 까겠다 발언, 사실로 드러나면"이라는 가정법을 이용해 "조현오 파일 실체 존재한다면 대선판 전체 흔들 '뇌관'"이라고 대서특필했다.

동아일보는 그 다음 날인 2012년 5월 5일 "노무현 차명계좌 다 밝히겠다" 발언 파문이라며 기사를 키워 나갔다. 조현오가 한 마디 하면 동아일보는 사실 여부를 떠나 크게 보도했고, 심지어 가정법까지 동원하여 피의자 말을 일방적으로 키웠다. 정도의 언론이기를 포기하지 않으면 이렇게 할 수 있을까.

동아일보는 이후에도 계속 의혹 발언을 키워 나갔고 때로는 조현오의 검찰서 진술서를 인용하여 확대보도하기도 했다. 동아일보 2012년 5월 14일 "노 차명 의심 계좌에 20억… 2004년 입금, 퇴임 때 인출"이라는 제목으로 기사를 만들었다. 동아일보 계열 종합편성채널 채널A까지 동원했다. 채널A는 단독 영상이라며 "조현오, 권양숙 여사 비서 계좌서 10억 발견"이라는 내용을 제목으로 뽑았다. 피의자의 일방적 주장을 이처럼 제목으로 인용하는 것은 엄정중립과 진실추구를 생명으로 하는 언론사 입장에서 매우 위험한 발상이다. 조현오의 주장에 큰 목소리로 화답한 동아일보를 비롯한 중앙, 조선일보도 그동안의 조현오 관련 기사를 다시 한번 분석해 보면 좋겠다.

조현오는 피의자 신분 상황에서 언론을 적극 이용했고 언론도 그를 활용하여 적극 특정한 방향으로 보도했다. 명예훼손 재판과정에서 더 심각한 명예훼손이 이뤄진 셈이다. 서로 기대한 것이 무엇이었든 의혹과 혼란은 키웠고 진실은 종잡을 수 없도록 '믿거나 말거나' 세상을 만들었다. 자중하지 못한 조현오의 두 번째 잘못은 세 번째로 이어졌다.

셋째, 논리적 일관성도 감성적 호소력도 기대할 수 없는 발언으로 법을 자신의 편의에 끼워 맞추려 한 잘못이다.

그는 '국민화합'을 거론하며 항소심 재판부에 선처를 호소했다. 개인의 잘못은 개인이 그에 상응하는 대가를 지불하는 것이 법치사회의 기본철학이다. 조현오 변호인은 방청석을 향해 "노무현 전 대통령을 지지하는 분은 손을 들어 달라"고 말했다가 거센 항의를 받았다는 보도가 나왔다. 그의 문제성 발언과 재판정에 참석한 방청석의 노 전 대통령 지지 여부와 무슨 논리적 상관관계가 존재하는가. 그가 내세웠던 유력한 발설 제보자 임경묵 전 국가안보전략연구소 이사장은 '만난 적도 없다'고 부정했다. 논리도 인과관계도 성립되지 않는 허무맹랑한 일방적 주장은 국민화합은커녕 혼란과 분열만 키우고 있다.

이번 사건은 고위공직자, 특히 수사기관 책임자들에게 주는 교훈이 가볍지 않다. 책임질 수 없는 발언을 공개적으로 하지 말라는 것이다. 또한 설혹 잘못된 발언을 했더라도 초기과정에서 진솔하게 사과하고 용서를 구하는 자세가 국민화합에 더욱 도움이 된다. 항소심까지 가서

> '국민화합' 운운하는 것은 정치인들의 상투적 수법일 뿐이다. 온 국민을 상대로 속일 수 있다고 믿는 것은 인간의 착각이거나 오만함 때문이다.

조선일보가 채동욱 검찰총장을 쫓아낼 때도 마찬가지였다. 조선일보의 채 전 총장에 대한 보도는 정당한 감시, 견제의 차원을 넘어 인신공격과 사생활 침해 논란에 휩싸일 정도로 과다했다. 혼외자라는 아이 신원이 드러났다. 문제의 여인은 언론의 추적을 피해 여기저기 피해 다녀야 했다.

고위공직자의 사생활 문제는 당연히 보도대상이다. 그러나 현직 검찰총장의 혼외자 보도가 도덕성 검증 차원을 넘어 권력의 의도대로 찍어내기식이라는 의혹을 불식시키지 못할 때, 특히 보도가 아이의 신원까지 노출시킬 정도라면 잘못된 것이다.

채 전 총장은 언론의 집중포화로 단순히 검찰총장직에서 물러난 정도가 아니라 사회적으로 매장된 것이나 다름없다. 그에게 잘못이 없다는 것이 아니라 청와대가 임명 전에 인사청문회 과정에서 걸러내지 못했다면 청와대의 책임도 가볍지 않다. 조선일보가 스스로 취재하여 알아낼 수 없는 내밀한 정보를 권력으로부터 받아서 과도하게 보도했다면 언론의 불법성과 폭력성도 간과돼서는 안 된다.

검찰은 조선일보가 어떤 경로로 그런 내밀한 개인의 사생활 정보를 알아냈는지 수사중이지만 밝혀내지 않거나 못할 것이다. 검찰의 수사는 기대할 것이 못 된다. 훗날 많은 세월이 흘러야 진실이 밋밋하게 드러날 것이다.

일반 대중은 쉽게 믿고 쉽게 잊어버린다. 그런 점을 악용하는 여론매체인 미디어가 정직하지 않거나 공정하지 않을 때 누군가 부당하게 손해를 보고 누군가 부당하게 이득을 챙긴다. 공정하지 못한 세상을 인위적으로 만드는 데 언론이 앞장선다는 것은 스스로의 존재이유를 부정하는 셈이다. 한국 언론의 현 수준이 그 정도에 머무는 것은 우리 국민의식 수준, 민주주의 현주소를 가늠하는 잣대가 된다.

요즘 인터넷이 주요 미디어 수단이 된 사회에서는 때로 파워 블로거나 출처를 알 수 없는 댓글파들이 허위글을 작성하여 한 개인이나 단체에 악영향을 주는 경우도 잦아졌다. 일반인의 경우 악성 댓글을 만나도 실체를 알 수 없고 수사를 의뢰해도 제대로 수사가 되지 않는다. 때론 여론을 좌우하는 이런 익명의 댓글이나 블로그 글은 대중스타에게는 큰 영향을 미칠 수 있다.

복잡한 가정사로 고통을 겪고 있는 가수 장윤정 씨의 경우가 대표적이다. 장씨는 어머니와 남동생 등과 미디어를 통해 서로 설전을 주고받는 등 원인제공을 한 측면이 있지만, 이를 악용하여 명예훼손에 해당하는 모욕적인 댓글을 달고 블로거들은 그들대로 헛소문을 확산시키는 등 국민의 여가노리개로 만들었다. 검찰은 고발당한 블로거에 대해 이례적으로 구속시키는 강수를 뒀다.(박스기사 참조) 그만큼 블로거의 모욕적인 명예훼손의 정도가 심했다고 판단한 것이다.

가수 장윤정 고발한 블로거 명예훼손·모욕 혐의 구속

연합뉴스 | 최종호 기자

가수 장윤정 씨의 명예를 훼손하는 허위사실의 글을 인터넷에 수차례 올린 50대 블로거가 경찰에 구속됐다.

용인 동부경찰서는 27일 정보통신이용촉진 및 정보보호 등에 관한 법률상 명예훼손과 모욕 혐의로 송모(50·안티블로그 운영자)씨를 구속했다.

송씨는 올해 4월부터 최근까지 개인 블로그에 63차례에 걸쳐 '왜 엄마를 정신이상자 만들어 이혼하게 하냐' 등 허위사실의 글을 올린 혐의를 받고 있다. 또 9월부터 최근까지 인터넷 포털사이트에 9차례에 걸쳐 '장○○, 도○○ 등신커플' 등 욕설 댓글을 단 혐의도 받고 있다.

송씨는 10월 22일 "장씨가 어머니 지인을 감금·폭행하고 불법으로 위치 추적장치를 달았다"며 장씨를 경찰에 고발했지만 수사결과 허위사실로 드러났다.

이날 송씨에 대한 구속 전 피의자 심문(영장실질심사)을 진행한 수원지법 오상용 부장판사는 "범죄혐의가 소명되고 구속사유와 필요성이 인정된다"며 구속영장을 발부했다.

이와 별도로 서울 동작경찰서는 장씨 소속사 대표가 어머니 육씨와 송씨 등 4명을 명예훼손 혐의로 고소한 사건에 대해 수사하고 있다.

대중의 인기를 먹고 사는 연예인은 이미지가 중시되는 정치인과 다름없다. 여론의 지지를 얻지 못한다면 그 인기나 이미지는 한순간에 전락하게 되고 대중으로부터 멀어진다. 여론과 대중스타와의 관계를 잘 아는 언론사나 기자는 때로 이를 이용하기도 한다. 인터넷 블로거들까지 나서서 설치는 판이 됐으니 한국에서 대중스타, 정치인으로 살아가기가 참 힘들게 됐다.

한국에서는 명예훼손을 중한 범죄로 여기지 않아 웬만하면 구속까지 시키지는 않는 편이다. 과거에도 그랬고 앞으로도 그럴 가능성이 높다. 한국은 개인의 명예권, 인격권 보호에는 너무 관대하기 때문이다. 앞으로 시간은 많고 인터넷에 뭔가 모욕적인 글을 남겨야 직성이 풀리는 정신적으로 문제가 있거나 사회적 환자들을 제대로 다스리지 못할 때 멀쩡한 사람들조차 이들의 헛소문에 놀아날 수 있다. 이들을 약식기소하거나 간단히 벌금형에 처하는 것은 사법부가 이런 사회적 문제를 예방하지도 못하고 거꾸로 방조, 악화시킨다는 지적을 받게 된다.[31]

법치사회에서 사법부의 역할이 중요하다. 특히 요즘처럼 스마트폰과 인터넷이 활성화된 한국사회에서 정보와 헛소문은 구분 없이 삽시간에 전파된다. 출처와 근거를 따지지도 않고 센세이셔널한 이야기는 여론 형성에 큰 영향을 준다. 헛소문의 억울한 피해자는 뒤늦게 정정보도나 사실관계를 바로 잡아도 이미 때는 늦은 경우가 많다. 사전예방이 필수다.[32]

---

31 인터넷판 조선일보(2013. 12. 28)는 '황수경 파경說' 허위 유포 블로그 운영자에 執猶라는 제목으로 다음과 같은 내용을 보도했다. "서울중앙지법 형사4단독 반정모 판사는 27일 황수경 KBS 아나운서 부부 파경설과 유명 연예인들에 대한 루머를 유포한 혐의로 기소된 인터넷 블로그 운영자 홍모(31)씨에게 징역 10월에 집행유예 2년을 선고했다. 반 판사는 또 연예인이나 스포츠선수 등에 대한 루머를 카카오톡 등을 통해 지인들에게 전달한 혐의로 기소된 강모(33)씨 등 8명에게 각각 벌금 100만~500만 원을 선고했다." 이런 식으로 집행유예나 벌금 고작 수백만 원으로 간단하게 처리해 버린다. 당사자들이 받는 고통과 범죄의 성격에 비하면, 처벌이 솜방망이라는 지적이 매번 나오지만 사법부의 게으른 기계식 판결은 비슷하다.

32 개인이 헛소문은 물론 사실이라 하더라도 모욕적인 내용이나 욕설, 막말로 명예를 훼손당했거나 인터넷에 퍼지는 등 고통을 받는 일이 있다면 그냥 참아서는 안 된다. 좀 귀찮지만 경찰 사이버수사대나 검찰에 고소나 고발해야 한다. 절대 맞대응해서는 안 된다. 특히 인터넷이나 미디어에 의한 모욕이나 사생활 침해를 당했을 때는 가까운 '지역언론중재위원회'에 전화나 인터넷 등으로 신고하면 된다. 전혀 비용이 들지 않으며 위자료 청구까지 가능하다.

9. 광고 받고 우호적 보도하기 유형

광고를 통해 여론을 인위적으로 특정한 방향으로 유도하는 보도행태

자본주의 사회에서 광고는 힘이 세다. 광고주는 광고라는 자본력으로 뉴스를 과장, 축소, 왜곡, 무력화시키기도 한다. 언론사 수입의 70~80%를 광고에 의존하는 상황에서 광고 수익은 언론사의 생존에 절대적이다.

언론에서 중소기업보다 대기업에 우호적인 뉴스가 많은 것은 광고의 위력 때문이다. 특히 재벌들은 정기적으로 광고예산이 책정돼 있기 때문에 신문이나 방송은 재벌 관련 뉴스에 관한 한 공정하고 정직하게 보도하기가 쉽지 않다. 광고를 받게 되면 우호적으로 뉴스가 나가는 것이 인지상정이다. 반대로 광고를 주지 않거나 적게 줄 경우에 적대적 뉴스는 막기 힘들어진다. 매우 부당한 일이지만 현실에 여전히 통용되고 있다.

대학 입시철이 되면 어느 대학총장의 특별 인터뷰가 한 면 가득 나갈 때 정말 그 총장이 무슨 업적을 내서 그런 것이 아니라 특별 인터뷰 광고비를 지불했다고 보면 틀리지 않는다. 때로는 한 면에 특정 대학교를 자세하게 소개하고 입학처장을 인터뷰까지 해서 홍보성 뉴스를 내보내는 것은 바로 광고라는 '돈질'을 했기 때문이다.

칭찬할 만한 대학, 대학의 총장을 인터뷰하고 홍보하는 것은 '정보제공'이라는 차원에서 정당화될 수도 있다. 문제는 부실 대학, 정원 확보에

허덕이는 대학을 그런 식으로 뉴스를 내보낼 때 학부형과 학생들에게 왜 곡된 부정확한 정보를 제공한다는 것이다. 대부분 언론사는 정보의 정확 성보다 광고의 크기에 더 민감하다.

2013년 12월 26일자 주요 일간지 1면 하단에 '철도노조 불법파업에 대 한 경제계 호소문'이라는 의견광고가 게재됐다. 의견광고도 광고이기 때 문에 한국경영자총협회에서 광고료를 지불한 것이다.(박스기사 참조) 합법 인지 불법파업인지 불명확한 상황에서 광고 혜택을 입은 언론사의 보도 가 어느 쪽으로 기울어질지는 보도 내용을 보면 쉽게 확인된다.

수상한 조중동 1면 경제단체 '철도노조 불법파업' 광고
경제 5단체 의견광고, 분담금 합의 없이 경총 주관 긴급집행…
"경총, 청와대 지시로 어쩔 수 없이 집행" 주장도

미디어오늘 | 정철운·이정환 기자

한국경영자총협회 등 경제 5단체가 26일자 조선, 중앙, 동아, 매경 등 주요 일간지 1면 하단에 '철도노조 불법파업에 대한 경제계 호소 문'이란 광고를 일제히 실었다. 철도노조 파업에 대한 경제계의 비판 적 입장이 담겨 있는 이번 광고가 청와대의 지시로 진행됐다는 주장이 나왔다.

한국경영자총협회, 대한상공회의소, 전국경제인연합회, 한국무역협 회, 중소기업중앙회 등 경제 5단체는 조선일보, 중앙일보, 동아일보, 매일경제 등 주요 일간지 1면에 실은 호소문에서 "대통령과 정부가 수 차례에 걸쳐 수서발 KTX 자회사를 민영화하지 않겠다고 약속했음에도 불구하고 철도노조는 명분 없는 파업을 이어가고 있다"고 주장했다.

경제 5단체는 "철도노조의 파업이 장기화되면서 원자재 조달과 수출품의 납기 차질 등 수출입 전반에 커다란 악영향이 초래되고 있을 뿐만 아니라 기관사들의 피로 누적으로 인한 안전사고도 우려된다"며 "정부는 불법에 대한 엄청 대처를 통해 법치주의를 바로 세워야 한다"고 강조했다.

이들 단체는 "국민의 인내와 협조 없이는 국민을 볼모로 한 불법파업을 근절시키기 힘들다"며 "산업현장의 법과 원칙을 바로 세우기 위해서는 불법과 타협하지 않는 원칙적인 대응이 중요한 만큼 국민께서도 인내와 협조로 힘을 보태 주시길 부탁드린다"고 밝혔다. 이번 광고는 경영인의 입장을 주로 전해 온 주요 보수신문에만 집행됐다.

이번 광고 집행을 주도한 것으로 알려진 한국경영자총협회 관계자는 "파업이 장기화되어 호소문을 내게 됐다"고 밝혔다. 이 관계자는 조선, 중앙, 동아, 매경 외 다른 신문사에 광고를 집행할 의사가 있는지 묻자 "예산 때문에 상황을 봐야겠다"고 밝혔다.

이번 광고는 사회적 파장이 큰 파업 때마다 반복된 경영자단체의 여론전으로 보인다. 전경련의 관계자는 "이번 광고는 경총에서 주도했고, 우리는 명의만 제공했다. 아직 단체들간의 광고비 분담액도 정해지지 않았다"고 말했다.

경총이 주도한 이번 광고가 청와대 지시에 의해 진행됐다는 주장이 나왔다. 이번 광고 집행과정에 밝은 한 중앙일간지 관계자는 "이번 광고는 청와대 지시로 이뤄졌다고 들었다"고 말했다. 이 관계자는 "돈이 없어 광고를 안 하려고 했는데 자꾸 경총에 광고를 집행하라는 청와대의 지시가 있어 어쩔 수 없이 집행했다는 이야기가 경총 내부에서 나왔다"고 말했다. 이에 대해 경총 관계자는 "그런 얘기는 없었다. 금시

초문"이라며 부인했다.

  이에 대해 김행 청와대 대변인은 "광고가 나온 것을 나도 신문 보고 알았다"며 "그 단체가 원래 보수단체라 그렇게 했나 생각했을 뿐 아는 바가 없다"고 말했다. 청와대 지시에 따른 것이라는 주장에 대해 김 대변인은 "진짜 아는 바가 없다"며 "우리가 (광고하라) 한다고 (경총이) 하겠느냐. (청와대와 경총의 협의가 있었는지는) 전혀 모른다"고 답했다.

  한편 정홍원 국무총리는 지난 24일 철도파업과 관련한 관계 장관 회의를 소집하고 '불법파업'의 부당성과 철도공사 자회사 설립의 당위성, 코레일의 부실경영 상황, 경쟁체제 도입에 따른 서비스 증진 방안, KTX 요금 인상 주장의 허구성 등을 석극 알리는 국민 홍보를 강화할 것을 지시한 바 있다.

  뉴스와 광고는 소비자가 받아들이는 의식이 다르다. 뉴스는 객관성과 공정성을 전제로 하지만 광고는 홍보 일변도로 과장과 허위가 포함될 가능성이 높다고 인식하고 있다.

  이런 점을 알기 때문에 광고주들은 같은 돈을 주더라도 광고보다는 뉴스 형태로 보도되는 것을 더 선호한다. 그만큼 미디어 소비자들에게 더 큰 영향력을 미칠 수 있다고 판단한다. 바로 이런 점을 미디어도 이용하여 광고비를 받고 뉴스 형태로 보도하게 된다.

  미디어 소비자들에게 광고인지 뉴스인지 쉽게 구분이 가지 않도록 의도적으로 편집한다는 것이다. 방송에서도 뉴스인지 광고/홍보인지 구분이 분명하지 않은 제작, 편집을 하고 있다. 이는 물론 잘못된 보도행태지만 미디어업계의 로비와 심의규제기관의 느슨한 심의로 뉴스와 광고의 경계가 허물어지고 있다.(박스기사 참조)

이런 현상은 앞으로 더 심화될 것이다. 따라서 미디어 소비자들이 좀 더 현명한 판단을 내리기 위해서는 미디어에 대해 공부할 필요가 있다. 이용당하는 쪽이 손해를 보게 되는 것이 세상의 법칙이다.

경제지 광고기사 규제 방법 없다?

신문법 가이드 라인 실효성 없어…
'홍보기사' 주장 땐 규제 못해

민왕기 기자

경제지들이 교묘한 기사형 광고를 양산하고 있지만 규제할 방법이 없다는 지적이 나오고 있다.

현행 신문법은 기사형 광고 가이드 라인을 두고 이를 규제하고 있다. 기사형 광고 가이드 라인이란 독자가 광고를 기사로 혼동하지 않도록 준수해야 하는 편집에 관한 지침을 말한다. 그러나 기사형 광고에 대한 정의가 모호해 이를 규제할 근거가 없는 형편이다.

문화관광부의 위탁을 받은 신문발전위원회 기사형 광고 심의위원회조차 "기사형 광고와 홍보기사의 구분이 애매하지 않느냐"며 "기사형 광고로 보이는 기사를 직접 분석해 쓴 홍보기사라고 주장하면 강하게 규제할 수 없다"고 밝혔다.

신문법 11조는 "기사형 광고에는 '광고', '기획광고', '전면광고', '광고특집' 등과 같이 '광고'임을 명시한다"고 적시하고 있다.

또 "기사형 광고에 '취재', '편집자 주', '독점인터뷰', '글(또는 취재) ○○기자', '사진 ○○기자', '전문기자', '칼럼니스트' 등의 용어를 사용하거나 '문의' 등의 용도를 명시하지 않고 단순히 이메일 주소를 넣는 등 기사로 오인하게 유도하는 표현을 해서는 안 된다"고 적시하고 있다. 또 기사 본문보다 큰 글씨를 사용해야 한다. 이를 어길 경우 2천만 원 이하의 과태료가 부과된다.

그러나 광고임을 밝히기 꺼리는 해당 언론사들은 이를 시행하는 대신 기사형 광고를 기자의 분석이 담긴 홍보기사라고 주장하고 있다. 이에 따라 심의위원회는 기자 명단을 요청하며 "기사형 광고가 아닌 홍보기사라면 기자 바이라인이 있어야 할 것 아니냐"고 반문한 바 있다.

실제로 심의위원회는 광고기사로 보이는 홍보기사에 기자 이름이 있으면 이를 규제하지 못하고 있다.

실제 매경의 일부 섹션 전체에는 특정상품을 집중 홍보·광고하는 기사들이 대부분이었으며, 이 섹션의 첫 장에 특별취재팀 기자 명단을 수록해 보도하고 있다. 그러나 속지에는 기자 이름이 빠져 있다.

한경의 일부 섹션들도 기업 홍보·광고 기사가 대부분이지만 기사형 광고로 단정할 근거가 없다. 이는 기사의 대가 여부를 입증할 수 없기 때문이기도 하다.

상황이 이렇다 보니 기사형 광고 심의위원회에 적발된 경제지의 기사형 광고 건수는 점차 감소추세이며 3월 이후에는 전혀 없는 것으로 나타났다.

1월부터 11월까지 기사형 광고 심의위원회 심의 결과 1월에만 한국경제 44건, 매일경제 1건, 헤럴드경제 15건의 경고를, 2월에는 한경 20건, 서울경제 11건, 매경이 4건, 헤경 12건, 파이낸셜뉴스 10건, 아시아경제 1건의 경고를 받았다. 3월에는 한경 13건, 서경 5건의 경고를 받았다. 그러나 나머지 달에는 전혀 적발되지 않아 대비된다.

이에 따라 신문법의 기사형 광고 가이드 라인의 실효성이 미비하다고 지적되고 있다. 또 심의위원회의 역할에도 한계가 있다는 분석도 나온다.

기사형 광고 심의위원회 이경형 위원장은 "현실적으로 인쇄업계의 광고 사정 등도 고려해야 한다는 문제점도 있다"며 "최소한만 규제하고 언론사들의 양심과 자율에 맡기는 쪽으로 가야 하는 것 아니냐는 생각도 든다"고 밝혔다.

출처 http://www.journalist.or.kr/news/articleView.html?idxno=16217

10. 소설식 창작기법에 의한 여론몰이 유형

가상의 상황을 설정하거나 상상력을 이용하여 여론을 조성하는 기사유형

언론이 소설과 다른 것은 언론은 현실을 나누고 소설은 허구를 다룬다는 점이다. 언론은 정확성과 공정성을 생명으로 한다면 소설은 허구성과 창작성이 매우 중요하다. 소설가의 상상력과 창의성은 존중을 받지만 저널리스트가 상상을 바탕으로 허구를 작성할 때 용서받기 쉽지 않다.

문제는 일부 저널리스트들이 상상력이나 허구를 활용하여 특정한 방향으로 여론을 조성하는 데 앞장서고 있다는 사실이다. 흥미와 함께 허구의 글쓰기는 저널리스트에게 금기시되지만 거꾸로 이를 악용하여 기사를 내보내 사회적 물의를 빚는 경우도 종종 있다.

동아일보 최영해 논설위원이 저널리즘의 새로운 분야를 창조하려는 시도는 많은 논란을 낳았다. 저널리즘을 가르치는 언론학자의 입장에서 이해하기 힘든 부분이 한두 가지가 아니다. 논란이 된 동아일보의 '오늘과 내일' 칼럼에서 소개한 '채동욱 아버지 前上書'(2013. 9. 17)라는 제목의 칼럼(박스기사 참조)은 동아일보 전체 언론인들의 양심과 양식에 의문을 던졌다. 무엇보다 형식이 저널리즘의 영역을 넘어서고 있다고 판단했다. 먼저 허구의 칼럼을 일독하기를 권한다.

채동욱 아버지 前上書

동아일보 | 최영해 논설위원

아버지, 미국에 온 지도 벌써 보름이나 됐네요. 태어나서 이렇게 비행기를 오래 타 보기는 처음이에요. 저는 뉴욕의 초등학교 5학년에 들어갔답니다. 이모와 함께 학교에 가서 교장선생님 만나고 영어, 수학 시험을 본 뒤에야 며칠 전 반 배정을 받았어요. 백인과 흑인, 중국인, 히스패닉 등 우리 반 아이들은 피부 색깔이 참 다양해요.

여기선 전부 영어로 말해야 돼 아직은 쉽게 입이 떨어지지 않아요. 어머니는 8월 마지막 날 저를 비행기에 태우면서 "아버지처럼 훌륭한 사람이 되려면 미국에서 공부 열심히 해야 한다"면서 한참 우셨어요. 진짜로 열심히 공부해서 아버지처럼 존경받는 사람이 될 거예요.

아버지, 그런데 며칠 전에 어머니가 신문사에 보낸 편지를 인터넷에서 우연히 읽었어요. 어머니는 '제 아이는 현재 검찰총장인 채동욱 씨와는 아무런 관계가 없는 아이'라고 했는데 이게 도대체 무슨 말인가요? 제가 아버지의 아들이 아니라뇨?

저는 아버지가 검찰총장이 됐을 때 뛸 듯이 기뻤어요. 아버지가 나쁜 사람 혼내주는 검사 중에서도 최고 짱이 됐잖아요. 우리 반 애들은 무척 부러워하는 눈치였어요.

아버지가 검찰총장이 된 후 우리 가족은 사실 조금 피곤했어요. 여의도 국회에서 인사청문회를 할 때 서울 삼성동에서 도곡동으로 이사를 갔고, 거기서 다섯 달만 살다가 다시 미국까지 왔잖아요. 어머니와 떨어져 이모와 함께 뉴욕에서 사는 게 불안했지만 아버지처럼 높은 사람이 되려면 할 수 없다는 생각에 눈물을 꾹 참았답니다.

아버지가 저 때문에 회사에 사표를 썼다고 한 친구가 페이스북에서 알려줬어요. 그 친구는 한국에 아버지를 싫어하는 사람들이 많다고 그러던데, 그게 사실인가요? 간첩 잡는 아저씨들이 지난해 선거에서 못된 짓을 하다가 아버지에게 걸려 혼났다고 어머니가 그러던데, 그 일 때문에 그러는 건가요? 힘없는 전두환 할아버지 재산을 너무 많이 빼앗아서 아버지를 미워하는 건 아니에요? 매일 밤늦게까지 고생하는 아버지에게 큰 상은 못 줄 망정 왜 저를 갖고 이렇게 난리인가요?

어머니는 저에게 "당장은 떨어져 살지만 언젠가 아버지와 함께 살날이 올 것"이라고 늘 얘기하곤 했죠. 우리 가족은 평화롭게 잘 살고 있는데, 왜 사람들이 자꾸 수군거리는지 알다가도 모르겠어요. 아버지가 예전에 부산에서 어머니를 만난 것까지도 트집을 잡는다니 정말 이해할 수 없네요.

아버지, 어떤 사람들은 제가 진짜 아버지 자식이 맞는지 머리카락 뽑고 피도 뽑아 검사해 보자고 한다는데 정말 미친 사람들 아닌가요? 이모가 그러는데 어머니는 그것 때문에 울고불고 야단이었대요. 아버지, 근데 전 진짜 피 뽑는 것은 싫거든요. 사람들은 제 피와 아버지 피가 같다는 것을 왜 조사하려고 하나요? 검사 뒤엔 유전자가 조작됐다느니 하면서 또 시비를 붙을 수 있잖아요.

아버지, 그래서 그러는데 저한테 피검사 하자는 얘기는 하지 말아 주세요. 만에 하나 피 검사가 잘못돼 가지고 저하고 아버지하고 다르게 나오면 그땐 어떡해요? 하루아침에 아버지 없는 아이가 돼 버리잖아요. 여태껏 아버지라고 부르지도 못했는데, 앞으로도 다른 사람들 있을 땐 아버지라 부르지 않겠다고 약속할 테니까 제발 제 부탁 좀 들어주세요.

뉴욕에서 아버지를 사랑하는 아들 올림

채동욱 전 검찰총장이야 공인의 신분이기 때문에 혼외자에 대한 검증이 필요하다고 할 수 있지만, 그 논란의 중심에 선 아이의 신분은 철저하게 보호돼야 한다는 보도윤리강령은 변함없다. 그런데 소설적 기법을 동원하여 창작이란 명분으로 미국으로 간 아이의 눈으로 편지를 작성했다. 인터넷 공간에서 또래아이들이 얼마든지 볼 수 있으며 '지역(뉴욕)과 시기(보름, 8월 마지막날 등)'를 적시하여 주변 사람들이 쉽게 알 수 있도록 했다.

아동인권보호는 유엔아동협약을 거론할 것도 없이 언론에서 철저하게 보호해야 하는 언론윤리강령의 절대조항이다. 이런 행태의 칼럼 작성은 불법이며 언론의 폭력행위에 해당한다. 이를 침묵하거나 동조하는 것도 동아일보 기자들, 간부들 전체의 양식을 의심스럽게 하는 것이다.

왜 이런 주장을 하는가. 우선, 최 위원의 칼럼 '채동욱 아버지 전상서' 제목에서처럼 채 총장을 아이의 아버지로 단정하고 있기 때문이다. 저널리즘에서 단정은 위험하며 사실상 불가능하기 때문에 하지 않도록 보도 가이드 라인으로 제시하고 있다. 단정 그 자체가 저널리즘의 영역을 넘어섰기 때문이다.

당사자들이 부인하고 있는 반면 조선일보가 의혹을 제기하는 단계에서는 진실이 밝혀지지 않았다. 그런데 이 칼럼은 벌써 '아버지'라며 의혹을 기정사실화하고 있다. '아버지'라고 단정하여 내용을 정리하고 있다.

언론이 궁극적으로 진실추구를 생명으로 하고 있는데 이처럼 논리적 비약을 넘어 의혹을 사실로 단정하여 내용을 전개하는 것은 저널리즘에서는 용납하기 힘든 행위다. 소설에서는 얼마든지 가능하다. 동아일보라는 언론의 외피를 뒤집어쓰고 창작이라는 이름으로 조선일보와 함께 여론몰이에 나서는 것을 동아일보 기자들은 받아들일 수 있을까. 동아일보 내부적으로 논란이 있었다고는 하지만 어떤 사과도 공식적으로 나온 것은 없었다. 동아일보 전체의 윤리수준, 타락한 동아일보의 현 수준을 이보다 잘 보여 줄 수는 없다.

무엇보다 내용이 너무 잔인하다. 언론의 권력에 대한 정상적인 감시와 견제기능을 넘어 인간 채동욱에 대한 인신공격, 아이와 아이 어머니에 대한 인권유린을 하고 있기 때문이다.

"…그런데 며칠 전에 어머니가 신문사에 보낸 편지를 인터넷에서 우연히 읽었어요. 어머니는 '제 아이는 현재 검찰총장인 채동욱 씨와는 아무런 관계가 없는 아이'라고 했는데 이게 도대체 무슨 말인기요? 제가 아버지의 아들이 아니라뇨? 저는 아버지가 검찰총장이 됐을 때 뛸 듯이 기뻤어요…."

사실이라면 불행한 가정사요, 사실이 아니라면 인격파탄의 명예훼손적 사안이다. 아이가 실제로 이런 칼럼을 보게 된다면 어떻게 될까. 이것이 진실을 추구하는 언론 본연의 모습인가. 아니면 끈 떨어진 전 검찰총장 채동욱의 인격권을 짓밟고 아이와 그 어머니의 행복추구권을 훼손하는 언론의 횡포인가. 이것이 국민의 알권리와 무슨 상관이 있는가.

"…어머니는 저에게 '당장은 떨어져 살지만 언젠가 아버지와 함께 살 날이 올 것'이라고 늘 얘기하곤 했죠. 우리 가족은 평화롭게 잘 살고 있는데, 왜 사람들이 자꾸 수군거리는지 알다가도 모르겠어요. 아버지가 예전에 부산에서 어머니를 만난 것까지도 트집을 잡는다니 정말 이해할 수 없네요. 아버지, 어떤 사람들은 제가 진짜 아버지 자식이 맞는지 머리카락 뽑고 피도 뽑아 검사해 보자고 한다는데 정말 미친 사람들 아닌가요? 이모가 그러는데 어머니는 그것 때문에 울고불고 야단이었대요…."

저널리스트가 칼럼을 이용하여 어떻게 이렇게까지 쓸 수 있을까. 최 위원도 가정이 있을 거고 동아일보 기자들도 자식과 아내가 있다면 이런 내용을 소설식으로 표현하는 것이 얼마나 잔인한 짓인가를 짐작할 수 있을 것이다. 기자이기 전에 인성을 갖춘 인간이어야 하지 않을까.

기자라고 무엇이든 어떻게든 쓸 수 있다고 착각하면 불행해진다. 언론은 진실을 밝히는 조력자의 역할에 머물러야 한다. 의혹을 예단하고 피해자를 조롱하는 행위는 언론의 폭력이며 언론자유를 언론방종으로 타락시키는 행위에 속한다.

이런 잘못을 저질렀지만 최 위원은 계속해서 논설위원으로 동아일보에 글을 게재하고 있다. 동아일보야 최 위원과 한통속으로 뒹굴겠지만 그가 남긴 이 글은 오명의 기록으로 남게 된다. 또한 저널리즘 연구분야로 이처럼 인용될 것이다. 모든 글에는 의도가 있다. 저널리스트가 만드는 뉴스든 칼럼이든 형태를 불문하고 정보제공이나 흥미유발 등 여론에 일정한 영향을 미치게 된다. 이 칼럼의 진정한 의도는 무엇이었을까.

언론인들의 창작기법은 때로 사실을 무시하고 찬란한 허구를 현실로 만들기도 한다. 한국 언론의 고질적인 병폐 중의 하나가 군의 헬리콥터 사고가 나면 어김없이 등장하는 뉴스 제목이 '민가를 피하라' 보도내용을 보면 살신성인 정신이 화려하게 등장한다. 마치 기자가 현장을 목격한 것 같은 착각이 들 정도로 자세하게 보도한다. 물론 군에서 만든 보도자료를 바탕으로 생산하기도 하고 때로는 뉴스감을 찾아헤매는 기자들이 주변 목격담을 바탕으로 비약하기도 한다. 논리와 사실을 추구하는 기자들이 상상과 창작을 우선할 때 그것이 비록 선의라 하더라도 허위와 거짓은 막을 수 없게 된다.(박스기사 참조)

언론들, 황우석 때 농락당하고도 또…

김창룡 교수, 언론들의 에어쇼 사고 '살신성인 신화' 만들기 질타

김창룡 인제대 언론정치학부 교수가 지난 5일 어린이날 수원공군비행장에서 발생한 에어쇼 항공기 추락사고와 관련, 언론들이 정확한 사실 확인 노력을 게을리하고 관급 발언에만 의존해 '살신성인 신화' 만들기에 급급하고 있다고 꼬집고 나섰다.

그는 이번 보도태도를 황우석 사태와 비교, "황우석 사태로 그렇게 철저하게 농락당한 쓰라린 경험이 있는 한국 언론이 여전히 취재원의 말에 의존하고, 일방적 주장과 추측에 회의 없이 동조하고 있다"고 질타하기도 했다.

김 교수, "기자들 차라리 소설을 택하라"

김 교수는 8일 미디어오늘에 기고한 칼럼을 통해 "신화 만들기, 영웅 만들기를 즐기는 언론, '멋진 기사'로 감동을 주고 싶은 기자들은 '저널리즘'보다 차라리 소설을 택하는 것이 낫다"며 "2006년 5월 5일 어린이날 수원공군비행장에서 발생한 에어쇼 항공기 추락사고 소식을 전하는 기사를 분석하면 하나의 추측이 어떻게 사실로 변하고, 사실에서 어떻게 신화로 발전하게 되는지 극명하게 나타난다"면서 공군 관계자 추측이 확대보도되는 과정을 구체적으로 지적했다.

김창룡 교수가 공군 관계자의 추측성 발언이 '살인성인 신화'로 확대재생산된 과정을 신랄히 비판했다.

김 교수에 따르면, 연합뉴스 기사를 받은 인터넷 한겨레, 조선일보 등은 하나의 추측을 사실로 간주, 제목으로 뽑았을 정도로 큰 의미를 부여했다. 한겨레는 "수원비행장서 에어쇼 중 곡예기 추락, 조종사 사망… 관람석 추락 막으려 비상탈출 포기한 듯"이라고 제목을 달았다. 제목에서 '비상탈출 포기한 듯'이라고 추측을 바탕으로 하고 있음을 나타낸다.

똑같은 연합뉴스 기사를 제공받은 내용의 글이 조선일보에 와서는 더 비약한다. "관람석 피하려 비상탈출 않고 조종간 사수한 듯" 역시 추측이지만 좀더 자극적으로 표현, 직접적으로 관람석에 추락하지 않기 위해 비상탈출을 포기했음을 주장한다.

이제 이 내용은 그동안 군관련 사고에서 수도 없이 나타났던 '민가를 피하라', '살신성인' 등과 함께 어울려 국민일보의 쿠키뉴스 등 인터넷판에서는 아예 '조종간 붙잡고 산화… 재난 막은 살신성인'이라는 제목으로 '신화창조의 감동 스토리'로 둔갑했다.

"황우석 사태 때 그렇게 철저히 농락당하고도…"

김 교수는 이같은 기사 확대재생산이 '한 공군 관계자의 추측'에서 발전된 데 대해 언론의 직무유기를 질타했다.

김 교수에 따르면, 문제는 최초로 사건을 보도한 연합뉴스 기사의 내용 중 "공군 관계자는 '기체에 가속도가 붙은 상태에서 곡예비행을 하고 있던 터라 비상탈출을 했을 경우 기체가 관람석으로 추락할 수도 있다는 판단에 따라 끝까지 조종간을 잡고 있었던 것으로 추정하고 있다'고 말했다"는 익명의 공군 관계자의 추측에서 비롯된다.

김 교수는 "이런 익명 취재원의 일방적인 주장에 기자가 회의하고 사실관계를 확인하기보다 일방적으로 인용하는 위험한 기사쓰기를 하고 있다"며 "설혹 취재원이 '그게 사실'이라고 주장했더라도 그 사실을 분석, 재확인해야 하는 것이 기자의 일 아닌가. 취재원의 주장을, 그것도 추정에 바탕을 둔 내용을 일방적으로 '홍보'하는 것은 기자가 가장 경계해야 할 일"이라고 질타했다.

김 교수는 "보도내용을 보면 지상 400m 상공에서 사고로 곧바로 추락한 것으로 전해졌다. 그는 과연 탈출할 수 있었는데도 기체가 관람석에 추락하는 것을 막기 위해 끝까지 조종간을 잡고 버텼는가? 아니면 돌발적 상황에서 관람석 추락과는 무관하게 산화한 것인가"라고 반문하며 "보도내용이 진실일 수도 있고 아닐 수도 있을 경우, 저널리즘에서는 보도하지 않는 것이 정도다. 그런 도박은 책임 있는 저널리즘에서는 지양해야 하기 때문"라고 지적했다.

김 교수는 "이후에 나타나는 글들은 그가 얼마나 훌륭한 조종사였으며 공사를 몇 등으로 졸업했는지 등 미화와 찬양으로 그의 죽음을 추모하고 있다"며 "안타까운 죽음을, 그리고 그의 인간미를 보도하는 것은 별개의 문제. 황우석 사태로 그렇게 철저하게 농락당한 쓰라린 경험이 있는 한국 언론이 여전히 취재원의 말에 의존하고, 일방적 주장과 추측에 회의 없이 동조하는 행태는 고질적인 문제다"라고 질타했다.

그는 "관급 취재원에 의존하는 무책임하고 무성의한 보도, 추측이 사실에 앞서는 보도는 선진 한국 언론의 적"이라며 "기자들이여, 제발 일방적 주장에 대해 다시 묻고, 추측을 경계하고, 사실에 충실하여 진실에 접근하라"는 주문으로 글을 끝맺었다.

출처 http://www.viewsnnews.com/article/view.jsp?seq=2071

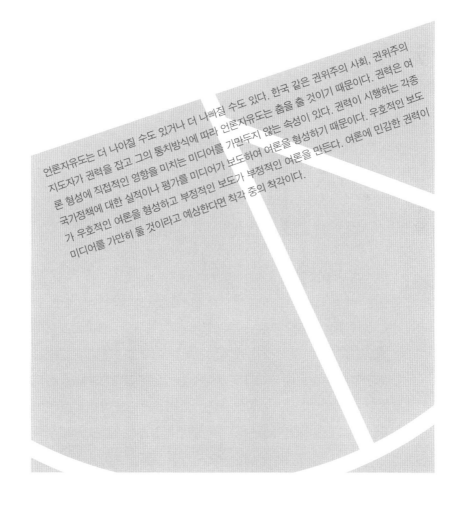

제3장

대통령과 미디어

언론자유도는 더 나아질 수도 있거나 더 나빠질 수도 있다. 한국 같은 권위주의 사회, 권위주의 지도자가 권력을 잡고 그의 통치방식에 따라 언론자유도는 춤을 출 것이기 때문이다. 권력은 여론 형성에 직접적인 영향을 미치는 미디어를 가만두지 않는 속성이 있다. 권력이 시행하는 각종 국가정책에 대한 실적이나 평가를 미디어가 보도하여 여론을 형성하기 때문이다. 우호적인 보도가 우호적인 여론을 형성하고 부정적인 보도가 부정적인 여론을 만든다. 여론에 민감한 권력이 미디어를 가만히 둘 것이라고 예상한다면 착각 중의 착각이다.

1. 대통령과 미디어

미디어를 장악하면 여론을 지배한다?

과거에는 권력자가 미디어를 장악하면 여론을 지배했다. 그러나 21세기 지식정보화사회에서는 부분적으로만 맞는 말이다. 현대사회에서는 '미디어는 장악할 수 있으나 여론을 지배할 수는 없다'로 표현하는 것이 더 타당할 것이다.

해방 이후 대한민국 대통령은 누구나 미디어를 장악하고자 했다. 군부독재시절에는 언론사 통폐합 방식[33]으로 적대적 언론사는 아예 문을 닫도록 했고 우호적 언론사는 존속시켰다. 민간 대통령들은 대체로 과거에는 일본식으로 촌지와 술, 특혜 등 소위 당근으로 순치시키는 언론정책을 구사했다. '언론자유 쟁취'를 위한 언론인들의 저항과 희생 덕분에 그나마 2014년 한국은 외형상 선진국에 버금가는 언론자유[34]를 누리고 있는 것처럼 보인다. 하지만 과거에 비해 언론자유도가 향상된 것일 뿐, 현재 한국 국격에 맞는 언론자유도는 아닌 것 같다.

먼저 '국경 없는 기자회'[35]에서 매년 발표하는 각국의 언론자유도를 살펴보면 한국의 위상에 비해 부끄러운 수준임을 알 수 있다. 2006년 31위로 가장 좋은 성적을 거둔 후 39위(2007년), 47위(2008년)로 후퇴하더니 이명박 정부 때는 급기야 69위(2009년)까지 곤두박질쳤다. 2013년 50위로 조금 회복했지만 2006년보다 더 후퇴했음을 알 수 있다.

한국은 세계 속에서 인터넷 강국, 무역대국, 스포츠 강국, 문화수출국 등으로 선진국의 징표라 할 수 있는 경제협력개발기구(OECD)[36]의 정식 회원국이다. 2013년도 1인당 국민소득 잠정추정치는 2만4천여 달러로 사상 최고라고 한다. 경제나 무역 규모, 민주화, 선진화 정도 등의 관점에서

---

33 전두환 전 대통령을 중심으로 한 신군부가 1980년 정권을 장악하는 과정에서 수많은 언론인을 길거리로 내모는 등 언론을 탄압하고 길들였다는 사실이 진실·화해를 위한 과거사정리위원회(진실화해위·위원장 이영조)의 직권조사에서 거듭 확인됐다. 1979년 '12·12쿠데타'로 정권을 사실상 장악한 전두환 당시 보안사령관 등 신군부는 1980년 1월부터 집권 계획을 짜기 시작했다. 이 과정에서 신군부는 같은해 3월 중진 언론인을 회유하려는 '케이(K) 공작' 계획을 세웠고, 보안사 안에 '언론조종반'을 설치했다. 이 계획은 착착 진행돼 같은해 7월 31일부터 8월 16일까지 1천여 명의 언론인들이 강제해직됐다. 겉으로는 한국신문협회와 한국방송협회가 스스로 결정하고 각 언론사가 '부조리하고 무능한 기자'를 해고하는 형식으로 진행됐으나, 실제로는 보안사의 '작품'이었다는 게 진실화해위 조사 결과다. 당시 보안사는 비판적인 언론인의 명단을 작성해 언론사에 전달하거나, '전체 기자의 30%는 반정부 성향'이라며 해직할 인원을 제시하기도 했다. 이렇게 해직된 언론인들은 공기업은 물론 민간기업 취업마저 제한돼 막심한 생활고를 겪어야 했다. 언론 통폐합도 같은해 4월 계획됐다. 보안사가 직접 언론사의 동향을 파악해 통폐합 대상 언론사를 선정했다. 이어 각 언론사 사주를 보안사 등으로 불러 포기각서를 쓰라고 강요했으며, 이 과정에서 권총으로 협박하는 일까지 벌어진 사실도 이번 조사에서 확인됐다. 1980년 11월 진행된 언론사 통폐합 결과, 동아방송(DBS)와 동양방송(TBC)은 한국방송(KBS)에 흡수 통합됐고, 종합방송이던 기독교방송(CBS)의 보도·광고 기능은 정지됐다. 신문사도 신아일보가 경향신문에 통폐합됐다. 통신사는 연합통신 단일체제로 바뀌었다. 지방지는 '1도1사' 방침에 따라 14개 신문사가 10개로 재편성됐다. 진실화해위는 이 과정에서 신군부가 적법한 절차 없이 언론사와 개인이 재산을 기부채납하게 했고, 사전에 정한 가격대로 인수하도록 강요했으며, 이 모든 과정이 언론사 쪽의 자유의사에 따라 시행되는 것처럼 홍보했다고 밝혔다.

34 언론자유의 정도에 따라 선진국과 후진국을 가르기도 한다. 언론자유도가 높으면 국민은 표현의 자유와 언론의 자유 등 국민 개개인의 기본권을 누리는 자유민주주의 사회로 볼 수 있다. 반면 언론자유도가 낮은 나라는 표현의 자유나 언론의 자유가 제대로 주어지지 않아 정부나 권력자를 비판할 수 없으며 개인의 인권도 제대로 보호받지 못하고 있다고 볼 수 있다.

35 국경없는 기자회(RSF : Reporters Sans Frontieres)는 국제 언론인 인권보호 단체이자 언론감시 단체로, 프랑스 파리에 본부를 두고 전 세계에 걸쳐 언론의 자유를 보호하고 투옥된 언론인들을 변호하는 역할을 하고 있다. 1985년 프랑스 파리에서 결성되어 언론인 탄압에 대항하여 왔고, 2008년까지 창립자인 로베르 메나르(Robert Menard)가 RSF 사무총장을 맡았으며 이후에는 장 프랑소와 쥬이아가 사무총장에 임하고 있다. 국경 없는 기자회는 각국의 언론자유도(press freedom barometer)를 측정해 5단계로 구분해 평가한다. 또한 다루기 민감한 인권과 여론 자유문제들을 공식, 비공식적으로 취재하여 각국의 언론에 보도하며, 이외에도 언론자유를 위한 자문, 재정지원, 기자 신변보호 등의 일을 하는 비정부기구(NGO)로 활동하고 있다.

이에 걸맞는 한국의 언론자유도는 세계 20~25위권에 들어가는 것이 정상이라고 판단된다. 하지만 현실은 그렇지 못하다.

그렇다면 사회 전반적으로 다른 분야는 모두 발전하는데 언론자유도는 왜 오히려 악화되는 것일까. 언론자유도가 더 나아질 가능성은 있는 것일까.

결론적으로 말하자면, 언론자유도는 더 나아질 수도 있거나 더 나빠질 수도 있다. 한국 같은 권위주의 사회, 권위주의 지도자가 권력을 잡고 그의 통치방식에 따라 언론자유도는 춤을 출 것이기 때문이다.

권력은 여론 형성에 직접적 영향을 미치는 미디어를 가만두지 않는 속성이 있다. 권력이 시행하는 각종 국가정책에 대한 실적이나 평가를 미디어가 보도하여 여론을 형성하기 때문이다. 우호적인 보도가 우호적인 여론을 형성하고 부정적인 보도가 부정적인 여론을 만든다. 여론에 민감한 권력이 미디어를 가만히 둘 것이라고 예상한다면 착각 중의 착각이다. 미국 제3대 대통령이자 독립선언문 초안을 작성한 토머스 제퍼슨[37]은 "신문

---

36 경제협력개발기구(Organization for Economic Cooperation and Development, OECD)는 상호 정책조정 및 정책협력을 통해 회원 각국의 경제사회발전을 공동으로 모색하고 나아가 세계경제문제에 공동으로 대처하기 위한 정부간 정책연구·협력기구이다. OECD는 제2차 대전 후 유럽의 경제부흥협력을 추진해 온 '유럽경제협력기구(OEEC)'를 개발도상국원 조문제 등 새로 발생한 경제정세 변화에 적응시키기 위해 개편한 기구로, 1961년 9월 30일 파리에서 발족하였다. OECD가 OEEC와 다른 점은, OEEC가 유럽의 경제회복을 목적으로 한 데 비해 OECD는 서방세계 전체의 경제성장과 세계경제발전을 목적으로 하고 있으며, 회원국 면에서도 OEEC가 유럽국만을 회원국으로 한데 비해, OECD는 유럽 이외의 미국, 캐나다 등 서방 선진국 모두를 회원국으로 포함한다.

37 "Were it left to me to decide whether we should have a government without newspapers, or newspapers without a government, I would not hesitate a moment to prefer the latter." So wrote Thomas Jefferson to a friend in January 1787. In fact, the newspaper is the easiest method to educate the masses on issues that are needed to be addressed, while making such announcements far easier to comprehend. Though the newspaper met harsh opposition during its infant stages of development, it has become an important part of modern society. The newspaper also acts as a watch dog on democracy making sure that the government is run in a fair and just manner.

없는 정부보다는 차라리 정부 없는 신문을 택하는 데 조금도 망설이지 않겠다"고 말한 것으로 유명하다.

미디어에 대해 무한 신뢰를 보냈던 그가 대통령 재임 시절에는 '미디어에 대해 극도의 불신감'을 나타냈다. 제퍼슨 대통령은 "대통령에 관한 기사는 전부 엉터리다. 그런 기사를 쓴 놈들은 다 잡아넣어야 해!" 하며 격분한 적도 있었다. 그러나 그가 미디어를 통제하거나 여론을 조작하려 한 시도는 찾아보기 힘들다.

대통령이 미디어를 장악하려 마음먹는다면 한국에서는 가능하다. 이명박 정권에서 이를 목격했고 박근혜 정권에서 여전히 목격되고 있다. 대신에 언론자유도가 선진국이 될 것을 기대할 수는 없다. 뜻있는 기자들, 양심적인 저널리스트들은 좌절하게 된다. 이런 현상이 결코 오래 지속될 수는 없고 반발과 저항에 직면하게 되는 것이 역사의 교훈이다. 권력을 감시하는 대신 권력과 유착되거나 권력의 시녀 노릇하는 언론이 여론의 지지를 받기는 어렵다.

지식정보화사회, 정보가 개방 및 공개된 사회에서 권력에 장악된 미디어는 국민의 신뢰를 받기 힘들다. 자생력과 경쟁력을 잃어가는 신문사들이 단순히 미디어 환경 변화, 종이신문의 쇠퇴에만 원인이 있는 것이 아니다. 국민보다 권력의 눈치보기에 더 민감한 신문사들이 정부의 각종 미디어 지원정책과 특혜의 단맛을 보면서 관변화·종속화 되고 있는 것이다.

대통령에게 우호적인 미디어는 미디어 지원정책의 수혜자가 된다. 반면에 대통령에 적대적이거나 우호적이지 않은 미디어는 직간접적으로 수혜자 리스트에 포함되지 못한다. 심의와 탄압의 대상이 된다. 대통령이 직접 나서지 않더라도 미디어 진흥과 산업을 전반적으로 다루는 문화부와 방송통신위원회, 청와대 홍보실 등에서 그런 역할을 하게 된다.

대통령은 미디어 장악에 공을 세운 측근에 대해서는 불법, 탈법을 가리지 않고 보호해 준다. 설혹 유죄판결을 받더라도 대통령의 사면권 행사를 이용해서 여론의 반발은 무시하고 특혜의 대상에 포함시킨다. 국가가 아닌 대통령 개인에 대한 충성의 대가인 셈이다.(박스기사 참조)

최시중과 강기훈
2년 6개월형과 3년형의 차이

김창룡 인제대 신문방송학과 교수

최시중과 강기훈. 두 사람에 대해 겉으로 드러난 객관적 자료상에는 어떤 공통점이나 연관성이 별로 보이지 않는다. 그러나 내용을 좀 더 깊이 들여다보면 한국의 타락한 정치와 법치의 현주소를 극명하게 보여 준다.

'방통대군'으로 불린 최시중 씨는 이명박 정부에서 방송통신위원장으로 군림하며 주요 방송사에 낙하산 사장을 내려보내거나 종합편성채널 허가권을 주물렀다. 비리가 들통난 부분은 파이시티 인허가와 관련하여 청탁의 대가로 8억 원을 받았다는 것뿐. 측근의 비리나 방송허가와 관련한 비리 등에 대해서는 소문만 무성했을 뿐 수사 자체가 없었다.

적발된 한 건에 대해 최씨는 고위공직에 있으면서 거액을 받아챙겨 듣기만 해도 무시무시한 '특정경제범죄가중처벌법의 알선수재죄'가 적용됐다. 중형이 예상됐으나 2년 6개월의 실형이 선고됐을 뿐이다. 서울구치소에 있을 때도 '아프다'는 이유로 법원의 구속집행정지 결정이 내려지기도 전에 민간 병원으로 나가 수술까지 받는 초법적 지위를 누려 세간의 입방아에 올랐다.

이명박의 정치적 멘토로 불린 최씨에게 이 전 대통령은 2013년 '설

특별사면'에 포함시켜 풀어줬다. 판사의 고뇌에 찬 2년 6개월 형량조차 2/3를 잘라내고 불과 9개월만 채우고 나왔다. 수사부터 미적거리더니 감방에 가서도 병원을 불법으로 드나들고 결국 대통령 특사로 나온 최씨는 출감 후에 '나는 무죄다'라고 떠들었다. 무죄라고 확신했다면 대법원까지 가서라도 법리논쟁을 벌여야 하고 사면을 거부했어야 했다. 사면특혜는 받고 무죄라는 자가당착으로 법을 우롱하고 법치를 시궁창에 처박았다. '도덕적으로 완벽한 정권' 등 유체이탈화법의 거두 이명박과 최시중의 콤비플레이의 결과는 한국 국민을 수치스럽게 만들었다.

강기훈 씨는 1991년 분신자살한 전국민족민주운동연합 사회부장 김기설 씨의 유서를 대신 써줬다는 혐의로 징역 3년을 선고받았다. 처음부터 이 사건은 조작논란에 휩싸였지만, 그는 대법원에 가서도 구제받지 못했다.

그에게 징역 3년형은 종신형이나 다름없었다. 유서를 대필하면서까지 강씨는 동료를 죽음으로 몰고 간 파렴치범이란 오명을 쓰고 지난 20여 년 세월을 고통과 울분 속에 보냈다. 취업조차 안 되니 공사판 막노동까지 전전하는 생활고는 그를 괴롭히는 일상사가 됐다. 끝내 간암이라는 중병을 얻어 2014년 1월 현재 힘겨운 투병생활을 하고 있는 것으로 알려졌다.

처음부터 그는 노태우 공안정국의 희생양으로 타깃이 된 것인지도 모른다. 공안검찰은 타락한 국립과학수사연구소의 조작혐의가 짙은 유서대필 감정서를 이용하여 그를 범법자로 몰아갔다. 그런 국립과학수사연구소가 이번에는 유서가 자살자의 것과 동일하며 강기훈 씨의 것이 아니라고 했다. 이것이 재심청구의 이유가 된 것이다.

올 2월 강씨는 고법 재심에서 '무죄' 판결을 받았지만, 검찰에서 다시 대법원으로 끌고가면 또다시 진실은 기약 없는 세월 속으로 자취를 감추고 만다. 또 다른 절차가 남아 있기 때문이다.

대검찰청에 소속된 사건평정위원회의 평가절차라는 것이 있다. 이 위원회는 무죄 판결을 받은 중요 사건에서 검사의 과오를 평가하는 역할을 맡고 있는데, 바로 이 위원회의 현재 위원장이 당시 유서대필 사건의 주임검사를 맡았던 검사라는 사실. 그가 사퇴를 하는 것이 순리지만 아직 사퇴 소리가 나오지 않고 있다. 그의 투병생활과 법정투쟁을 보는 국민은 안타깝고 미안할 뿐이다.

강씨는 '누구도 처벌을 원하지 않고 다만 검사의 사과를 요구하고 있다'고 한다. 한 힘없는 개인이 공권력의 희생 앞에 쓰러질 때 법은 이를 보호해야 하지만 최시중 씨처럼 강자만이 법의 과잉보호를 받는 현실이다. 억울함과 병마에 시달리는 강씨에게 법과 국민은 무엇을 해줄 수 있을까.

박근혜 대통령은 후보 시절 공영방송사 낙하산 사장 논란과 관련하여 "방송 장악을 할 생각도 없고, 가능하지도 않다"고 발언했다. 이것은 대통령이 의지만 있다면 얼마든지 실천할 수 있으며 공영방송사의 공정성 시비를 차단할 수 있는 문제다. 박 대통령은 공약으로 '공영방송 지배구조를 개선해서 국민이 납득할 수 있도록 하겠다'는 뜻을 밝혔다.(박스기사 참조)

"공영방송 낙하산 사장 방지 공약 이행하라"

민주당 의원들, 박근혜 대통령에게 공영방송 지배구조개선 촉구

권순택 기자

"공영방송 지배구조 개선을 심도 있게 논의할 공론의 장을 마련하고
그 결과를 받아들여 실천하겠다."
"공영방송 이사회가 우리 사회의 다양성을 균형 있게 반영하고,
사장 선출도 국민이 납득할 수 있도록 투명하게 하겠다"
"방송 장악을 할 생각도 없고, 가능하지도 않다."

박근혜 대통령의 후보자 시절과 집권 초기에 했던 발언이다. 하지만
국회 방송공정성특별위원회에서 새누리당 의원들은 방송사 지배구조
개선에 반대하면서 해당 약속은 지켜지지 못하고 있다. 이에 관련 상
임위인 미래창조과학방송통신위원회 산하 법안심사소위원회 소속 민
주당 의원들이 박 대통령에게 공개질의서를 보내 '즉각적인 공약 이
행'을 촉구하고 나섰다.

민주당 유승희 의원(간사)와 노웅래·유성엽·이상민·최재천 의원은
30일 박근혜 대통령에게 공영방송 낙하산 사장을 방지하기 위한 공약
을 즉각 이행해 달라는 공개질의서를 발송했다.
이들은 공개질의서에서 "KBS와 MBC 등 공영방송의 공정성과 중립
성 훼손, 권력비판 기능 추락에 대한 국민의 우려가 갈수록 커지고 있
다"며 "전문가들의 평가 또한 마찬가지"라고 지적했다. 실제 방송학회
소속 언론학자들의 공영방송의 공정보도 평가 결과는 KBS가 3.24점,

MBC는 2.87점(10점 만점)에 불과했다.

이들은 "공영방송의 공정성 추락의 근본 원인은 대통령과 집권 여당이 사실상 공영방송 사장을 임명하도록 돼 있는 후진적 제도 때문"이라며 "이에 대해 박근혜 대통령은 '공영방송 지배구조 개편'을 약속한 바 있다"고 강조했다. 이어, "하지만 대통령 취임 1년이 다 되어 가는데 공영방송에 대한 소위 낙하산 사장 방지법안의 처리는 한 발짝도 나아가지 못하고 있다"고 지적했다.

이들은 "대통령 공약 이행의 책임이 있는 새누리당은 오히려 '공영방송 지배구조 개선' 공약을 파기하고 있다"고 비판했다. 실제 권성동 의원은 방송공정성특위 회의에서 "공영방송 지배구조는 현행을 유지하는 게 새누리당 다수 의원의 의견"이라고 밝힌 바 있다. 또한 법안심사소위에서 새누리당 의원들은 "공영방송 지배구조 개편은 우리 권한 밖으로 청와대가 결정할 일"이라고 발언한 것으로 알려졌다.

이들은 "박근혜 대통령께서 5천만 대한민국 국민에게 직접 반복해 약속한 사항을 새누리당이 이처럼 철저히 무시해도 되는 것인가?"라고 개탄했다.

이들은 질의서를 통해 '대통령에게 묻는다'면서 "공영방송 지배구조 개편 공약을 파기하는 것인지 입장을 밝혀 달라"고 촉구했다.

한편, 이날 오후 민주당 초선의원들은 기자회견을 열어 여야 지도부에 방송공정성특위 여야 합의사항인 △공영방송 이사와 사장의 자격기준 및 결격사유 강화, △KBS 사장 인사청문회 도입, △노사 동수 편성위원회 구성 등을 비롯해 △공영방송 사장 임명시 특별다수제 도입, △공영방송 이사회의 균형적인 구성 등의 입법을 촉구했다.(하략)

그러나 2014년 집권 2년차에 접어든 박 대통령의 미디어 공약은 여전히 공허한 공약으로만 머물러 있는 듯하다. 신뢰의 정치를 내세운 박 대통령이 언젠가는 미디어 공약을 실천할 것이라는 믿음을 포기하지 않고 있는 사람들도 있다. 그것이 대통령과 미디어의 관계를 정상화하는 길이기 때문이다. 그러나 미디어 관련 공약이 차일피일 미루게 되거나 변질될 때 박 대통령에 대한 비판의 수위는 올라가게 될 것이다.

야당은 어차피 대통령을 비판하는 세력이라고 하더라도 미디어와 관련하여서는 대통령이 수세에 몰리는 모습이다. 박 대통령의 미디어 장악을 우려하고 문제삼는 야당 의원의 주장이 나오는 것은 성급한 것일까.(박스 기사 참조)

최민희, 朴대통령에 "언론 장악하나" 공개서한

뉴시스 | 배민욱 기자

민주당 최민희 의원은 25일 박근혜 대통령과 정홍원 국무총리에게 공개서한을 보내 최근 벌어진 국정원의 YTN 보도개입과 이어진 YTN 의 국정원 선거개입 특종보도 중단 사태 행위 등에 대해 항의하고 방송의 공정성과 독립성을 보장해 줄 것을 촉구했다.

최 의원은 26일 공개한 박 대통령에게 보낸 서한에서 "대통령의 지시로 청와대에서 국가정보원 남재준 원장에게 보도통제지침을 내렸는지, 아니면 남 원장 스스로 이러한 언론 장악 행위를 벌인 것인지"라고 물으며 "대통령이 약속했던 언론의 공정성과 독립성이 훼손돼 언론 장악으로까지 비춰지고 있다"고 밝혔다.

최 의원은 "박 대통령이 지난 3월 3일 정부조직법 통과를 촉구하는 청와대 긴급기자회견에서 '언론의 공정성과 독립성, 중립성을 보장하

겠다'고 약속했다"며 "그러나 최근 YTN의 특종보도 중단사태와 MBC
의 국정원 기사 불방사태가 이어지고 있다"고 꼬집었다.

특히 최근 일련의 사태에 대해 "혹시 청와대를 중심으로 '관계기관
대책회의'를 만들어 '정보정치-방송장악'을 조직적으로 자행하고 있
는 것이 아닌가 하는 의혹을 떨쳐버릴 수가 없다"며 "박근혜 정부의
방송장악이 시작됐다는 오해를 씻기 위해서라도 대통령께서 국정원장
과 보도지침을 하달한 국정원 직원을 엄중히 문책할 수 있도록 조치해
야 한다"고 조언했다.

최 의원은 또 정홍원 국무총리에게 보낸 공개서한에서 "국정원의 방
송사 보도통제와 각 방송사 사상들의 불공정 편파보도가 박근혜 정부
의 의지와는 무관한 일이길 바란다"며 "대통령이 직접 나서서 방송의
공정성과 독립성 보장을 다시 한 번 약속할 수 있도록 총리께서 강력
하게 건의해 주길 바란다"고 말했다.

누구나 대통령이 되면 여론에 민감해진다. 여론을 움직이는 미디어를
'내 편'으로 잡아두려는 유혹을 떨치기 쉽지 않다. 설혹 대통령은 미디어
에 일일이 간섭하고 싶지 않더라도 관련부처의 장차관, 청와대 참모들이
가만 있을 수가 없다. 대통령의 '홍보 부족'이라는 비판은 곧 미디어 정책
과 직결되는 문제이기 때문이다.

대통령이 미디어나 여론에 너무 민감해도 문제, 너무 둔감해도 문제,
참으로 어려운 입장이다. 촛불에 놀란 이명박 대통령은 여론 장악을 위해
미디어를 손아귀에 넣기 위해 총력을 기울였다. 낙하산을 투여하고 신문
사의 방송 진출의 꿈을 이루어 주는 등 미디어 권력을 정치권력의 동반자
로 만들었다. 미디어의 도움을 받지 않았던 노무현 대통령은 미디어의

비판을 무시하며 '마이웨이'를 외쳤다. 대통령 집권 시절에도 조중동 등 주요 미디어의 비판은 조금도 바뀌지 않았지만 퇴임 후에는 무서울 정도로 보복에 나섰다. 그의 사망 이후에도 이 언론사들은 틈만 나면 그에 대한 부관참시(剖棺斬屍)[38]를 멈추지 않고 있다. 정파적 미디어의 잘못된 관행을 목격하고 있는 것이다.

대통령은 미디어를 존중해 줘야 한다. 미디어는 대통령과 적당한 거리를 유지하며 견제, 감시해야 하는 것이 민주주의의 원칙이다. 한국의 정치와 미디어는 아직 관계 설정이 제대로 되지 못하고 있다. 권력을 누가 잡느냐에 따라 우호 미디어와 적대 미디어가 선명하게 나눠지지만 서로 모두 공정하다고 주장하고 있다.

정치 수준이 미디어 수준을 넘지 못하고 미디어 수준이 바로 우리의 정치와 민도의 반영이라는 점을 기억할 필요가 있다. 대통령이나 미디어에 모든 책임을 떠넘길 수는 없지만 대통령의 언론관에 따라 정치도 미디어도 한 단계 업그레이드 될 수 있다. 가장 중요한 사람은 바로 대통령이다. 대통령의 언론관에 영향을 줄 특급참모, 제대로 된 참모의 진언이 절실하다. 대통령이 모든 것을 알지는 못하기 때문이다.

---

38 부관참시의 사전적 의미는 ① 예전에 죽은 뒤에 큰 죄가 드러난 사람을 다시 극형에 처하는 형벌로, 관을 쪼개어 시체를 베거나 목을 잘라 거리에 걸던 일 ② 죽은 뒤에 큰 죄가 드러나 다시 극형에 처하는 형벌로, 관을 쪼개어 시체를 베거나 목을 잘라 거리에 내걸다라고 한다. 현대 정치에서는 이미 고인이 된 전 대통령을 틈만 나면 비난하고 모욕을 주는 행위에 대해 빗대어 사용하곤 한다.

2. 정치권력, 자본권력 그리고 언론권력

국민의 의식을 지배하는 것은 정당도 경제집단도 아닌 바로 미디어다

국가를 이끌어 나가는 정치집단은 강력한 권력기관이다. 이익을 창출하며 국가의 경제발전에 앞장서는 재벌을 중심으로 하는 자본가 집단 역시 막강한 권력집단의 하나로 자본권력이라고 부른다. 한 나라를 평가할 때 정치집단의 수준과 경제집단의 국가경쟁력, 무역규모, 부의 창출 정도를 보면 그 나라의 위상이 가늠된다.

따라서 정당과 경제집단은 국가를 이끌어 가는 양대 축으로 국민의 삶의 질에 직접적 영향을 미친다. 정당이나 경제집단이 타락하거나 불법을 저지르게 되면 당사자들에게는 검은 특혜가 주어지겠지만 국민은 피해자가 된다. 그 경제적 이익이 국민에게 골고루 분배되지 못하고 특정권력과 특혜집단에 한정되기 때문이다.

선진국과 후진국의 가장 큰 차이점은 바로 국가의 부가 정당하고 합법적인 분배의 법칙에 기초하여 이뤄지는지에 달려 있다. 못사는 나라들은 일부 소수의 정치집단, 경제 재벌들이 부를 거의 독점하다시피 하고 있고 대부분의 국민은 가난하다는 특징[39]이 있다. 선진국에도 가난한 사람들이 있지만 세제 개편이나 복지제도 등을 통해 부의 공평분배를 위해 노력하는 모습을 볼 수 있다. 소수의 독점 자본가들은 어디에나 있지만 선진국

은 중산층이 수적으로 월등히 우세하며 튼튼하다.

한국은 경제발전에 관한 한 세계 속에서 기적을 이룬 국가로 칭송받고 있다. 지난 2012년 한국의 1인당 국민소득(GNI)이 2만2,720달러로 역대 최대치를 기록했다. 1970년 약 250달러에 그쳤던 1인당 국민소득이 40여 년 만에 100배 넘게 급증한 것이다. 이런 성공 국가를 찾기가 쉽지 않다.

성공의 이유는 다양하지만 한국인의 근면성이 가장 먼저 손꼽힐 것이다. 또한 가난을 탈출하는 것이 바로 교육이라며 부모세대의 교육열은 세계의 뉴스거리가 될 정도다. 비자금 조성 등으로 비판의 대상이 종종 되지만 재벌, 중소기업 등을 중심으로 하는 경제계의 헌신과 노력도 한몫했다. 정치인들을 중심으로 하는 정당 역시 이합집산을 반복하지만 '국가발전'이라는 이름 앞에서는 모두 애국자였다. 그런 총체적 노력과 희생이 한국을 해방 이후 반세기 만에 선진국 대열에 합류시키는 밑바탕이 된 것이다.

세계 속의 한국의 위상은 우리가 생각하는 것과는 매우 다르다. 컴퓨터, 스마트폰, 자동차 등 세계 속의 경제강국으로 손꼽힌다. 한류 스타를 중심으로 하는 드라마, 영화 수출에다 세계 속에 한류를 확산하는 케이팝 등 문화수출국의 면모는 한국 이미지를 최고 브랜드로 만들고 있다.[40] 김연아, 추신수, 류현진 등을 중심으로 하는 스포츠 강국 한국의 위상도 이웃 국가의 우상이 되고 있다. 한국민 스스로 자부심과 긍지를 느껴야 하지만 이 부분이 매우 약하다.

국민의 의식을 지배하는 것은 정당도 경제집단도 아닌 바로 미디어다. 미디어의 각종 보도는 공기처럼 국민의 일거수일투족에 영향을 미치며 의식

---

39 가난한 국가의 부 90%는 상위 1%의 소수 권력층이 지배하고 있으며 국가의 부패인식지수 (cpi = corruption perception index 10점 기준 높으면 청렴한 국가)는 평균 4점 이하대에 머물고 있다. 반면에 선진국은 극빈층과 극부층이 소수이며 중산층이 많은 단지형 인구분포를 나타낸다. 선진국 수준의 부패인식지수는 평균 7.0 이상이며 사회가 투명하며 개개인의 권리는 법과 제도로 보호받고 있다.

행태의 기준이 된다. 국민의 의식세계의 영향력을 행사하는 건 정치권력도 경제권력도 미디어를 따라갈 수 없다. 미디어를 언론권력이라고까지 표현하는 데는 바로 이런 이유도 있다. 그래서 힘있는 미디어 사주들을 여전히 '제왕'이니 '무소불위의 권력'이라고 부르는 것이다.

물론 미디어를 언론권력이라고까지 부르는 데는 바로 정치, 경제권력에 대한 감시, 견제 역할을 하는 이유가 가장 크다. 이는 여론에 직접적인 영향을 미치고 권력을 감시하는 기구가 권력에 버금가는 권력집단화 되기 때문이다. 이런 과정에서 미디어는 국민의 기대나 신뢰에 부응하기보다는 특정정치나 경제집단과 유착관계를 형성하는 등 불공정보도, 편향보도를 하기 때문에 문제가 된다.

한국의 언론은 권력의 도구 차원을 넘어 스스로 권력집단이 된 데 대해 비판을 받아오고 있다. 심지어 '대통령을 만드는 신문', '대통령을 만들고 싶은 신문' 등 권력 창출에 정당보다 앞장서는 언론사까지 나올 정도로 미디어의 권력화는 비정상적으로 심화됐다. 여기에는 미디어의 힘을 이용하려는 정치권력과의 이해관계가 맞아떨어지기 때문이라는 지적도 있다.

---

40 전세계 한류팬 규모가 928만 명에 달하고 동호회도 987개에 이르는 것으로 조사됐다.(세계일보 2004. 1. 8) 8일 한국국제교류재단이 98개국 대사관, 총영사관 등의 협조를 받아 만든 〈지구촌 한류현황〉(총 2권)에 따르면 지난해 지구촌 한류팬은 아시아·대양주 680만 명, 아메리카 125만 명, 유럽 117만 명, 아프리카·중동 6만 명 등 총 928만여 명에 이르렀다.
동호회는 아메리카 464개, 아시아·대양주 234개, 유럽 213개, 아프리카·중동 76개 등 총 987개. 한류팬의 경우 2012년 670만 명에서 258만 명 증가했으며 동호회 수도 783개에서 204개로 불어났다. 국제교류재단 관계자는 "동호회의 경우 케이팝 팬클럽이 다수를 차지하고 있으며 이들 중 일부는 자체 케이팝 커버댄스 경연대회를 열고 있다"면서 "이밖에 드라마나 한국 문화, 한국 음식 및 관광 등에 대한 동호회도 결성돼 있다"고 말했다.
재단은 한류 동호회 현황과 웹사이트 주소, 각국별 한류 개황 및 문화적 특징, 문화교류 때 주의해야 할 점, 현지 문화, 비상 연락처 등이 수록된 〈지구촌 한류현황〉 책자를 각국 재외공관, 국제교류 관련 공공기관, 언론·미디어 협력기관 등에 무료 배포할 예정이다. 이 내용은 재단 홈페이지(www.kf.or.kr)에도 공개된다.

주지하다시피 언론이 권력화되면 특혜는 언론이 누리고 피해는 국민이 보게 된다. 자본권력이나 정치권력의 목적을 위해 언론이 나서게 되면 진실은 실종되고 특정 주장과 이념이 국민을 분열시킨다. 명분은 국민통합이지만 실제로는 지역간, 세대간 분열과 대립을 키우는 것은 바로 미디어다.

정치권력과 미디어 권력은 서로 견제, 감시하는 역학관계에 서 있어야 한다. 그것이 가능할 때 국민의 알권리는 보장되고 권력은 절제와 합법 위에 국민봉사를 위해 존립하게 된다. 거꾸로 될 때 국민은 좌절하고 분노하게 된다. 다소 선동적이고 단정적인 글이긴 하지만 국민과 권력, 언론의 관계에 대해 다시 한번 생각해 보게 하는 글이다.(박스글 참조)

국민은 권력의 애완견이 아니며 언론은 권력의 앵무새가 아니다

소위 권력을 지녔다는 자들은 이런 착각을 하는 것 같다. 국민은 권력의 애완견이며, 언론은 권력의 앵무새다.

국민은 권력을 지닌 자들이 세금 좀 깎아주고 먹고 굶지 않을 정도로 먹고 살게만 해 주면 되고, 언론은 권력을 지닌 자들이 언론지침을 내리면 그대로 따라야 한다고 생각하는 것 같다.

이와 같은 생각에 찬성하는 자들은 북한에 가서 살기를 권하고 싶다. 북한은 세금도 없으며, 근근이 굶어죽기 바로 전까지 식량을 배급하며, 북한의 언론은 매일 북한 수뇌부의 말만 전하고 있다.

쉽게 말해 북한은 정말 국민은 권력의 애완견이며, 언론은 권력의 앵무새다.

정상적인 민주주의 국가에서는 권력은 국민의 애완견이어야 하고,

언론은 국민의 앵무새가 되어야 한다.

그러나 지금 대한민국은 어떠한가?

국정원과 경찰이라는 공권력은 국민을 애완견 취급하며 속이려 들고 있고, 언론은 보도지침에 따라 권력의 앵무새가 되었다. 북한과 무엇이 다른가?

우리는 대한민국의 정체성을 통째로 흔들고 있는 추악한 권력을 정화할 필요가 있다. 이를 위해서는 국민이 나서야 할 때다. 국민이 행동으로 나서서 국민의 애완견 권력의 잘못된 버릇을 고치고, 국민의 앵무새를 되찾아 와야 한다.

학생들이여, 그대들의 순수한 열정과 지성으로 대한민국이 처한 이 상황을 타개하기 위해 모범을 보여라. 시민들 또한 호응할 것이다.

출처 http://bbs1.agora.media.daum.net/gaia/do/debate/read?bbsId=D101&articleId=4426779

3. 언론권력과 미디어 비평

미디어 비평은 미디어 소비자들의 권리를 보호하고
올바른 여론 형성을 위한 전제조건이다

모든 권력에는 견제장치가 필요하다. 민주주의제도에서 3권분립[41]을
해놓은 이유도 권력이 집중되면 부패, 비리가 비집고 들어오기 때문이다.
한국처럼 제4부로 불리는 언론이 권력화한 곳에 이를 견제, 감시하는 기
구가 필요하지만 전무한 상황이다. 특히 선거철이 되면 언론사별 정파적
편파보도는 수용하기 힘들 정도로 사회적 논란거리가 되곤 한다.

---

41 국가권력의 작용을 입법·행정·사법 셋으로 나누고, 이를 각각 별개의 독립된 기관에 분담
시켜 상호간에 견제와 균형을 유지하게 함으로써 국가권력의 집중과 남용을 방지하려는 정
치조직의 원리. 권력분립이라고도 한다. 이는 적극적으로 국가의 활동을 강화하여 정치적
능률을 올리기 위한 원리가 아니라, 소극적으로 국가권력의 남용과 자의적인 행사를 방지함
으로써 국민의 자유와 권리를 보호하고자 하는 자유주의적 원리다.
이 원리는 근대에 이르러 로크와 몽테스키외 등이 주장한 이래 근대자유주의의 중요한 정치
원리로 되어, 미국에서는 이미 1787년의 미합중국헌법에서 이를 가장 엄격하게 그리고 가장
전형적으로 받아들였다. 그리고 프랑스에서는 1791년의 헌법과 1795년의 '공화국 제3년의
헌법'에 채택하였고, 불문헌법국가인 영국에서도 대헌장(Magna Carta)·권리청원·권리장전
등에 표현된 헌법적 원칙이 명예혁명 이후 효력을 발생함에 따라 서서히 이 원리를 실시하
게 되었다. 그리하여 이 원리는 근대자유주의국가의 근본적인 헌법원리로 되었고, 오늘날에
있어서는 보편적인 헌법원리로 되어 있다.
우리나라에서도 제헌 당시부터 이 원리를 받아들여 실시하였으며, 현행헌법에서도 입법권
은 국회에, 행정권은 대통령을 수반으로 하는 행정부에, 그리고 사법권은 법관으로 구성된
법원에 속한다고 규정하고 있다.(출처=민족문화대백과사전)

미디어 비평은 바로 이런 미디어의 일탈과 불공정, 불법적 보도행태 등에 대한 비판과 고발 등을 시도하는 미디어 내의 자율규제인 셈이다.

그러나 언론권력은 미디어 비평을 불필요한 것으로, 때로는 불편한 것으로 간주한다. 비판, 감시의 주체가 그 대상이 된다는 것을 못마땅해 한다. 신문이 방송을, 방송이 신문의 보도와 행태를 감시, 견제할 때 미디어가 보다 건강하게 성장할 수 있다는 점을 인정하면서도 미디어 비평에 대해서는 부정적이다.

2천년대 한동안 신문과 방송은 미디어 비평을 통해 이종매체 및 동종매체에 대한 감시, 자기비판 등을 시도한 적이 있다. 방송사는 방송법으로 일주일에 한 차례 '옴부즈맨 제도'[42]를 도입하여 자사 프로그램에 대한 비판과 감시를 하도록 법제화했다. 그러나 방송사의 자기비판 프로그램은 홍보수단으로 변질됐다. 내부적으로도 동료가 만든 뉴스, 보도 프로그램을 비판하는 데 대해 서로 하지 않으려는 풍토가 지배적이기 때문이다.(박스기사 참조)

42 1809년 스웨덴에서 최초로 옴부즈맨 제도가 도입되었다. 이는 새로운 권리구제 및 행정통제 제도로써 국민의 권리보호와 권리구제를 위한 제도다. 이러한 옴부즈맨 제도는 제2차 세계 대전 이후 세계 여러 국가로 확산되어 현재 약 85여개 국가에서 도입하고 있는 것으로 추정 된다. 우리나라도 옴부즈맨 제도의 의의를 일부 수용하여 1994년 '국민고충처리위원회'가 출범하였다. 우리나라를 포함한 여러 나라에서 옴부즈맨 제도를 수용하는 것으로 보아 국민 의 권익보호를 위해서 반드시 필요한 제도라는 것에 틀림없다. 미디어에서 옴부즈맨 제도는 미디어의 보도에 대해 자사프로그램을 통해 비판, 감시하는 일종의 자율규제제도의 하나다.

'괴물방송 종편', 이대로 좋은가

시청자 평가 수렴하는 옴부즈맨 프로그램 새벽 시간대 편성,

비판 없고 자사 홍보만

경향신문 | 하경헌 기자

종합편성채널이 자사 프로그램을 비판하고 분석하는 옴부즈맨 프로
그램을 시청자가 보기 힘든 시간대에 편성하거나 자사 홍보 위주로 운
영하고 있는 것으로 나타났다. '권리 주장과 홍보만 있고 비판과 반성
은 없다'는 비판을 자초하고 있는 셈이다.

종편은 방송법과 언론중재법에 따라 매주 60분 이상 자사의 프로그
램에 대한 시청자의 평가를 수렴하는 옴부즈맨 프로그램을 방송하도록
돼 있다. 하지만 JTBC '시청자 의회'는 평일인 금요일 오후 1시 45분,
TV조선 '열린비평 TV를 말하다'는 금요일 오전 6시 30분, 채널A '채
널A 시청자마당'은 금요일 오전 6시에 편성됐다. 직장인이나 시청자가
보기 힘든 점심시간 직후나 새벽에 프로그램을 내보내는 것이다. MBN
의 '열린TV 열린세상'은 아예 일요일 오전 5시로 편성해 시청 접근을
거의 어렵게 만들었다.

한 주간의 시청자 의견 소개도 지나치게 자사 프로그램의 유익함만
을 강조할 뿐 비판을 보태지 않거나, 시청자 의견 출처를 밝히지 않아
어떤 경로로 누가 한 지적인지 알 수 없도록 했다.

종편 옴부즈맨 프로그램들은 시청자 의견이나 시청자평가원의 보고
에 전체 방송시간의 40% 정도를 할애할 뿐이고, 나머지 시간은 '줌인
(Zoom in)'(TV조선), '집중분석'(MBN) 등의 표현을 쓰며 오히려 자
사 프로그램 알리기에 급급했다.

따라서 옴부즈맨 제도나 미디어 비평 프로그램이 존재하더라도 형식상 법적 의무시간을 채우기 위해 제작할 뿐이다. KBS, MBC, SBS, YTN 등 대부분 이런 행태를 벗어나지 못하고 있다. 법제노를 제대로 안 지켜노 크게 문제될 것은 없다. 대신 권력의 눈치를 보는 것이 법과 제도를 준수하는 것보다 더 중요하다고 판단할지도 모른다. 미디어 비평이 왜 필요한지, 또한 미디어 비평 매체가 왜 필요한지에 대해 언론인 장행훈 씨는 그 당위성을 이렇게 설명했다.(박스글 참조)

미디어 비평 매체가 꼭 필요한 이유
권력과 재벌에 빚이 없는 '미디어오늘'의 언론혁명을 기대하며

언론광장 | 장행훈 공동대표

이틀 뒤면 '미디어오늘'이 열여덟 살 생일을 맞는다. 1995년 5월 17일, 전국언론노동조합이 발행하는 국내 유일의 온·오프라인 미디어 비평전문지로 출범한 미디어오늘은 '권력과 자본을 뛰어넘어 진실되게'라는 창간 표어대로 오늘까지 18년간 언론비평지의 역할을 충실히

해 오고 있다.

지금 우리는 언론비평시대에 살고 있다. 민주주의의 초석인 언론이 정치권력이나 재벌과 유착해서 이익 추구에 전념하다 정치·경제권력을 제대로 비판하지 못하고 그 결과 우리 민주주의를 후퇴시키고 있는 언론에 대한 비판의 목소리가 끊이지 않고 있기 때문이다.

이명박 정부 시절 정권에 협력한 조중동은 그 협력의 대가로 종편을 하나씩 선물로 받았다. 언론매체의 소유구조는 더욱 집중되게 됐다. 민주주의 언론자유의 기본요건인 언론 소유의 다원주의와는 더욱 거리가 멀어졌다. 언론자유는 후퇴했다. 그 결과 보수정권 유지에는 크게 보탬이 됐겠지만 한국의 민주주의는 크게 후퇴한 것을 부인할 수 없다.

그래서 정권의 언론정책에 대한 비판이 끊이지 않았다. 언론비판시대가 지속된 이유다. 권력에 의해 임명된 공영방송의 낙하산 사장들은 공영방송을 독재체제의 국영방송으로 전락시켰다. 수많은 기자들이 해임되거나 징계를 받아 언론현장에서 쫓겨났다. 미디어 비평 전문지로 출범한 '미디어오늘'도 각박한 언론환경에서 언론자유를 억압하는 집권세력과 싸우느라 힘든 투쟁을 벌여야 했다.

언론탄압 정권이라는 오명을 남긴 이명박 정권은 물러갔지만 박근혜 정부의 언론정책이 이전 정권보다 언론자유 회복에 더 적극적으로 나오리라는 보장은 아직 불확실하다. 그렇지 않기를 바라지만 '미디어오늘'의 미디어 비평 역할이 계속 필요할지 모르겠다.

4대강 사업이 국민적 저항을 받고 있을 때 침묵으로 일관했던 조중동이 MB가 물러간 후 4대강 비판 기사를 커다랗게 싣는 것을 보면서 미디어오늘이 그동안 기회 있을 때마다 지적한 조중동 기사 비판을 다시

상기했다. 정권이 바뀌면서 달라진 조중동의 태도 표변은 이들 신문이 이명박 정부 때는 정권을 위해서 독자들의 알권리를 무시한 몽매주의(蒙昧主義) 정책을 써왔음을 스스로 시인하는 행동이다.

민주시민들을 분노하게 하는 것은 문제의 매체들이 자신들의 타기할 행동을 언론의 이름으로 정당화하고 자성이 없는 것이다. 양두구육(羊頭狗肉)의 태도다. 정직한 언론의 명예를 살리기 위해서도 언론비판 전문지가 옥석이 혼효(混淆)하는 일이 없도록 사이비언론의 행동을 철저히 파헤쳐 옳고 그름을 설명해 주었으면 하는 바람이다.

일반적으로 정치세력과의 유착현상은 진보매체보다 보수언론에서 더 눈에 띈다. 보수주의의 근본주의적 성격과 관련이 있다고 본다. 2009년 12월 로스앤젤레스타임스는 지난 30년간 미국 정치문화에서 일어난 가장 심각한 변화로 정치적 보수주의가 정치운동에서 일종의 종교적 근본주의로 바뀐 사실을 지적했다. 개신교 복음주의와 보수우익이 동맹한 것이 주요 원인이지만 언론의 영향이 크다. 2008년 프랑스에서 나온 한 연구결과도 지배 이데올로기를 바꾸는 매개체(vector)는 미디어라고 분석했다. 우리 경우도 마찬가지다. 더구나 한국은 신문 시장의 3분의 2를 장악한 보수언론 조중동이 종편까지 장악하고 있지 않은가?

언론의 기본윤리에 충실하려는 자세는 진보언론이 보수매체보다 훨씬 충실하다. 과학적인 근거는 못되지만 3년 전 위키리크스의 어산지가 비밀외교파일을 폭로할 때 파일을 제공할 매체로 미국의 뉴욕 타임스, 영국의 가디언, 프랑스의 르몽드, 독일의 슈피겔 그리고 스페인의 엘파이스 5개를 지정했다. 그가 가장 신뢰할 만한 매체로 판단했기 때문이다. 전부 진보매체였다.

불행히도 자유롭고 독립적인 언론(매체)이 줄어들고 있다. 다수의 매체가 명칭만 언론이지 실제로는 소유주인 대기업이나 재벌의 선전 도구로, 권력의 시녀로 활동하고 있다. 그러면서도 언론매체 행세를 한다. 언론의 권위와 신뢰가 떨어지고 있는 이유다. 우리 경우도 마찬 가지다. 조중동의 신뢰도는 이미 땅에 떨어졌다. 광고 불매운동의 대 상이 될 정도다.

그런데도 MB정권과 흥정해서 종편을 따내고 재벌과는 비판을 절제 해 준 대가로 비싼 광고를 수주하고 있는 것이 주류 언론매체다. 비밀 도 아니다. 그런데 당사자들은 부끄러움을 못 느끼는 인상이다. 그래 서 이런 언론의 뒷거래를 철저히 조사해서 언론의 부패 고리를 끊는 것이 언론비평 전문지의 역할이 아닐까 생각해 본다. 언론의 부끄러운 탈선이 늘면서 언론비평지의 역할도 커지고 있다. 미디어오늘에 대한 기대와 책임이 그만큼 커지고 있다는 뜻이다.

근래에 와서 미디어오늘은 부패권력과 자본, 언론의 여론조작을 감 시 비판하는 역할을 넘어 소셜뉴스 시대를 선도하겠다는 포부를 밝히 고 있다. 이제 주류 언론사들이 어젠더를 제시하고 독자들이 일방적으 로 이를 수용하던 시대는 지났다고 보고 뉴스 소비자들이 뉴스 생산과 유통에 참여하고 직접 어젠더 설정을 주도하는 시대를 선도하겠다는 것이다.

지금 소셜뉴스는 세계에 새로운 혁명을 일으키고 있다. 지난 2월 말 에 실시된 이탈리아 총선에서 25%의 득표로 상하 양원에서 일약 제 3당으로 부상한 '5성운동'이 일으킨 혁명이 모델이다. 이 운동은 당사 도 없다. 사무실도 없다. 오직 인터넷과 SNS를 통해 후보를 선출하고 선거운동을 했다. 그랬는데도 상하 양원에서 기성 정당에 크게 뒤지지

않는 의석을 차지해서 유럽에 인터넷을 통한 직접민주주의 혁명을 일
으키겠다고 큰소리치고 있다. 이 운동은 내년 유럽의회 선거 때 또 한
차례 선거혁명을 일으킬 예정이다.

　권력과 재벌에 진 빚이 없는 미디어오늘은 권력과 재벌을 뛰어넘어
자유롭고 독립적인 언론의 역할을 할 수 있는 튼튼한 자산을 가진 언론
비평매체다. 미디어오늘이 선도하는 언론혁명에 큰 기대를 건다.

출처 http://www.mediatoday.co.kr/news/articleView.html?idxno=109417

　미디어 비평을 활성화한 곳은 한겨레신문이있다. 이를 일반화시킨 깃
은 방송이었다. 2001년 문화방송의 미디어 비평 프로그램 신설과 함께 경
향신문, 중앙일보, 한겨레신문 등이 미디어 비평 고정란을 만들었다. 이
후 KBS 미디어 포커스 등의 전문 프로그램이 생겼지만, 이명박 정부가 들
어서면서 미디어 비평은 더 이상 존재감을 찾을 수 없게 됐다.

　미디어 비평은 잘못된 언론의 보도관행, 불법보도 지적과 비판 등을 통
해 미디어를 견제하는 주요한 역할을 한다. 미디어 소비자들의 권리와 이
익을 우선하도록 언론인과 언론사 사주들의 행태를 감시하는 역할을 한
다. 권력에 대한 감시와 견제라는 고유 업무를 게을리하거나 불공정하게
할 때 이를 지적하는 일이 미디어 비평의 주요업무다.

　또한 미디어 비평은 미디어가 갖는 막강한 영향력을 잘못 사용하거나
남용하여 여론 조작이나 여론 왜곡에 나설 때 이를 지적하기도 한다. 신
문이나 방송 등이 미디어 비평을 싫어하는 가장 큰 이유가 '부끄러운 속
내를 아무것도 모르는 미디어 소비자에게 굳이 알릴 필요가 없다' 는 것이
다. 미디어 비평은 미디어 소비자들의 권리를 보호하고 올바른 여론 형성
을 위한 전제조건이다. 권한만 누리고 견제는 받지 않겠다는 것은 특권의

식에 기인한다. 따라서 미디어 비평은 궁극적으로 정치권력, 자본권력을 감시하고 국민 개개인의 알권리를 신장하며, 민주주의의 발전에 견인차 역할을 하게 된다. 미디어 스스로의 권력통제와 자기비판 등을 통해 건전한 미디어 발전에도 기여하게 됨은 말할 것도 없다.

미디어 비평이 강화되어야 할 분명한 한 가지 이유가 더 있다. 그것은 법으로도 미디어의 일탈행위, 불법보도 등을 제대로 견제하지 못하고 있는 현실 때문이다. 언론은 법적으로 규제를 강화하면 자칫 언론자유라는 헌법적 가치를 손상할 위험이 있기 때문에 선진국에서도 웬만하면 자율규제에 의존한다.

법치국가라는 선진국에서는 미디어의 일탈행위에 대해서도 법은 엄격하게 적용된다. 법이라는 타율규제가 뒷받침하고 있기 때문에 자율규제가 힘을 받는다.[43] 한국의 경우 언론이 잘못했더라도 '법대로 하자'고 역공을 펼치게 된다. 법은 강력한 미디어와 허약한 개인이 대립할 때 강자의 편에 서는 것을 더 편하게 생각하는 모양새다. 언론 관련 판례를 보면 쉽게 알 수 있다.

---

[43] 미국이나 영국 같은 곳에서도 언론자유를 중시하지만 개인의 인격권을 부당하게 훼손했을 경우, 법은 엄격하게 책임을 묻는다. 특히 징벌적 손해배상제도(punitive damage-거액의 돈으로 언론보도 피해를 물어주라는 제도)라는 것을 운영하며 개인의 인격권을 보호하는 데 적극적이다. 법적 책임을 엄격하게 묻기 때문에 언론사들은 법 이전의 단계에서 합의를 통해 해결하려는 경향이 강하다. 오보에 따른 신속한 정정은 물론 해당 기자의 해고와 거액의 위자료까지 지불한다. 법적 처벌로 가게 되면 언론사가 불리하다는 판단 때문이다.

'불통정권' 1년, 언론이 한국 민주주의 망치고 있다

'그들의 언론'이 된 보수매체들

언론광장 | 장행훈 공동대표

갑오년(甲午年) 1월 1일. '불통정권' 박근혜 정부가 취임 두 번째 해를 맞는다. 지난 18대 대선 때 국정원과 군(軍)사이버사령부는 수십 명의 인원을 동원해서 박근혜 후보에 대해서는 호감이 가는 댓글을 쓰고 야당 후보에 대해서는 비방하는 댓글을 써서 인터넷으로, 트위터로 퍼트렸다. 박근혜 후보에게 투표하도록 국가기관이 불법선거운동을 한 것이다.

12월 5일의 공판에서 검찰은 국정원이 트위터로 퍼나른 글이 무려 2,200만 건이나 된다고 밝혔다. 대단한 양이다. 이 정도로 많은 글을 트위터로 퍼날랐다면 선거에 미친 그 영향이 적지 않았으리라는 것이 상식이다.

박근혜 대통령은 국민과 소통이 안 되는 정치인으로 알려졌다. 소통은 민주정치의 기본이다. 민주주의는 대화와 설득의 정치이기 때문이다. 따라서 국민과 소통할 줄 모른다면 민주주의가 무엇인지 모르는 정치인이라는 말을 들어도 할 말이 없을 것 같다. 취임 1년이 가까워오는데 기자회견 한 번 안했다면 소통과 거리가 먼 대통령임을 스스로 보여 준 것 같다.

박근혜 대통령에게는 불통에 못지않게 불법선거로 대통령이 됐다는 국민의 인식이 더 불리한 오점이다. 국정원이나 군 사이버사령부는 댓글 작성이나 트위터로 댓글을 퍼나른 것은 사실이나 선거활동은 아니었다고 부인한다.

하지만 한국의 양심을 대표한다고 볼 수 있는 가톨릭 사제단과 일부 개신교 목사, 불교 승려들이 본분인 성직 업무로 바쁜 가운데도 국정원과 군 사이버사령부의 선거개입을 규탄하는 성명을 발표하고 박근혜 대통령의 사퇴를 요구하는 시위를 벌이고 있다. 이 성직자들은 국정원과 군 사이버사령부의 행위가 국가기관이 선거에 개입한 것으로 한국 민주주의의 기초를 흔드는 중대한 불법행위라고 보고 그런 선거 결과를 받아들일 수 없다고 확신하는 것이다.

소통을 못하는 정치인은 민주주의를 모르는 사람

선거는 민주정치의 출발점이다. 선거는 국민의 주권을 대행할 대표를 선출하는 신성한 행위로 선거에 부정이 있으면 국가권력의 정통성을 주장할 수 없게 된다. 지난 1년간 박근혜 정부가 불안정할 수밖에 없었던 중요한 이유도 정책면에서 드러난 무능력 못지않게 권력의 정통성에 하자가 있다는 것을 대통령이나 국민이 다같이 느끼고 있었기 때문으로 본다.

박근혜 정부가 야당과의 관계를 비롯해서 매사에 대립하는 상대와 대화로 이해관계를 해결하려 하지 않고 모든 것을 승패로 결정지으려는 태도를 보인 것도 한 번 양보하면 불법으로 얻은 권력을 내놓으라고 요구할까 두려워 처음부터 강경 일변도로 나온 것이 아닌가 하는 생각이 든다.

박근혜 대통령이 언론을 장악하고 있다는 자신감이 그의 불통 체질을 경화(硬化)시킨 면도 있는 것 같다. 조중동은 그를 '여왕처럼' 대접해 주고 한국방송(KBS)과 문화방송(MBC)은 그가 맘대로 조종한다.

아직 안정을 찾지 못한 종합편성채널(종편)은 활로를 찾기 위해 정권의 비위를 맞춰야 하는 처지다. MB 이후 한국 언론의 현주소다. 이것이 한국 언론이 당면한 심각한 문제다.

30일 언론개혁시민단체들의 송년모임에서도 우리 언론이 어떻게 현재의 상황에서 벗어나 새누리당 이전에 한국 언론이 누렸던 자유와 독립을 회복할 것인지 그 방법을 찾자는 데 뜻을 모았다. 한국의 보수언론은 지금 완전히 정치권력, 재벌권력과 유착했거나 그 하수인이 된 상태다. 선거일을 일주일 앞두고 야당이 국정원 여식원의 댓글 사실을 고발하자 친정부 신문과 방송은 이를 부인하는 박근혜 후보를 두둔하기에 바빴다.

그래서 박근혜 후보가 당선됐다. 하지만 선거 후 국정원의 개입 사실이 하나둘 드러나기 시작했다. 국정원이나 군 사이버사령부보다 인터넷과 트위터에 더 밝은 독자들이 나서서 삭제됐거나 은닉한 기록을 찾아내 민주주의를 지키는 파수꾼의 역할을 했다.

흥미로운 것은 권력 감시에 충실한 한겨레와 경향은 국정원, 군 사이버사령부의 선거 관련 댓글, 트위터 글을 연일 발굴해서 보도하는데 보수언론과 방송은 단 한 건도 선거개입 사례를 찾지 못한 것 같다. 보수언론이 권력 감시에 얼마나 소홀한지를 보여 주는 좋은 사례다.

'그들의 언론'이 된 보수 매체

더 심각한 것은 권력과 유착한 언론은 단순히 권력을 옹호하는 데 그치지 않고 민주주의를 파괴하는 권력에 붙어서 민주주의를 압살하는 음모에 공범으로 가담하는 것도 주저하지 않는 것이다. 채동욱 검찰총장이 국정원의 선거개입을 원칙대로 수사하는 것을 꺼리는 박근혜 정부는 채 총장을 자리에서 '찍어내는 데' 보수신문을 이용한다.

조선일보 2013년 9월 6일자 신문은 채 총장에게 혼외아들이 있다는 사실을 1면에 보도했다. 그를 스스로 물러나게 하려는 하나의 술책이었다. 채 총장이 계속 자리에 남아 국정원의 불법선거를 수사하면 골치 아플 청와대로서는 손 안 대고 코 풀 수 있는 방법이었다. 그러나 채 전 총장의 혼외아들의 신원을 알아내는 데 청와대 비서가 관련된 사실이 밝혀져 청와대가 개입한 사실은 감출 수 없게 됐다.

언론인의 이름과 글을 한데 묶은 인명록을 만들자

채 총장의 제거는 단순히 검찰총장의 축출에 그치지 않고 박근혜 대통령의 당선에 국정원이 개입한 사건에 대한 수사를 중단시킬 수 있는 효과를 거둘 수 있는 점에서 정권의 운명과도 직결돼 있다. 따라서 조선의 채 총장 혼외아들 보도는 결과적으로 박 정권을 사퇴 압력에서 구해 주는 효과를 가져다 줄 수 있었다. 그런 의미에서 조선은 혼외아들 보도로 채 총장을 찍어내는 데 기여해 박근혜 정권을 구해 주는 '언론 쿠데타'에 가담했다고 볼 수 있지 않을까?

지금 한국 언론은 중대한 위기에 처해 있다. 대기업 언론이 권력이나 대자본과 유착해 있고 민주주의를 원활히 운영하도록 기여하는 진정한 언론매체가 '멸종위기'에 처해 있다. 한국 민주주의의 위기다. 해법은 언론사주나 언론인이 언론의 기능과 역할을 돈이나 권력과 흥정해서 바꾸지 못하게 하는 것이다.

가장 효과적인 방법은 언론인의 이름과 그가 쓴 기사, 그가 만든 프로그램을 기록해서 남기는 것이다. 친일인명사전과 같은 책자를 역사기록으로 남김으로써 두고두고 역사의 평가를 받게 하는 것이다. 그러면 적어도 자기 명예를 아끼는 사람 같으면 언론인으로서 권력이나 자본의 시녀가 돼 수치인사 명단에 오르는 행동은 하지 않을 것 아닌가? 한국 언론의 정화를 위해서 언론계가 진지하게 검토했으면 한다.

출처 http://www.mediatoday.co.kr/news/articleView.html?idxno=114068

4. 미디어 비평도 비평의 대상이다

언론의 신뢰도가 떨어지면 독자의 외면을 막을 수 없다

　잘된 미디어 비평과 잘못된 미디어 비평을 나누는 기준은 무엇인가. 평가에는 기준이 있어야 자의적이거나 감정적 평가라는 지적을 피할 수 있다. '미디어 비평'은 미디어라는 주제어와 비평이라는 영역으로 나뉘어져 있다.

　미디어 전반에 걸친 제작메커니즘, 미디어 산업의 구조와 미디어법, 정치와 역사, 사회 등 타 영역과의 관계 등을 공부해야 한다. 이를 바탕으로 비평의 기본적인 조건과 지켜야 할 규칙 등을 준수할 때 비로소 미디어 비평은 시작되고, 미디어 비평 역시 평가의 대상이 된다.

　물론 누구나 미디어 비평을 할 수 있고 그것은 자연스럽다. 다만 비평이 단순한 인상기나 감정표현의 감상기 수준에 머무르지 않고 기자나 언론사의 제작과 편집 관행에 영향을 미칠 수 있는 수준까지 가려면 더 노력과 정성이 필요하다는 주장이다. 이를 무시하든 받아들이든 그것은 언론사의 입장, 윤리의식의 문제다.

　그렇다면 미디어 비평은 어디에 초점을 두고 어떻게 접근해야 할까. 미디어가 당연한 일을 하지 않을 때, 미디어가 당연히 하지 말아야 할 일을 할 때 물론 비평의 대상이 된다. 미디어 비평의 열 가지 접근법을 소개하며 그 비교와 논리전개, 사례 등도 아울러 살펴보고자 한다.

미디어 비평이든 미디어 칼럼이든 세월이 흘러도 이름과 함께 글은 영원히 남기 때문에 항상 심사숙고해서 작성해야 한다는 원칙에는 변함이 없다. 미디어 비평의 영역으로 들어가본다. 비평을 다시 비평해 보는 것은 독자의 몫이다.

첫째, 미디어 비평은 미디어를 비평해야 한다.

미디어 비평이란 제목으로 자사 프로그램을 홍보하거나 소개하는 것은 '사이비 미디어 비평'이다. 방송의 옴부즈맨 프로그램을 통해 자사 홍보나 특정 프로그램 띄우기 수준의 비평은 비평이란 용어를 매우 부적절하게 사용하는 경우다.

때론 미디어 비평의 영역을 아예 벗어난 것을 미디어 비평이란 이름으로 내보내는 경우도 있다. 독자를 혼란시키고 미디어 비평을 난장판으로 만드는 결과가 된다.

호평이든 비판이든 미디어와 관련한 평가가 아니면서 미디어 비평이란 타이틀로 감상문이나 수필 따위를 내보내는 것은 미디어 비평이 아니다. 이를 잘 지적하는 것도 미디어 비평의 영역이다.

그러나 실명 비평을 하게 되면 해당 언론사나 당사자는 불쾌해할 수 있어 한국인들은 웬만하면 알고도 지적하지 않는다. 냉정하고 정확한 비평은 때로 인간적 아픔이나 손실 등을 감수해야 한다.(박스기사 참조)

'미디어 비평'을 비평한다

신문이나 방송의 '미디어 비평' 코너는 언론 안팎의 문제점을 전문가의 시각으로 드러내 개선을 촉구한다는 점에서 자율규제의 성격이 강하다. 미디어 비평은 일종의 주관적 평가를 내리기 때문에 그 비평의 타당성과 논리성 차원에서 논란이 있을 수 있다. 전체적으로 미디어 비평은 미디어 소비자에 대한 서비스 차원에서 독자나 시청자를 위한 배려의 일환이라는 점에는 이견이 없다.

문제는 '미디어 비평'이라는 명패를 내걸고 자사 홍보를 하거나 자사 프로그램 해명이나 변명의 장으로 전락시킬 때는 언론의 정직성을 부정한다는 점에서 문제시해야 한다.

2009년 8월 6일자 25면, 한국일보의 '강남준의 미디어 비평' 코너 '하회마을서 떠오른 미디어법 해법'이라는 제목의 기사가 독자를 혼란스럽게 한다는 사실이다. 서울대 언론정보학과 교수라는 전문가가 '미디어 비평'이라는 분명한 타이틀을 달고 칼럼을 작성했는데, 그 내용이 홍보도 광고도 아닌 '횡설수설'이라는 점이다.

읽고 또 읽었지만 어떻게 이런 내용의 글이 이런 제목으로 한국일보 같은 중앙지에 버젓이 실릴 수 있는지 상식을 의심케 했다. 글을 쓴 전문가의 의도를 이해하기 힘들고 그런 내용을 한국일보 편집진이 그대로 게재했다는 것이 과연 독자를 위한 정직하고 성실한 서비스를 하려는 프로의식이 있는지 의문이 들게 했다.

한국일보 기자들에게 먼저 일독을 권하고 판단을 부탁하고자 한다.

반론도 환영한다. 그 이유는 간단하다.

우선 칼럼의 코너 성격이 '강남준의 미디어 비평'이라고 하지만 그 내용에 미디어 비평은 없기 때문이다. 그 글의 첫머리는 "얼마 전 디지털 콘텐츠 업계에 종사하는 분들과 안동지역을 다녀왔다"로 시작된다. 안동에서의 감상이 밑도끝도없이 이어지다가 맨 마지막에 가서 "미디어법 풍진 세상에서 한가하게 놀러갔다 오더니만 정신이 좀 이상해졌나 보다"라고 스스로 마무리하고 있다. 서울대 교수라는 타이틀만 없다면 '정말 정신이 좀 이상해져 만든 칼럼'으로 이해된다.

또한 제목과 글 내용의 불일치성도 간과할 수 없다. 글의 제목은 '하회마을서 떠오른 미디어 해법'이었다. 그러나 글 어디에도 미디어 해법은 보이지 않는다.

물론 언급이 있는데 그 내용이라는 것이 "미디어법을 국회 내에서, 아니 전문가들이 모인 무슨 위원회에서만 지지고 볶아 봐야 하회마을 안에서 돌아다니는 꼴이다. 어느 길로 가는 것이 더 나을지 안에서는 잘 안 보인다"라고 했다.

이게 무슨 소린가. 원문이 요령부득이니 편집기자도 무척 답답했으리라. 그러나 이런 식의 제목달기는 독자를 현혹하거나 오도하는 결과가 된다. 나 역시 무슨 해법이 있나 보고 또 보다가 독자의 입장에서 우롱당하는 심정이었음을 부인하지 않는다.

칼럼 내용을 보면 '안동 택시기사와의 대화', '하회마을 체험과 감상' 등을 정리한 기행문 성격의 글이다. 이런 글이 잘못됐다는 것이 아니라 적어도 '미디어 비평'이니 '미디어법 해법'이니 같은 잘못된 제목으로 독자를 찾아가서는 안 된다는 것이다.

신문이든 방송이든 모든 기사나 칼럼, 프로그램이 독자나 시청자들에게 보다 정직한 서비스를 하기 위해 고심해야 한다. 전문가가 비전문적인 글을 게재하거나 목적이나 취지에 맞지 않는 글을 기고해 왔을 때 제작진은 자체 검증하여 미디어 소비자들의 입장을 헤아려 줘야 한다. '교수', '서울대' 이런 껍데기에 현혹돼서는 안 된다.

한국에서는 이런 공개적인 미디어 비평을 하는 것도 참으로 어렵다. 사회적으로 혹은 인간적인 불이익을 감수해야 하기 때문이다. 공개적으로 미디어 비평을 하는 것도 한 개인을 마치 공격하는 것처럼 받아들이는 경향이 있다. 학회 같은 공개 세미나장에서도 '치열한 논쟁'은 드물고 '알아서 하는 예우성 발언'이 난무할 때 경쟁을 통한 학문 발전은 기대하기 힘들다.

한국일보뿐만 아니라 다른 일간지에서도 이런 류의 정직하지 못한 서비스는 종종 발견된다. 제목은 '무슨무슨 시론'이라고 해놓고 '시론'과는 거리가 먼 '수필'을 게재하기도 한다.

미디어법 개정에서 분명한 것은 앞으로 과열경쟁을 통해 미디어 소비자 앞에 온갖 쓰레기같은 프로그램, 과장, 왜곡의 글들이 쏟아져 나올 것이다. 무엇이 정보인지 오보인지 미디어 비평은 일차적으로 내부에서 걸러주는 게이트키핑(gate keeping) 역할을 해야 한다. 또한 미디어 비평 코너를 통해 언론의 무분별한 저널리즘을 경계, 견제하는 내적 기능도 무시돼서는 안 된다. 언론사들이 보다 세심한 주의로 독자들에게 정직한 서비스를 해 주기를 기대한다.

둘째, 미디어 비평에는 현장 기자가 무시하는 비약이나 왜곡 등을 논리적으로 지적해 낼 수 있어야 한다.

기자에게 사실관계 확인과 취재원의 신뢰 및 의존도 확인은 매우 중요한 뉴스의 질적 요소가 된다. 신빙성이 낮거나 주관적 입장의 취재원 말에 의존하는 내용을 확인하지 않았거나 취재성실의 의무를 지키지 않았을 때 이를 지적해 낼 수 있어야 한다.

미디어 비평으로 기자들의 비웃음을 살 것인지, 기자들의 주목을 받느냐 여부가 바로 미디어 비평의 성공 여부가 될 것이다. 다음 사례는 미디어 비평을 시도한 칼럼을 자사가 다시 인용하여 전문을 보도한 사례다. 역시 평가는 독자의 몫이다.(박스글 참조)

군, 허위와 조작 이젠 꿈도 꾸지 말라

아래 기사는 김창룡 인제대 교수가 '고 노충국 사망사건의 교훈'을 주제로 미디어오늘 인터넷판에 기고한 것입니다. 오마이뉴스는 김 교수와 미디어오늘의 허락을 얻어 싣습니다. 〈오마이뉴스 편집자 주〉

최근 만기제대 보름 만에 위암으로 사망한 노충국 씨의 군 병원 진료기록부가 조작된 것으로 밝혀졌다. 조작된 자료를 토대로 국회에서 '노씨 치료에 최선을 다했다', '위암 가능성을 경고했다'는 윤광웅 국방부장관의 공식적이고 공개적인 해명은 열흘도 지나지 않아 거짓으로 드러났다.

군 당국은 10월 24일 인터넷신문 '오마이뉴스'의 첫 보도로 이번 사건이 알려진 뒤 "담당 군의관은 노씨에게 악성종양의 가능성을 설명했고 민간병원에서 검사받기를 권했다"고 주장해 왔지만 이는 사실이 아니었음이 담당 군의관의 고백과 국방부의 시인으로 밝혀졌다.

군부시대에서 문민시대로, 군 출신에서 민간 지도자로 집권자가 바뀌어도 변하지 않는 전통처럼 이어지는 것이 바로 군 사건사고에 대한 조작과 허위보고, 발표 시스템이다. 이번 사건은 1994년 8월 김영삼 정권 시절 군에서 벌어졌던 허위, 조작사건을 연상시킨다.

10여 년 전 8월 말 일요일 오후. 경기도 김포 공군 모 부대 내무반 안에서 끔찍한 폭발사고가 있었다. 이 사고로 하사 1명이 현장에서 즉사했다. 머리부분이 떨어져 나가고 팔도 잘려 나가는 참혹한 죽음이었다. 다른 사병 5명은 중태였고 심지어 내무반 밖에 있던 사병 4명도 부상을 당했다.

군은 신속하게 대응했다. 사고 발생 이틀 후인 8월 30일 오전 당시 이병태 국방장관은 단호한 목소리로 기자회견을 했다. 이 장관은 "폭발물은 14인치 텔레비전으로 삼성전자제품이며 사병 1명이 사망했다"고 언론에 말했다. 당시 언론은 국방장관의 말에 비중을 두며 관급기사로 그렇게 넘어가는 듯했다. 문제는 '사고의 원인 제공자로 지목된 삼성전자' 측에서 가만히 있을 수 없었다는 점이다. '삼성전자제품'이라는 식의 발표만 없었더라도 조용히 묻힐 수 있었지만 삼성전자는 즉각 반발했다.

"텔레비전은 폭발하더라도 뒤로 튀도록 되어 있으며 설혹 앞쪽으로 파편이 날아도 반경 1m를 넘지 않도록 세계 품질규격에 규정되어 있다. 텔레비전 앞유리는 쇠망치로 때려도 안 깨질 정도여야 수출이 가능하므로 앞쪽으로 폭발할 위험은 없다."

그러나 민간 전문가들은 '철저한 보안'이란 미명하에 현장접근이 허용되지 않아 실강이를 벌여야 했다. 뒤늦게 내무반 벽에 쇠구슬 70여 개가 박혀 있고 플라스틱 뇌관이 박혀 있는 것으로보아 크레모아 폭발이 확실시됐지만 군은 '보안, 보안'만 소리쳤다.

공군은 결국 30일 오전 11시 진상은폐 40시간 만에 출입기자들에게 진상을 밝혔다. 조작과 허위 기자회견에 놀아난 이 국방장관도 옷을 벗었다. 당시 이 사건은 역사 속으로 묻힐 수 있었으나 사망한 하사 유족의 제보와 세계일보의 특종으로 사안이 확대, 사회 주요의제로 부각되면서 국방장관이 도의적 책임을 지고 물러나는 선에서 마무리됐다.

전쟁에서 패한 지휘관은 용서받을 수 있지만 지휘보고 체계를 확립하지 못해 허위보고에 놀아난 지휘관은 용서받을 수 없다고 한다. 군에서는 철저하고 신속, 정확한 보고 계통 확립은 곧 전투력 확보라고 지휘관들은 입을 모은다.

그러나 현실은 진실보다 허위, 조작이 가깝다. 특히 군의 이러한 반복되는 사건 사고의 조작과 허위는 군에 대한 신뢰감을 무너뜨리고 군 스스로 위상을 초라하게 만든다. 전두환, 노태우 시절에는 군 관련 부정적 기사를 찾기 힘들었고 오직 보도자료에 의한 홍보에 언론은 능동적으로 지면을 할애했고 방송은 떠들어댔다.

1988년 5월 13일자 조선, 한국일보, KBS 등은 상식적으로 믿기 힘든 군 보도자료를 대서특필했다. 저널리즘의 기초도 무시한 소설식 군 홍보기사였다. 조선일보가 이를 바탕으로 한 편의 박스기사로 소개한 군 관련 기사는 '감동' 그 자체다. 일부를 인용하면 다음과 같다.

"…최전방 철책선에서 부하들을 인솔해 지뢰 매설작업을 지휘하던 대대장과 소대장이 지뢰가 폭발하는 순간, 부하들을 대피시키고 자신들은 그 자리에서 순직했다. 지난 4일 오후 중부전선 승리부대 소속 강○○ 중령과 이○○ 중위가 최전방 철책선 부근에서 사병 14명과 함께 지뢰 매설작업을 하던 중, 침입 경보용으로 높이 2m의 철책선에 끼워 놓았던 빈 병이 지뢰 위로 떨어지는 바람에 지뢰가 폭발, 강 중령과 이 중위가 그 자리에서 사망했다…(하략)"

지뢰 매설작업을 어떻게 했기에 사병 14명은 무사한데 지휘관 2명만 사망했을까. 한국일보에는 아예 사병들은 쉬게 하고 두 지휘관이 지뢰매설작업을 했다고 기사화했다. 군에 다녀온 남성들에게 반문하고 싶다. 전방부대 어느 지휘관이 사병들은 화랑담배 물려 쉬게 하고 '위험한 지역'이니 직접 매설작업하겠다고 나서겠는가.

기자가 군을 몰라도 너무 모르거나 홍보를 너무 노골적으로 하는 바람에 기사 자체의 신빙성이 없어져 버렸다. 게다가 어디를 봐도 살아남은 14명의 목격담과 지휘관의 찰라에 해당하는 짧은 순간의 살신성인 모습은 들을 수가 없었다. 현장 목격담 없는 현장사고 기사는 죽은 기사라는 저널리즘의 기본조차 무시한 글이다. 그러나 과거에는 이런 기사가 군의 사기진작과 이미지 개선 차원에서 언론에서 문제시하지 않으며 조작과 허위의 조직체계에 일조했다.

그러나 이제 바뀐 미디어 상황을 직시하지 못하면 앞으로 군은 더욱 만신창이가 될 것이고 누가 국방장관에 오든 단명 장관으로 도중하차하게 될 것이다.

첫째, 더 이상의 조작과 허위는 용납되지 않는 네트워크가 강화된 정보화 사회라는 점에 대한 군수뇌부의 인식전환이 급선무다. 과거에는 조용하게 넘어갈 수 있던 문제가 이제는 인터넷신문이나 네티즌들의 문제제기로 쉽게 주요의제가 되고 있다. 이번 사건도 주요 일간지나 방송사에서 문제를 제기한 것이 아니라 '오마이뉴스'라는 인터넷 신문이 발굴, 보도하게 된 사실을 간과해서는 안 된다.

둘째, '보안', '군사기밀'이라는 미명하에 정보를 통제하던 시기는 지났다. 갈수록 정보공개청구권이 활성화되며 웬만한 정보는 군과 이 사회가 함께 공유하며 동시에 책임의식을 함께 나눠야 하는 주권재민 시대로 민주주의의 성숙기에 들어섰다.

셋째, 언론홍보정책의 중심이 주요 일간지와 방송, 통신사에 한정되던 시기가 지나고 인터넷 매체의 특성과 강점을 이해하고 이에 대한 이해, 협조와 공개의 인식이 필요하다.

마지막으로 군의 연대책임은 필요하겠지만 경직된 연대책임은 종종 허위와 조작의 유혹으로 이어진다. 진급을 중시하는 지휘관이 자신과는 실제로 무관한 사건 때문에 옷을 벗게 되거나 진급 대상에서 제외되는 상황에 직면한다면 계급을 이용한 조작의 유혹은 강력한 현실이 된다. 군 전체의 이미지를 망칠 수 있지만 사사로운 개인의 이익이 너무 크게 느껴져 이런 조작의 충동을 느끼게 된다.

군에 자식을 보내고 군에 의무복무를 해야 하는 한국의 남성과 그 가족들이 이런 조작된 군 관련 사건을 볼 때마다 '군에 가는 놈은 어둠의 자식들', '군에 가지 않는 사람은 신의 아들'이라는 말을 생각하게 된다. 국방력은 군인들의 자발적인 충성심을 절대조건으로 한다. 한 사람의 사병을 아끼고 관리하는 세심한 배려가 없다면 국방력도 없다.

셋째, 논리적 비약이나 우연한 현상을 이용하여 권력의 홍보에 나서는 보도는 미디어 비평의 대상이다.

미디어가 정부를 견제, 감시하는 역할보다 홍보, 광고에 열을 올리게 되면 여론은 왜곡될 수 있다. 일부러 정부의 업적을 과소평가하거나 비판하는 것도 물론 잘못이다. 그러나 언론 본분을 잊고 홍보기관으로 전락할 때 이를 바로잡아 주는 것은 바로 미디어 비평의 역할이다.(박스기사 참조)

[김창룡의 미디어창]

박근혜 순방 "한복패션쇼, 유창한 외국어, 극진한 예우…"
해외순방 언론 단골 3메뉴, 언론인가 대통령 홍보맨인가

박근혜 대통령 해외순방 때마다 등장하는 '단골 3메뉴'에 언론이 집중하는 모습은 저널리즘의 정도를 벗어난 행태다. 대통령의 외국방문 목적과 성과 등에 대한 깊이 있고 자세한 내용을 서비스하기 위해 기자들이 동행하지만, 피상적이고 즉흥적인 홍보 일색의 보도는 뉴스를 외면하게 만들고 있다.

6박8일 일정으로 서유럽을 순방한 박 대통령은 미국, 중국 방문 때와 마찬가지로 '한복외교'라며 한국 언론은 사진과 함께 대대적으로 보도했다. 한 일간지는 심지어 '빛의 정치'라는 식으로 한복 색깔 바뀔 때마다 정치적 의미를 부여했다.

박 대통령이 한복을 입고 행사장에 갔다가 차에서 내리는 과정에 치마를 밟아 넘어지는 헤프닝이 있었는데, 이를 외신에서 보도할 때까지 국내 언론은 보도하지 않았다고 한다. 물론 대통령의 작은 실수를 군이 기다렸다는 듯이 보도할 필요가 있었느냐 여부에 대한 판단은 다를 수 있다. 그러나 외국 언론에서 보도하는데 국내 언론이 보도하지 않고 있다면 우리나라 국민은 외국 언론을 통해서 박 대통령이 '넘어졌다'는 것을 알게 된다.

대통령과 함께 동행 취재하는 기자들이 무슨 이유로 외신이 보도할 때까지 침묵을 지켰는지는 정확하게 알 수 없지만, 국민의 입장에서는 답답해진다. 홍보용만 보도하려면 군이 그렇게 많은 기자들이 동행할 이유가 없다. 또한 대통령이 넘어신 것을 국민이 안나고 하더라도 국민이 함께 안타까워할 사안이지 대통령을 비난할 사람은 많지 않다. 이런 판단을 넘어 뉴스를 통세할 수 있다는 청와대의 빌상이 위험해진다.

대통령의 방문 성과를 알려 주듯 대통령의 동정도 가감없이 전달하는 것이 언론의 임무다. 그 판단은 국민에게 맡겨야 한다. 60대의 대통령이 여기저기 한복패션쇼에 등장하듯 나타나는 과정에 넘어지는 일은 작은 실수에 불과하다. 이런 보도는 지각파동을 거치면서 언론에서 집중한 내용은 무엇이었던가?

단골 3메뉴에 빠짐없이 등장하는 한복패션쇼는 더 이상 반복할 필요가 없을 정도다. 방송과 신문은 화려한 한복쇼에 과다할 정도로 시간과 지면을 할애하고 있다. 아마 앞으로 한두 번 정도만 더 반복하게 되면 국민이 '식상하다'고 외면하게 될 가능성도 있다.

유창한 외국어 실력도 단골메뉴에 꼽힌다. 통역 없이 대화를 나눴다. 중국어, 불어로 연설을 했다는 등 박 대통령의 유창한 외국어 실력을 한국 언론은 자랑거리로 내세우고 있다. 일부 언론에서는 '우리 대통령은 도대체 몇 개 국어를 구사하느냐'는 식으로 찬탄을 금치 못하고 있다.

박 대통령이 외국어를 잘 구사한다는 것은 참으로 바람직한 일이다. 외교에서 외국 정상들과 통역 없이 대화를 주고받는다는 것은 국민의 입장에서는 좋은 일이다. 그러나 언론이 해외순방 때마다 찬탄을 금할 정도의 뉴스가치가 있는가에 대해서는 좀 따져볼 일이다.

대통령을 띄우기 위해 작은 거리라도 찾는 언론의 세심한 배려는 날씨조차도 박 대통령이 나타나면 '해가 쨍쨍'이라는 압권을 만들어냈다.

영국의 변덕스런 날씨가 어떻게 박 대통령을 알아보고 해가 쨍쨍 비쳤는지 알 수 없지만 일부 언론은 그렇게 보도했다. 문제는 이런 지엽적인 내용이 강조되다 보니 정작 박 대통령이 서유럽 순방을 왜 갔는지, 그 목적이 분명치 않다는 것이다. 어디서 자고, 무슨 차를 타고 이런 것은 자세하게 보도하는데, 외국 정상들과 만나 무슨 현안을 논의했고 '세일즈 외교'라고 하면서 뭘 세일즈했는지는 알 수 없다.

해외 순방 단골메뉴에 '지상 최고 의전', '특별예우' 같이 극진한 대접을 받았다는 보도도 빠지지 않는다. 물론 우리나라 대통령이 홀대받지 않고 특별한 예우를 받는다는 것은 다행스런 일이다.

그러나 과거 한국과 2013년의 한국의 위상은 매우 다르다. 경제적으로나 정치적으로나 큰 차이가 있으며 우리는 이미 당당한 선진국이다. 선진국 정상에 걸맞는 예우는 당연한 일인데 그런 의전문제로 떠드는 것은 언론의 시대착오적 관행일 뿐이다. 아직도 스스로 자긍심이나 자부심이 부족해서 조금 예우해 주면 감동받던 과거의 사고틀에서 벗어나지 못한 모습이다. 외교에서 의전이 중요하지 않다는 것이 아니라 내용이 더욱 중요하기 때문에 의전보도에 급급하는 한국 언론의 퇴행성은 치유돼야 한다.

박근혜 대통령은 취임 1년이 채 되지 않았지만 유난히 해외 방문이 잦은 편이다. 5월 미국 방문을 시작으로 중국 방문에 이어 이번에 서유럽 순방이 있었다. 청와대에 따르면 프랑스, 영국, 벨기에, EU본부를 거치는 '빡빡한 일정' 속에서도 '글로벌 이슈 논의를 주도하는 EU 주요국들과의 글로벌 파트너십 구축'을 목표로 하고 있다고 한다.

글로벌 파트너십 구축이 구체적으로 어떻게 회담성과로 나타나는지 그 필요성 등에 대한 분석과 해설뉴스야말로 국민을 위한 진정한 뉴스 서비스가 되겠다. 각 언론사에서 청와대에 파견한 기자들은 정부 홍보용으로 파견된 것이 아니라 대통령과 국가의 대내외 정책에 대한 해설과 전망뉴스 제공이 첫 번째 임무임을 재삼 강조한다. 물론 여기에는 권력에 대한 감시가 포함돼 있다.

일부러 꼬투리 잡을 필요는 없지만 현재처럼 대통령 순방 기자들이 대통령 홍보맨으로 비판받는 것은 경계해야 할 일이다. 대통령의 성과는 성과대로 보도하면서도 지엽적인 문제를 과장하거나 홍보용 뉴스가 본질을 흐리게 할 때, 홍보조차 빛을 잃을 수 있다는 점을 명심해야 한다. 무엇보다 대통령을 위한 권력의 기자인지, 국민을 위한 기자인지 자신의 정체성을 분명히 할 필요가 있지 않을까. 뉴스의 궁극적 소비자가 대통령인가 국민인가.

넷째, 미디어 비평의 근거가 분명해야 한다. 언론윤리강령, 프로그램 제작 가이드 라인, 미디어법 등의 준수 여부 등을 근거로 판단해야 한다.

설혹 불법이나 탈법 보도라 하더라도 취재, 제작 상황의 불가피성 등도 따져봐야 한다. 판례나 강령, 가이드 라인 등 근거나 기준이 없는 미디어 비평은 주관적이라는 비판에 직면할 수 있으며 공감을 얻지 못할 수도 있다.(박스글 참조) 언론관련 판례는 항상 주목되며 미디어 비평의 주요 소재가 된다.

동을 법적으로 보호하는 데서 시작된다. 그러나 이런 법적 보호를 받기 위해서는 기자들이 최소한 두 가지는 반드시 기억해야 한다.

첫째, 취재성실의 의무를 다해야 한다.

논란의 핵심은 '멱살잡이 여부였다.' 쌍용차 윤 아무개씨가 2012년 11월 15일경 서울 대한문 앞 광장에서 '쌍용차 추모문화제'를 하던 중 이를 채증하던 경찰관의 카메라에 찍힌 사진을 확인하는 과정에서 몸싸움을 벌였다. 조선일보는 이를 두고 2012년 11월 16일자 12면에서 '경찰 멱살 잡은 덕수궁 농성촌 시위자'라는 제목의 사진 기사를 내보냈다.

사진을 보면, 윤모 씨가 마치 사복 경찰관의 멱살을 잡고 있는 것처럼 보인다. 그러나 실제로는 경찰의 카메라를 잡고 있었다는 것이다. 재판부가 문제삼은 부분도 이 사진을 본 후 사실관계를 확인했느냐는 물음이었다.

재판부는 판결문에서 "윤씨가 경찰관의 멱살을 잡은 것이 사실인지에 대해 별다른 확인을 하지 않은 것으로 보이고 윤씨의 입장이나 반론도 보도하지 않았다"고 판시한 것으로 연합뉴스는 보도했다.

'확인'이라는 취재성실의 의무를 다하지 않았다는 논리다. 기자의 입장에서 확인 과정이 쉽지 않고 시간에 쫓긴다는 어려움이 있지만 이처럼 법정에 가게 되면 '취재성실의 의무'는 유무죄를 가르는 필수코스가 된다는 점을 기억해야 한다.

둘째, 단정적 보도로 사실(fact)을 훼손해서는 안 된다.

이 사건에서 사실은 '윤모 씨가 경찰의 카메라를 잡고 있다'는 것이다. 그런데 사진상에 나타난 모습을 보고 '경찰 멱살 잡은 덕수궁 농성촌 시위자'라고 단정하게 되면 사실을 훼손하게 된다. 사실 훼손은 곧바로 '부정적으로 묘사하려 했다'는 해석을 낳는다.

서울고등법원은 1989년 한 여성잡지가 전 미스코리아 김모 양이 전경환 새마을운동중앙본부 전 회장과 내연관계라는 보도에 대해 '언론사 패소' 판결을 내렸다. 재판부는 '김양의 명예를 훼손했으므로 위자료 2천만 원을 지급하고 마드모아젤지 및 한국일보, 동아일보에 1회씩 사과광고를 게재하라'고 판결을 내린 바 있다.

이때 김모 양을 인터뷰했지만 언론사는 '변명으로 비치게 보도했다'는 지적이 나왔다. 내연관계 여부나 멱살잡이 여부나 기자가 단정적으로 표현하기에는 부담이 가는 사안이다. 대법원에서도 언론자유를 신장하기 위해서 '전체적으로 내용이 맞고 부분적으로 표현상의 오류가 있는 경우'에 대해서는 언론사에 책임을 묻지 않고 있다.

그러나 사실을 훼손하고 확인취재와 반론을 게을리할 때 법도 이를 보호하기 힘들어진다. 민주주의 사회에서 언론의 자유도 중요하지만 개인 법익도 보호해야 할 중요한 가치이기 때문이다.

기자들의 패소는 가슴을 아프게 한다. 고의가 아닌 실수 때문에 법적 책임을 져야 할 경우 더욱 그렇다. 법은 고의나 과실 여부를 참작만 할 뿐 유무죄의 기준으로는 삼지 않는다. 영향력이 큰 언론사, 이해관계가 엇갈리는 일의 한가운데서 취재, 보도를 하는 기자는 다시 한번 기본을 되돌아봐야 할 때.

다섯째, 판·검사 등 사법부를 견제, 감시하는 것은 언론이지만 그 기능이 소홀하다고 판단될 때 미디어 비평의 영역에서 지적할 수 있다.

직접 칼럼을 작성하는 것도 미디어 역할의 보완이 될 수 있다. 미디어 비평 그 자체도 칼럼의 영역에서 비평의 대상이 되기 때문에 기사작성이 요구하는 논리와 사실성 등이 똑같이 적용된다.(박스글 참조)

[김창룡의 미디어창]

"늙으면 죽어야죠" 막말… 판검사 엘리트주의 비극

판검사 언어폭력 권위주의 소산

판사들의 막말은 대법원장의 사과로 이어졌다. 막말 행렬에 빠질 수 없는 직업군이 또 있다. 바로 검사들이다. 법의 파괴력을 행사하는 판·검사들의 언어폭력은 권위주의의 소산이고 엘리트주의의 비극이다.

판사가 나이 많은 피해자에게 '늙으면 죽어야죠'라는 식의 막말은 법정에서는 낯설지 않다. 과거에 검사는 심지어 60대 촌로 피의자를 무릎 꿇여 따귀까지 때리는 행패를 저질러 언론에 보도되기도 했다.

1월에 발표된 서울지방변호사회 법관 평가자료에는 "20년간 맞고 살았으니 앞으로도 그렇게 살아라", "당신이 알지 내가 알아?" 등 일부 판사들의 부적절한 언행이 소개되기도 했다. 40대 판사가 허락을 받지 않고 발언한 69세 원고에게 "어디서 버릇없이 툭 튀어나오느냐"고 질책했다고 한다. 얼마 전에는 택시를 타고 가던 판사가 운전사를 폭행한 뒤 파출소에 가서는 난동을 부리면서 '내가 누군지 아느냐'는 식으로 경찰을 꾸짖는 촌극까지 연출했다.

법원이나 검찰은 자체적으로 모니터링을 하는 등 자정운동을 벌인다고 하지만 왜 이런 추태가 반복될까. 적어도 세 가지 원인이 있다고 본다.

첫째, 가장 근본적으로 제도적 장치가 없거나 있어도 유명무실하다고 본다.
일전에 나는 한 지방법원에서 법관들의 법정 커뮤니케이션 모니터링을 부탁받은 적이 있다. 영상촬영을 미리 한다고 고지한 후 그것도 선택의 여지가 별로 없는 신참 판사들을 상대로 모니터링을 하는 것이었다. 그럼에도 피해자의 법정진술을 듣지 않는 모습, 고압적 용어 사용 등이 불쑥불쑥 나타났다. 문제는 이런 모니터링제도가 1년에 한두 번 정도 매우 형식적으로 이뤄지는 것으로 별 도움이 되지 않을 것으로 판단됐다는 점이다.

둘째, 한국 사회가 오만한 행태를 키운 측면도 강하다고 본다.
선발에서부터 이들은 본인의 의지와 무관하게 '선민의식'을 갖게 된다. 똑같이 사법연수원을 나오더라도 판·검사로 임용되는 것과 변호사로 기업에 가는 것은 큰 차이가 난다. 연수원 같은 기수라도 변호사로 기업에 취업하는 경우, 이제 대리급까지 내려간다.

그러나 판·검사의 경우 최소 사무관, 부이사관으로 영전된다. 공무원 사회에서 직급은 벼슬 중의 상벼슬이다. 지방에 가면 나이 많은 주사가 새파란 검사에게 지금도 '영감님'이라고 부르며 허리를 낮추는 모습을 볼 수 있다. 선발과 과도한 대우 등은 이들을 자신도 모르게 '특별한 인간'으로 착각하게 만든다.

안대희 새누리당 정치쇄신특위 위원장이 경찰에 차관급이 1명인데 비해 검찰은 차관급만 55명이라면서 고강도 검찰개혁 구상안을 밝히자 검찰에서 반발하는 모습은 권력집단이 된 검찰의 모습 그대로다. 검찰에 차관급만 55명이 있다는 사실은 한국사회가 이들을 오만한 집단으로 만들기 위해 법적·제도적 장치를 마련해 준 결과다.

셋째, 판·검사들에게 필요한 커뮤니케이션 스킬은 필수과목이지만 간과되고 있는 현실 때문이다.

말은 권위의 소산이다. 법적 전문성이 말이란 표현으로 법정에서 피의자와 피해자에게 전달돼야 한다. 판·검사들에게 필요한 정당한 권위가 적절한 커뮤니케이션 방식이 아닌 막말이나 욕설 등으로 나타나는 것은 교육 부재의 귀결이다.

동아일보는 법조계의 말을 인용하여 "판사의 막말은 일부 법관들의 권위의식과 특권의식이 재판과정에서 자기도 모르게 표출되는 것"이라고 보도했다. 또한 '다양한 사회경험 없이 수년간 사법시험만 준비해 법대에 오른 판사들이 일반 시민들의 감정과 처지를 이해하지 못해 발생하는 일'이라고도 지적했다. 옳은 지적이다.

단순히 의식전환, 모니터링 정도로는 이런 오만한 법원, 검찰의 법집행 행태가 근절될 리가 없다는 결론에 다다른다. 법관, 검사의 개인 의식전환에 기대기에는 상황이 구조적이고 심각하다. 인간의 의식을 제어하는 것은 바로 법과 제도다.

먼저, 법과 제도의 개선이 필요하다.

판·검사들의 막말, 행패, 불법행위 등에 대해 어떤 징계가 이루어지고 있는가. 내부 감찰제도가 있지만 얼마나 허술하기 짝이 없는가. '사라졌다'는 전관예우는 얼마나 질기게 존재하며 '벤츠 여검사', '스폰서 검사' 등 신조어를 계속 만들어내고 있는가. 자정기능이 사라진 곳에 '타락과 오만'이 기생하게 되는 것은 조직의 생리다. 대법원장이 사과만 할 것이 아니라 실효성 있는 자율제도를 고민해야 할 부분이다.

그 다음, 법과 제도를 만드는 국회의원이 검찰과 법원의 눈치를 보며 사실상 공생하는 시스템을 혁파해야 한다.

대선캠프에서는 각각 공직자 비리 수사처를 만든다, 상설특검제를 부활한다는 등의 무성한 말의 성찬을 내뱉고 있지만 선거가 끝나면 이런 공약들이 지켜질지는 의문이다. 과거에도 나온 이야기지만 검찰, 법원의 기득권에 막혀 허망한 공약(空約)으로 사라진 경험이 있다. 그만큼 법을 만드는 국회의원들조차 검찰과 법원의 눈치를 보고 꼬리를 내리다 보니 사법부의 기득권, 특권의식은 도를 넘었다는 비판이 나오는 것이다. 입법부가 사법부를 견제하기는커녕 기득권 지키기에 앞장서는 모습에 국민은 분노하고 있는 것이다.

마지막으로 역시 교육이 필요하다.

법의 전문성과 적절한 운용만큼 필요한 것이 바로 커뮤니케이션에 대한 교육이다. 판·검사직은 말로 설득하거나 굴복시켜야 하는 직업이다. 이들에게는 법적 전문성에 못지않게 설득력과 논리력이 절대적으로 필요하다. 이것만으로도 부족하다. 법적 지식이 없는 일반인들을 대상으로 어떻게 쉽게, 간결하게 전달할 수 있을까는 또다시 공부가 필요하다. 겸손한 자세만이 공부하게 만든다.

여섯째, 보도의 기본인 사실관계 확인을 소홀히 하여 보도하는 것은 바로 미디어 비평의 대상이다.

특히 개인의 인권이나 사생활과 직접적 관련이 있는 내용을 제대로 확인도 하지 않은 채 보도하는 것은 그 자체가 언론의 횡포다. 그러나 한국에서는 이런 언론의 횡포가 빈발하며 거꾸로 취재 대상자가 제발 그만해달라고 사정해야 할 정도다. 미디어가 권력화됐다는 것을 실감할 수 있는 부분이다.

종합편성채널 '채널A'는 한때 연예계에서 잠시 은퇴한 강호동을 끌어들이려 하다가 뜻대로 되지 않자 '야쿠자 관련설'을 내보냈다. 밑도끝도 없이 근거도 박약한 일방적 수장만을 내보낸 것은 방송의 공정성 위반조항에 걸리지만 아랑곳하지 않고 보도했다. 강호동이 다시 연예계에 컴백했지만 2014년 2월 지금까지도 이 방송과 관련한 충분한 사과가 이뤄진 것 같지는 않다. 미디어가 미디어를 감시, 견제하지 않으면 미디어의 횡포는 막을 길이 없어진다.(박스글 참조)

[김창룡의 미디어창]

강호동이 야쿠자? 동아 종편의 묻지마 인권유린

저널리즘 ABC부터 다시 배워라

연예계를 은퇴한 강호동 씨가 2011년 12월 1일 새로 등장한 종합편성채널 채널A로부터 뭇매를 맞았다. 내용이 충격적이다. '강호동이 일본 야쿠자와 연계된 듯하다'는 것이다.

채널A는 이날 '강호동 야쿠자 연루설' 영상을 단독 입수했다며 "강호동이 지난 1988년 고교 씨름선수로 활동할 당시 일본 야쿠자와 국내 조직폭력 조직의 결연식 행사에 참석했다"고 보도했다.

이어 채널A는 "일본 오사카(大阪)의 한 일식집에서 열린 일본 야쿠자 가네야마구미(金山組)의 가네야마 고사부로(金山耕三朗) 회장과 국내 폭력조직인 칠성파 이강환 회장의 의형제 결연식 자리였다"며 자세하게 정리했다. 많은 내용이 소개됐지만 강씨가 야쿠자와 연루된 것 같다는 주장을 뒷받침하는 내용은 어디에도 없었다. 그 자리에 있었다는 것뿐이다. 그것도 23여 년 전의 사진 하나만 달랑 내세웠다.

반론으로 강씨 측의 주장으로 "당시 일본에서 열린 위문 씨름대회에 참가했는데 마침 단장(김학용 씨)이 밥이나 먹자고 해 갔던 것"이라며 "그 자리가 어떤 자리인지는 몰랐다"고 동아일보 홈페이지 기사 맨 끝에 올려놓았다.

종편의 졸속 출범으로 인한 여러 가지 문제 가운데서도 이것이 가장 심각하다고 판단한 데는 바로 이런 류의 '묻지마' 식 뉴스가 설익은 상태로 시청자들의 판단을 혼란시키고 당사자의 명예를 심각하게 훼손할 위험성이 있다고 보기 때문이다.

먼저 이 뉴스는 보도되기에는 기본적인 저널리즘의 ABC조차 지키지 않은 것으로 보인다. 취재의 단서가 될 만한 사안을 취재과정을 거치지 않고 겉모양만 과장되게 만들어 완성품으로 내보낸 셈이 됐다. 강씨가 야쿠자에 연루된 듯한 사진이 나왔다면 그 후 그의 행적과 사실관계를 확인하는 취재를 반드시 해야 한다. 기자라면 모르지 않는다.

더 심각하다고 판단한 것은 고의성이 엿보이기 때문이다. 제대로 된 취재를 하지 않고 내보냈다면 스스로 함량미달의 뉴스나 제작하는 신뢰할 수 없는 언론사라는 선전이 된다. 수십 년 전의 사진 하나를 가지고 이 정도로 사람을 공격하는 데는 취재의 문제가 아니라 강씨를 의도적으로 흠집내기 위한 시도로 해석될 수 있다.

내용이 충격적일 경우 사실관계를 두 번 세 번 확인하도록 저널리즘은 강조하고 있다. 또한 충분한 반론권도 보장해야 한다. 이 뉴스에는 어디에도 그런 것이 지켜지지 않고 있다. 그런데 사진 하나, 그것도 수십 년 전 사진 외에는 강씨의 야쿠자 연루설을 뒷받침할 만한 증언도 물증도 없다. 그럼에도 이처럼 '단독보도'를 내세워 무리한 공격을 한 것은 의도성이 다분하지 않느냐는 것이다.

특히 중대한 사안이라고 판단될 때는 제작진 외에도 부장, 국장 선을 거치며 게이트키핑(gate keeping)을 하게 되는데, 그런 과정을 거쳤는지도 의심스럽다. 그래서 고의성을 의심케 하는 데는 이유가 있다.

강씨는 비록 연예계를 은퇴했지만 여전히 일정한 시청률을 확보할 수 있는 막강한 영향력을 갖춘 '국민 MC' 임에 틀림없기 때문이다. 그를 두고 종편들의 치열한 쟁탈전은 PD들 사이의 비밀 아닌 비밀이 됐다. 이 과정에서 그와 프로그램을 성사시키지 못한 종편이 일종의 보복성으로 비치는 것은 프로그램의 졸속성이 웅변하고 있다.

연예인이든 정치인이든 '야쿠자와 연계설' 이라는 무시무시한 의혹을 연계시킨 보도를 하게 되면 사실 여부를 떠나 이미지에 치명상을 입게 된다. 언론사 입장에서 나중에 오보일 경우 간단하게 정정하면 된다고 보지만 당사자는 회복할 수 없는 국민적 평가절하에 직면하게 된다.

더구나 현역에서 떠나 연예활동을 접은 강씨를 이렇게 살벌한 내용으로 폄하하는 것은 정상적인 저널리즘에서는 이상행위로 판단한다. 무엇보다 근거는 없고 수십 년 전 사진 하나로 야쿠자 연계설을 주장하는 식은 그 누구도 납득시키기 힘들다.

전반적인 종편의 졸속 준비, 졸속 제작이 단순 실수가 아닌 개인의 명예훼손과 사생활 침해로 이어지는 것은 스스로 언론자유를 언론방종으로 타락시키는 결과가 된다. 언론자유는 개인의 인권과 명예를 존중할 때 보호받을 수 있다.

채널A는 조용하게 지내는 강호동 씨의 사생활을 존중해 주고 그의 명예 또한 존중해 주기를 당부한다. 설이나 소문 정도를 뉴스로 내보내 생사람 잡는 식은 스스로 종편의 존재를 부정하는 행위가 된다. 강씨의 항변이 없더라도 빠른 시일 내 정정 보도를 내주길 기대한다.

또한 논란 속에 출범한 종편들의 과도한 시청률 경쟁과 상업주의는 철저한 경계 대상으로 시청자, 일반시민들도 감시의 눈길을 게을리 하지 말아야 할 것이다.

일곱째, 한 사안을 두고 전혀 다른 보도를 하는 언론사를 비교하여 잘된 것과 잘못된 부분을 분석하는 것은 미디어 비평의 영역이다.

미디어 소비자들은 보다 확연하게 잘된 뉴스와 잘못된 뉴스를 구분할 수 있다. 이를 정확하게 지적하게 되면 이것은 미디어 비평의 존재 의의를 웅변하는 것이다.

다만 언론사나 기자 입장에서는 미디어 비평을 좋아할 이유가 없다는 것을 알게 된다. 칭찬을 받는 언론사 입장은 당연하게 받아들이고 비판을 받는 언론사는 불쾌하게 생각한다. 심지어 협박, 보복 메시지 전달이 온다. 잘못을 시정하기보다는 '종북', '빨갱이' 학자 등의 인신공격도 서슴지 않는다. 따라서 언론인 입장에서는 미디어 비평을 좋아하지 않는다.

그러나 미디어 소비자 입장에서는 꼭 필요한 장르임을 다시 한 번 강조한다.(박스글 참조)

취재의 ABC를 지킨 언론, 지키지 않은 언론
언론의 단골오보, 북한 소식

한국 언론의 단골오보, 북한 관련 보도가 또다시 문제를 일으켰다. 북한 관련 뉴스는 신중하게 다뤄야 한다는 기본을 부시하고 자사의 정치적 이데올로기에 부합한다는 이유로, 혹은 미국에서 나온 '믿을 만한 소식통' 이라는 이유로 확인 없이 보도했다가 줄줄이 오보를 범한 것이다.

오보의 주내용은 "북한의 외교 실세 강석주 북한 외무성 부상이 '핵무기 5~6개 이상 보유하고 있다', '6자회담은 시작부터 희망이 없었다' 고 말했다"는 것. 모두 강석주 부상의 연설에서 나온 것처럼 보도했다. 25일자 동아일보와 세계일보, 조선일보, 경향신문, 한국일보는 1면과 기타면에 주요기사로 다뤘다. 문제의 기사를 송고한 연합뉴스는 25일 새벽 기사 전문을 취소했다고 한다. 뒤늦게 확인된 사건의 전말은 이렇다.

미국 노틸러스연구소 홈페이지에 글을 올려 오보 참사를 야기한 로버트 칼린 전 미 국무부 관리는 자신의 글에 대해 "경험과 지식을 바탕으로 북한의 상황을 가상해 풍자 형식으로 쓴 에세이"로 "실제 사실과 아무런 관련이 없다"고 했다. 강석주 부상의 연설문도 아니고 국무부

전 관리가 한 편의 그럴듯한 감상문을 '자신의 감상문이라는 것을 글머리에 밝히고' 홈페이지에 올린 것이다. 이것을 보고 연합뉴스를 비롯한 주요 한국 언론이 마치 북한의 강석주 부상이 이런 파격적인 고백을 한 것처럼 제목을 뽑고 대서특필한 것이다. 해당 언론사마다 얼마나 큰 소동이 벌어졌는지 미루어 짐작이 간다.

이 와중에 취재의 ABC를 지키며 에세이를 뉴스인 양 보도하는 어리석은 소동에서 벗어난 언론사가 주목된다. 바로 MBC다. 왜 MBC는 이런 오보 행렬에서 자유로울 수 있었을까. 바로 취재의 기본에 충실했기 때문이다. 미디어오늘에서 MBC 윤용철 워싱턴 특파원과 인터뷰한 내용이다.

"칼린 전 담당관은 한국 기자들 중 자신과 접촉한 사람이 아무도 없었다고 말했다. 글 내용을 읽어 보면 '체니 부통령을 북한 군사위원회에 가입시키자'는 등의 조크성 내용이 군데군데 나와 뭔가 이상하다는 느낌을 받아 칼린 전 담당관에게 연락을 하게 된 것이다. (칼린 전 담당관은) 북한 상황에 대해 상상해서 쓴 것이며 자신의 말이 가공의 픽션이었다는 것을 참석자들도 이해했다. 당시 현실을 잘 풍자한 내용이라는 평가를 받았다."

윤 특파원은 글을 쓴 당사자와 접촉하여 취지와 그 배경 등을 확인했다. 그리고 타 매체들이 헛것을 보고 소리치며 1면 톱으로 기사를 키우기 시작하고 독자들을 우매한 길로 유도할 때 MBC는 중심을 잡고 오보를 범하지 않을 수 있었다.

그동안 북한 관련 오보는 헤아릴 수 없이 많다. 이번 사건은 다시 한번 한국 언론에 적어도 세 가지 교훈을 전한다.

먼저 취재 기본의 중요성이다. 어떤 주장, 연설 등이 나올 수 있고 이를 보도하는 것은 언론의 책무다. 그러나 확인 취재의 성실성을 게을리 하면 반드시 오보가 발생하게 된다는 수습기자 시절의 교훈을 되새기게 된다. MBC는 기본적인 확인을 했는데 왜 다른 한국 특파원들은 확인하지 못했을까. 확인도 못한 상태에서 1면으로 기사를 키우겠다는 만용은 어디서 왔는가. 특히 북한 관련 오보는 그동안 한국 언론에서 확인이 어렵다는 이유로 믿거나 말거나 식의 보도를 해 온 관행이 있다. 만우절 CNN 소동 때도 한국 언론은 대오보를 한 전력이 있고 김일성 살아 생전에는 '죽었나 살았다' 오보로 국제적 망신을 당한 적도 있다.

다음 단계, 기상천외한 주장일 때는 의심하고 확인하라는 저널리스트의 수칙을 다시 한 번 새기라는 것이다. 강석주 부상이 '핵무기 5~6개 이상 보유' 주장을 할 수도 있지만 이런 놀라운 주장을 할 때는 기자가 직접 들은 것이 아니라면 의심해야 한다. 의심하지 않는 기자는 유능한 저널리스트가 될 수 없다. 더구나 인터넷상의 연설문이라는 것은 당사자가 직접 작성했는지 여부, 해당기관 확인 등을 통해 가능하다. 자사 특파원들을 둔 중앙 일간지들이 왜 이런 오보소동을 반복하는지 납득하기 힘들다.

일부 기자와 언론사가 그동안 미국의 소식통, 미국의 주장은 무조건 사실로 믿는 사대주의의 관행에 젖어 있는 것은 아닌지 자문해 봐야 한다. 이라크전쟁, 아프가니스탄전쟁 등 미국이 주도하는 전쟁에서 전쟁 당사자 미국의 주장을 마치 진실인 양 여과없이 전달하는 행태는 스스로 저널리즘을 부정하는 행위다.

설혹 한국 정부가 그런 식으로 미국 정책을 답습하더라도 언론만큼은 공정하고 중립적인 보도를 해야 한다. 의견기사가 아닌 보도기사에서조차 북을 악으로, 미국을 선과 정의로 설정해 놓고 오보 확인 없이 기사를 키우는 식은 스스로 신뢰성을 부정하는 것이다. 미국과 북한을 어떻게 취급하든 그것은 언론사가 알아서 할 일이지만 적어도 보도기사의 객관성은 최대한 살리는 노력을 보여야 한다. 해설기사, 의견기사 코너를 이용하여 얼마든지 자사의 주장을 전달할 수 있기 때문이다. 한국 언론이 사실과 의견 구분이 안 된다는 비판을 받는 이유가 바로 여기에 있다.

여덟째, 미디어가 상식적인 답변보다 궁금증을 더 많이 불러일으키는데도 설득력 있는 답변이 나오지 않는 것은 비평의 대상이 된다.

기자가 취재할 수 없는 현실적 한계 때문인지 단순히 전문성 부족이나 확인 부족 때문인지 확인할 필요가 있다. 그것도 아니라 보도자료에 전적으로 의존했다면 이 역시 미디어 비평감이다. 이런 경우 보도기사와 미디어 비평은 동시에 비판의 도마에 오르게 된다.

보도의 충실성과 설득력, 비평의 문제제기와 공감대 형성 등 사실관계와 논리적 해명과 답변 등이 어떻게 나타나느냐에 따라 잘된 미디어 비평이 될 수도 있고 잘못된 미디어 비평이 될 수도 있다. 미디어 비평은 그 순간, 그때로 끝나는 것이 아니라 시간이 지나면서 사안이 하나씩 밝혀지게 되면 판단하기 더욱 쉬워진다.

시간이 지날수록 진실 확인은 더 용이해지지만 관심은 대체로 멀어진다. 미디어 비평은 시간이 지나야 제대로 확인이 가능한 것이다.[44] (박스 기사 참조)

"60년대 신동 '세계의 지성'에 오르다"

사라졌던 신동이 '세계의 지성'이 되어 나타났다

한국의 주요 신문들은 최근 이같은 제목으로 '60년대 신동'이 세계의 지성이 됐다고 일제히 보도했다. '실패한 천재', '평범 이하로 돌아온 천재'라는 내용으로 한때 신문과 방송이 떠들더니 40여 년 세월이 흐른 후 2006년 9월 언론은 또다시 '세계의 지성' 운운하며 그를 상품화하는 데 앞장섰다. 과거와 달라진 점이 있다면 과거에는 신동이라고 들을 만한 놀라운 행동, 실증사례가 있었지만 이번에는 알맹이 없이 세계 유명 인명사전에 올랐다는 사실 하나만으로 '세계 지성' 운운하고 있다는 것이다.

언론이 먹잇감으로 이용하는 주인공은 1960년대 천재로 보도했다가 잊혀진 당시 '천재소년' 김웅용 씨. '1980년판 기네스북 세계 최고 지능지수(IQ 210) 보유자', '5세 때 4개 국어를 구사하고 6세 때 일본 후지TV에 출연해 수학 미적분을 척척 풀어낸 신동'이라고 했다.

그가 1978년 갑자기 미국 생활을 접고 귀국하여 1981년 충북대에

---

44 김웅용 씨는 2014년 1월 다시 언론에서 '교수가 됐다'고 크게 보도했다. 그의 꿈이 이뤄진 것은 다행한 일이지만 그가 어떤 업적, 실적을 냈는지, 어떤 과정을 거쳤는지에 대해서는 분명하지 않다. 김씨는 그동안 언론보도의 피해자였던 셈이다. 언론은 과거 그의 천재성을 호기심 차원에서 접근하여 보도했지만 그 후 그의 노력과 실적 등에 대해서는 국민의 기대만큼 자세하게 보도하지 않았다. 결과 중심으로 보도하고 있는 등 여전히 그는 언론의 보도에서 자유롭지 못하다. 언론은 과거 그의 천재성에만 몰두하고 있을 뿐, 현재의 업적과 능력 등에 대한 분석은 없다. 세월이 흘러도 그에 대한 흥미성 보도로 일관하고 있으며 화제성 기사 정도로 취급하고 있다.

입학하자 언론은 그를 '실패한 천재'라고 다시 딱지를 붙였다. 그는 충북대에 입학해 전공을 토목공학으로 바꿔 박사학위를 받았다고 한다. 그후 국토환경연구소 연구위원으로 일하면서 연세대와 충북대 등에서 강의를 하고 치수와 수리학 분야 논문 90여 편을 게재했다고 한다.

언론보도에 의하면, 그는 올 들어 세계적으로 권위 있는 3대 인명사전에 모두 이름을 올리면서 '세계의 지성'으로 인정받게 됐다는 것이다. 미국인명연구소(ABI)의 '21세기 위대한 지성(Great Minds of the 21st Century)'에 선정됐고 올 상반기에는 미국 마퀴스 세계 인명사전(Marquis Who's Who in the World) 23판과 영국 케임브리지 국제인명센터(IBC)가 선정하는 '21세기 우수과학자 2000'에 이름을 올렸다고 한다.

한 지방의 개발공사 보상팀장으로 일하던 '실패한 천재' 김씨가 어떻게 어떤 논문으로 혹은 어떤 기준으로 '세계의 지성'에 선정됐는지 그 과정을 확인하는 것이 언론의 일이다. 왜 '실패한 천재'가 갑자기 '성공한 지성'으로 둔갑했는지 그 이유를 밝혀서 독자의 궁금증을 밝히는 것은 기사의 기본요건을 갖추는 것이다.

특히 그는 이미 언론에서 대표적으로 '실패한 천재'라고 찍어놓은 상태에서 왜 세계인명사전이 그를 주목하고 이름을 올렸는지, 그의 어떤 논문이 그런 평가를 받을 만했는지 확인이 필요했다. 국내 관련 학회에서는 어떤 평가를 하고 있는지 등에 대한 취재는 없고 단순 '띄우기' '죽이기'만 난무한다.

언론 보도가 사실이라면, '세계의 지성'을 어느 국내 대학도 어느 연구기관도 채용하지 않은 현실은 어떻게 설명할 수 있나. 세계의 지성에게 7급 공무원 정도면 가능한 토지보상팀장 업무가 과연 합당하고 적절한지 현실적 의문은 생기지 않는가. 논리적 설명이 안 되는 부분은 언론이 반드시 취재해서 독자의 궁금증을 해소해야 하는 것이 기사 작성의 기본이다.

최소한의 취재 성의조차 보이지 않을 것이라면 언론은 이제 그를 놓아 주라. 그는 언론의 집요한 보도 때문에 큰 상처를 안고 살아간다며 고백한 적도 있다. 그는 "천재소년이라는 딱지 때문에 스트레스를 너무 많이 받아 왔다. 평범하게 살면서 다른 사람들처럼 순수하게 학문과 업무적으로만 평가받고 싶다"고 말한 것으로 언론은 전했다. 이런 말을 전하는 언론은 과연 한 개인에 대한 예의나 기본을 갖추고 있는가. 언론이 정작 보도해야 할 것은 따로 있다.

'천재, 영재'라는 이름으로 장사에 열을 올리는 학원가의 상술, '영재는 만들어진다'는 헛된 믿음을 평범한 아이에게 강요하는 빗나간 학부모의 교육열, 판별 기준 하나 마련하지 못하고 종합지원체계 없는 교육부. 한국에는 유독 영재가 많은 편이지만 교육 선진국에서 볼 수 있는 체계적인 지원, 관리 시스템이 없다. 언론은 한낱 피상적인 이야깃거리로만 상품화할 뿐 진지하게 접근하여 국가적 차원에서 이들을 도와줄 방안을 마련하지 못한다. 그럴만한 가치가 있는 영재들이 한국에서는 방치되고 있거나 눈요깃감으로 전락하고 있다.

언론에 의해 다시 40년 만에 '세계의 지성'으로 주목받은 김씨에 관한 보도는 의문투성이다. 세계인명사전에만 오르면 기사화하는 언론의 사대주의 관행, 언론의 무성의, 기본이 안 된 취재보도 때문에 이들은 한순간에 영재에서 둔재로, 천재에서 평범이하로 알려지고 심각한 사생활 침해를 받게 된다. 더 나아가 한국적 풍토, 문화에서 개인의 행복을 찾아 평범한 삶을 포기하게 만든다. 국가적 손실이다.

> 인터넷 시대 저널리즘이 그 본령을 상실해 가고 있다. 사실은 경시
> 되고 주장과 설은 과포장된다. 진실은 멀고 의혹 키우기는 단골메뉴가
> 됐다. 기자들만의 문제가 아니라 이런 수준 이하의 기사를 보도하는
> 결정권을 가진 부장과 국장들의 책임이 더 무겁다. 현실이 양적으로
> 많은 기사를 선호한다 하더라도 저널리스트의 책무를 다시 한 번 반문
> 해 보기를 당부한다

아홉째, 출입처 기자들이 출입처와의 비정상적 관계로 인해 취재, 보도행태에 영향을 받게 될 경우, 이를 지적하여 정상적 관계 형성을 요구하는 것도 미디어 비평의 영역이다.

한국은 언론사의 출입처 제도[45]가 과거나 현재 큰 변화 없이 유지되고 있어 가끔 논란이 되고 있다.

특히 청와대를 출입하는 기자들은 종종 청와대의 대변인 역할을 한다는 이유로 비판을 받기도 하는데, 이는 국민의 이름으로 청와대를 견제, 감시하지 않고 거꾸로 권력의 일방적 주장을 선전하는 역할에 그친다는 지적 때문이다.

출입처의 눈치를 보지 않으면서 견제, 감시의 역할을 제대로 하기는 쉽지 않다. 그러나 국민의 알권리란 것은 정부나 권력이 감추고 싶은 것, 알리고 싶지 않아 하는 내밀하지만 공적인 정보까지도 취재해서 알리는

---

45 언론사의 출입처 제도란 기자들이 정부나 사회의 주요 조직에 출입처를 정해 놓고 담당기자를 파견, 고정적으로 취재, 보도하도록 하는 시스템을 말한다. 예를 들면 각 언론사는 청와대나 국회는 물론 검찰이나 병원 등 한국 사회 주요 조직에 기자들을 상시적으로 출입하도록 하고 출입처는 이들에게 기자실을 마련하여 취재 편의를 제공하는 등 언론활동을 돕지만 때로는 서로 유착하거나 적대시하여 원할한 관계 형성이 되지 않을 수도 있다.

것을 말한다.

다음은 언론계 고참 출신이 청와대 대변인으로 가서 월권 행태의 언행을 비판한 일종의 미디어 비평이다.(박스기사 참조) 윤창중의 청와대 대변인 발탁은 대부분 언론사는 물론 여권 내에서까지 비판, 반대했지만 박 대통령은 이를 밀어붙였다. 그러나 그의 미국 성추행 사건은 박 정부는 물론 국민을 충격에 빠뜨렸고, 이 사건은 2014년 1월 현재까지도 기소 여부조차 결정나지 않은 채 세월만 죽이고 있다.

윤창중의 평소 언행과 방송에서 막말을 구사하는 정도가 청와대의 얼굴격인 대변인으로 적절하지 않다는 지적에 대해 박 대통령은 들은 척도 하지 않았다. 그 결과 값진 대가를 치렀지만 이런 식의 '묻지마식 인사'는 반복되고 있어 앞으로도 논란이 예상된다.

[김창룡의 미디어창]

윤창중 대변인, 기자 선배 행세할 자격 없다

'폴리널리스트' 대변인이 내세우는 언론계 30년 경력에 대한 단상

'폴리널리스트' 논란의 중심에 선 윤창중 대통령직인수위원회 대변인의 발언이 연일 화제가 되고 있다. 그동안 당 안팎에서 그의 막말 논란, 국민 편가르기식 발언과 칼럼에 대해 논란이 이어질 때도 과거 발언이었기 때문에 좀 더 두고 보자는 유보적 입장도 있었다.

야당에서 그의 인선을 두고 반대할 때도 나름의 이유를 이해하면서도 반복적으로 매달리는 모습은 애처롭기까지 했다. 박근혜 대통령 당선자가 그를 임명했고 철회할 의사가 없다는 뜻을 분명히 보여 줬는데도 불구하고 틈만 나면 반대하는 모습은 정말 윤 대변인 말처럼 '반대

를 위한 반대'라는 인상을 줄 수도 있을 것 같다.

　문제는 윤 대변인이 공식 대변인이 되고 난 뒤에도 여전히 언론계 선배인 양 언론인의 행태를 반복하고 있다는 점이다. 또한 이것은 향후 언론보도에 직접적 영향을 미칠 것으로 우려되기 때문에 이 점은 막말보다 더 중요한 쟁점으로 다뤄야 한다는 사실이다.

　윤 대변인은 최근 기자 브리핑에서 "기삿거리가 안 된다. 영양가가 없다"며 구체적인 내용을 전달하지 않았다고 한다. 기삿거리가 있는지 여부는 언론이 판단할 문제 아니냐고 기자들이 반발하자 "있는지 없는지는 대변인이 판단한다"고 말을 자르기도 했다는 것이다. 그의 이런 주장의 이면에 대한 설명은 이렇게 전해졌다.

　"제가 30년 정치부 기자와 논설위원, 논설실장을 하면서 피부로 느낀 게 (언론이) 국가 요직에 대한 인선 때마다 엄청난 오보를 해서 결과적으로 언론의 신뢰가 상실되는 것을 아주 통감한 사람…(취재원과) 언론과의 신뢰가 형성돼야 그 언론에 대한 국민의 신뢰가 형성될 수 있다는 것이 저의 언론관…."(프레시안 2013. 1. 7)

　인수위 취재를 하는 기자들에게 '기삿거리가 없다'면서 자신의 언론관을 길게 늘어놓았다. 언론의 오보를 막고 신뢰를 형성해 주기 위한 그의 배려에서 나왔다는 주장은 매우 타당하다. 언론의 추측성 오보를 막는 것이 대변인의 역할이기도 하기 때문이다. 그의 역할과 주장을 이해하면서도 우려가 되는 부분은 독특한 한국적 정서, 토양 때문이다. 우선, 그는 기자들에게 '기삿감 없다'는 주장을 하면서 언론계 경력 30년을 내세우며 자신의 언론관을 피력했다. 대변인 자리에 가서도 언론계 경력을 내세우며 후배 보듯 내려다보기 시작하면 '언론에 대한 존중', '국민의 알권리'는 소홀해질 위험성이 있다.

특히 한국의 언론계는 선후배 질서의식이 강하다. 폐쇄적 조직일수록 '선후배 의식'이 강해서 자리가 바뀌어도 사석에서는 '선배, 후배' 하는 식으로 일체감을 강조한다. 물론 여기에는 서로의 입장, 이해관계가 맞물려 있기 때문에 무조건 나쁘다고 말할 수는 없다. 30년 언론계 선배가 3년차 출입기자를 어떻게 보겠는가. 그를 특정 언론사를 대표하는 언론인으로 보겠는가, '젖비린내 나는' 새까만 후배로 보겠는가.

언론계 출신 대변인의 장점은 언론계를 이해하고 존중할 때 빛나는 법이다. 벌써부터 언론계의 반발을 불러올 수 있는 발언은 그 의도와 무관하게 왜곡될 수 있다. 대변인으로 가는 순간 언론계 경력발언은 빛이 아니라 그림자가 될 수 있음을 기억할 필요가 있다. 또한 대변인도 언론의 감시와 비판의 대상이 되는 만큼 과거 비판의 주체로 활동하던 언론인 사고체계의 신속한 전환이 필요하다.

무엇보다 중요한 것은 '기삿감 판단의 주체' 부분이다. 대변인과 기자들 서로 '기삿감 주체는 자신들이 한다'는 주장은 앞으로 분명히 해야 할 핵심적인 부분이다. 대변인과 기자가 기삿감에 대한 인식이 비슷할 때는 문제가 없다. 그런데 일을 해 보면 대변인과 기자의 '기삿감 판단'은 다른 경우가 잦은 편이다. 대변인은 특정 조직을 대변하고 기자는 국민을 대변하기 때문에 기본적 입장이 다르기 때문이다. 인수위도 국민을 대변한다고 하지만 인수위가 국민과 동일시 될 수는 없다.

대변인은 조직의 논리와 주장을 정리하여 전달하면 된다. 그 내용을 보고 기자들이 '기삿감이 된다 안 된다'라는 판단을 내리는 것이 저널리즘의 정도다. 기자들이 기삿감이 된다고 판단해서 기사 작성을 하더라도 부장이나 국장이 '보도할 것인지 말 것인지' 판단을 내리게 된다. 저널리즘의 세계에서는 이처럼 각자 각 위치에서 역할과 판단이 분명히 있다. 그것을 흔들게 되면 혼란과 반발이 일게 마련이다. 언론계 경험으로 너무 잘 알고 있다 하더라도 위치와 입장이 바뀌면 떠난 조직에 대한 존중은 기본이다.

윤 대변인이 야당에 대해 '훈수'를 두거나 반박하는 것은 업무 중의 하나일 것이다. 그러나 언론계 후배들을 상대로 '기사 판단은 내가 한다'거나 '언론계 경력 30년'을 내세우게 되면 향후 어려움에 처할 가능성이 높아진다. 더구나 '폴리널리스트'라는 꼬리표를 달고 있는 언론계 선배에 대해 정조준할 후배기자들의 필봉도 갈수록 예리해질 수 있다.

인수위의 지엽적 문제가 본질적 문제를 압도하지 않아야 할 것이다. 국민화합과 국민행복은 분열과 적대감으로는 한 발짝도 다가설 수 없다. 언론과 국민에 대한 보다 겸손한 언어와 태도, 상대를 존중하는 열린 자세가 어느 때보다 절실하다.

열째, 선거에 부당하게 개입하거나 창작에 가까운 소설이나 허구를 내세워 특정세력을 비판하거나 옹호하는 언론인의 글쓰기는 저널리즘의 남용에 해당한다.

조선일보의 선거개입의 한 형식을 비판해 본 미디어 비평이다. 소문이나 괴담 등을 칼럼에 인용하여 보도할 수는 있지만 매우 신중해야 할 영역이다. 특히 저널리즘은 소문을 내세워 특정인이나 특정세력을 비판, 옹호하는 행태는 피해야 한다. 그것은 마치 익명의 취재원을 내세워 특정세력을 비난하는 비겁한 행태나 다름없기 때문이다. 괴담은 그냥 괴담으로 끝났다. 세월이 흐른 지금 다시 한번 이런 글을 확인해 보라. 세월이 알려

주는 진실에 귀를 기울이면 엉터리 기사, 왜곡된 뉴스가 얼마나 많은지 확인된다. 일정한 세월이 지나 이런 정치성 글이 얼마나 허무맹랑한 공해인지 확인된다. 문제는 아무도 주목하지 않는다는 점이다.(박스기사 참조)

[김창룡의 미디어창]

대선 보도의 품격을 지켜라

조선일보 '대선 괴담' 기사를 보고

정치부 기자들이 괴담 수준의 이야기를 기사화하려는 유혹에 빠지는 것을 데스크들은 말려야 한다. 그 반대로 데스크들이 나서서 '설'을 기사화하기 시작하면 기자들의 '믿거나 말거나' 식의 루머성 보도는 걷잡을 수 없어진다. 언론의 중요한 게이트키핑 역할은 고장나게 되고 한국 언론은 전체적으로 신뢰도가 떨어지고 독자들의 외면은 막을 수 없다.

조선일보 2006년 12월 21일자 김민배 정치부장이 '태평로' 코너에 '대선怪談'이라는 제목으로 쓴 글은 말 그대로 괴담 수준에서 벗어나지 못하고 저잣거리의 화제를 기사로 승격시켰다는 점에서 문제가 된다. 이런 괴담에 설득력을 더하기 위해 한나라당 정형근 의원의 주장과 노 대통령의 사퇴설을 끌어들였다. 기자들이 가장 경계해야 할 '설과 상상력, 괴담'을 기사 골격의 주요 구성요소로 만들었다.

조선일보 정치부장이 어떤 형태의 글을 어떤 방식으로 전개하든 그것은 전적으로 해당 신문사의 판단과 선택의 문제다. 그러나 각종 통계수치에서 가장 많은 독자수를 확보하고 이 사회에 주요 여론을 형성하는 공신력 있는 언론기관이 괴담 수준의 이야기를 전파하는 것은 반저널리즘의 행태로 묵과하기 힘들다. 더구나 이를 견제하고 감시해야 할 데스크가 앞장서서 이런 행태를 노골적으로 기사화하는 것은 공명선거와 유권자들의 판단을 흐리게 한다는 점에서 공개적으로 논의돼야 한다.

먼저 괴담의 내용이 일방적이며 논리적 근거가 빈약하다. 김 부장은 "…가장 악성 괴담은 '유력후보 암살설'이다. 암살에 사용하는 도구에 따라 '독침설', '총기설'로도 불린다." 섬뜩한 내용이다. 김 부장은 한 걸음 더 나아가 한나라당의 집권 실패 시나리오를 이렇게 정리했다.

"대선 막바지 국면에서, 당선이 가장 유력한 야당 후보가 암살당하고, 손쓸 사이도 없이 2위를 달리는 여당 후보가 당선되어 현 여권이 재집권에 성공한다는 것이다." 김 부장의 상상력은 이미 대선 시나리오에 따른 결과에까지 도달했다. 왜 유독 야당 후보가 대선 막판에도 가장 유력한 당선 후보인지, 또 그렇게 비극적으로 암살당해야 하는지 소설에서나 나올 법한 이야기가 기사로 등장했다는 것이 문제다. 이런 주장에 근거를 더하기 위해 한나라당 정형근 의원의 "한나라당과 대선 후보에 대한(북한의) 사이버 및 실제 테러 가능성에 대해 대책을 마련하는 게 필요하다"는 주장을 끌어들였다.

김 부장의 소설적 허구성을 기사로 끌어들이는 무리수를 범한 곳은 '노 대통령 사퇴설'에 와서 절정을 이룬다. 그는 '여권 안팎'이라는 모호한 취재원을 인용해 "노 대통령이 전격 사퇴할 가능성이 열려 있다. 내년 2월 25일 취임 4주년 사퇴설과 한나라당 경선 레이스가 막 가열될 무렵인 내년 4월 사퇴설로 나뉜다"고 주장했다.

이어 그는 "노 대통령이 전격 사퇴하면서 중대선거구제나 정·부통령제 개헌을 제안, 선거판을 크게 흔들고 '이명박 박근혜' 두 유력 야당 후보의 분열을 꾀한다는 것이 이 시나리오의 핵심이다"라고 했다. 이후로도 그의 괴담은 계속 이어지고 있다. 김 부장의 걱정하는 것처럼 노 대통령이 실제로 사퇴할 수도 있어 그의 말이 실제로 맞아떨어질 수도 있다.

그러나 저널리즘이란 미래의 불가측성을 예언하여 맞거나 말거나 식의 '시나리오'를 퍼뜨리는 것이 아니다. 저널리즘의 정도는 현실과 실제를 정확하게 분석하는 일이 급선무다. 김 부장의 글은 취재수첩에서 메모용으로 남아 있어야 할 정도의 근거가 박약한 가상의 일일 뿐이다.

물론 가상 시나리오를 기사화한다는 것 자체를 문제삼을 수는 없다. 그것이 괴담 수준이든 루머성 이야기든 그것은 전적으로 해당 언론사의 품격과 신뢰성의 문제일 것이다. 그러나 겉으로는 공명정대를 내세우면서 노골적으로 특정당, 특정후보 편들기식 편파보도를 정치부장이 앞장선다는 것은 유권자를 우롱하고 독자를 배신하는 행위다.

조선일보가 특정후보를 지지하는 것은 이미 공공연한 현실이지만 이런 식의 '괴담과 설, 상상력'으로 불공정 대선보도를 한다는 것은 언론의 과도한 여론 개입이며 정치부장의 월권행위가 될 것이다.

시장지배적 거대 신문사의 특정후보 편들기식 편파보도는 이미 시작됐다. 중앙선거관리위원회가 상설감시체제를 갖췄지만 선거 4개월 전에 '선거기사감시위원회'를 가동한다는 것은 너무 한가롭다. 또한 '대담식 인터뷰'는 안 되고 '동행취재'는 된다는 식의 형식논리는 궁색하고 허망하다.

조선일보 기자들에게 거꾸로 정치부장의 기사를 한번 평가해 볼 것을 권하고 싶다. 그런 식의 '괴담' 류가 앞으로 조선일보 지면을 계속 채워도 좋은지. 기발한 상상력을 바탕으로 취재성실의 의무를 저버린 채 기사화해도 문제가 없는지. 자정과 자성이 없는 곳에 발전은 없다. 조선일보 사내 양심적인 기자들의 건전한 목소리가 좀 더 크게 울려퍼져 우리 사회에서도 들을 수 있기를 기대한다.

미디어 비평은 이렇듯 미디어 세계의 빗나간 관행이나 취재 보도행태의 비정상적 행위를 감시, 견제하는 역할을 한다. 이 역할은 매우 힘들고 거꾸로 비난의 대상으로 전락할 수도 있다. 잘못된 미디어 비평은 역공을 당해 명예훼손 등 소송의 대상이 될 수도 있는 쉽지 않은 영역이다. 특히 막강한 언론사나 기자, PD 등을 대상으로 하기 때문에 한 개인이 그들의 성역에 도전하는 것은 때로 힘에 부치기도 하고 위험하기조차 하다.

권력기관이 감찰제도를 운영하는 것처럼 공익성이 강조되는 미디어도 내외에 자체 비평을 하는 자율규제기구나 공정성위원회 등을 두는 것은 국민의 권익을 위한 선택이 아니라 필수사항이다.

2014년 현시점의 한국 미디어 세계는 미디어 비평이 더욱 절실해졌다. 언론자유도에서 드러나듯 언론자유, 보도상황이 개선된 것이 아니라 더 나빠졌기 때문이다. 언론 내외의 미디어 비평이 더욱 활성화된다는 것은 적어도 현시점에서는 자유민주주의를 발전하는 원동력이 될 것이다.

5. 미디어 권력, 법과 윤리
언론의 자유에는 자율규제라는 원칙이 따라야 한다

한국의 미디어는 정치세력과 함께 권력화 과정을 거쳤다. 미디어 권력은 대통령 선출에 직·간접적 영향을 행사함으로써 정치권력과의 적과 동지적 관계를 이어왔다. 때로 핍박을 받기도 했지만 특혜와 이익을 받기도 했다.

언론의 자유라는 숭고한 이름 아래 표현의 자유가 남용되기도 했다. 선거의 계절에 언론보도는 때로 정적에게 치명타를 가하는 승부수가 되기도 했다. 이를 제지하는 견제장치가 없지 않지만 현실적으로 속수무책인 경우가 종종 나온다. 미디어는 영향력이 큰 만큼 그 힘을 남용하거나 오용하지 않도록 각종 윤리강령, 법과 제도 등이 입체적으로 작동하며 균형점을 잡도록 하고 있다.

특히 미디어는 법이라는 타율규제보다는 윤리강령이나 옴부즈맨 제도와 같은 자율규제로 그 힘을 절제하고 바로잡도록 하는 편이다. 오늘날 대부분의 선진국에서는 언론의 자유를 개인의 인격권 보호와 함께 양대 축으로 삼을 만큼 중시한다. 언론의 자유를 위해 법은 최소한의 개입을 원칙으로 한다. 대신에 다양한 자율규제제도를 만들어 스스로 헌법적 가치인 언론의 자유를 존중하도록 하고 있다.

미국의 경우, 수정헌법 제1조[46]를 통해 언론의 자유는 절대적 보호를 받는다. 그럼에도 불구하고 각 언론사는 자체 윤리강령을 만들어 법처럼 지키고 따르도록 하고 있다. 미국의 대표적인 권위지이자 세계적인 신문인 뉴욕 타임스의 윤리강령과 그 철학을 원문으로 부록에 실었다.(부록 참조) 내용이 자세하고 구체적이며 풍부하다.

미국을 대표하는 뉴욕 타임스의 윤리강령을 관통하는 핵심 키워드는 '공정하고 신뢰할 수 있는 보도를 위해 언론인은 최선의 노력을 다한다'

---

46 미국 헌법 수정 제1조(The First Amendment 또는 Amendment I)는 종교를 만들거나, 자유로운 종교활동을 방해하거나, 언론의 자유를 막거나, 출판의 자유를 침해하거나, 평화로운 집회의 자유를 방해하거나, 정부에 대한 탄원의 권리를 막는 어떠한 법 제정도 금지하는 미국의 헌법 수정안이다. 권리장전을 구성하는 10개의 개정안 중 하나로 1791년 12월 15일 채택되었다.

권리장전은 원래 헌법 비준에 대한 반연방주의자들의 반대를 누그러뜨리는 조치로 제안되었다. 처음에는 수정 헌법 제1조가 의회에 의해 제정되는 법에만 한정되었으며, 그 많은 조항들이 오늘날보다 훨씬 좁게 해석되었다. 1925년 기트로 대 뉴욕 주(Gitlow v. New York) 사건으로 시작하여, 연방 대법원은 수정 헌법 제1조를 수정 헌법 제14조에 명시된 적법한 절차 조항을 통해 주에 적용시켰다.

1947년 에버슨 대 교육위원회 사건에서, 연방 대법원은 주와 교회 사이의 분리벽을 요청하기 위해서 미국 건국의 아버지 토머스 제퍼슨의 서신을 꺼내었다. 물론 분리의 경계는 여전히 논란으로 남아 있다. 연설을 할 수 있는 권리는 다양한 형태의 정치적 발언, 익명 연설, 모금, 포르노, 그리고 학교의 발언 등을 보장하는 20세기와 21세의 계속적인 법원 판결을 통해 급격히 확장되었다. 이러한 것들은 수정 헌법 제1조의 일련의 예외조항으로 규정된 것들이었다. 연방 대법원은 명예훼손을 부담을 막는 영국 연방법의 선례들을 뒤집었고, 가장 유명한 예가 1964년 뉴욕 타임스 대 설리반 사건이었다. 그러나 상업적인 발언은 수정 헌법 제1조에서 정치적 발언보다 보호를 덜 받으며, 따라서 더 큰 규제를 규제를 따른다.

출판의 자유 조항은 정보와 의견의 출판을 보장하며, 다양한 매체에 적용이 된다. 1931년 니어 대 미네소타 사건과 1971년 뉴욕 타임스 대 미국 재판에서 연방 대법원은 수정 제1조가 모든 사건에서 사전 제약(검열)을 보장하고 있다고 판결했다. 탄원 조항은 정부의 조치에 대한 모든 부서에 탄원의 권리를 보장한다. 연방 대법원은 또한 수정 제1조가 집회와 결사의 자유를 암묵적으로 보장한다고 판결을 했다.

Congress shall make no law respecting an establishment of religion, or prohibiting the free exercise thereof; or abridging the freedom of speech, or of the press; or the right of the people peaceably to assemble, and to petition the Government for a redress of grievances.[1]

"의회는 종교를 만들거나, 자유로운 종교활동을 금지하거나, 발언의 자유를 저해허가나, 출판의 자유, 평화로운 집회의 권리, 그리고 정부에 탄원할 수 있는 권리를 제한하는 어떠한 법률도 만들 수 없다."

는 것이다. 이익 상충의 원칙에 따라 3만 원 이상의 선물조차 받지 않도록 정하고 있으며 설혹 자신도 모르게 선물이 전달되었다면 규정된 편지와 함께 되돌려 주도록 편지서식까지 만들어 놓고 있다. 뉴욕 타임스의 명성을 위해 최대한의 중립성과 공정성, 사실관계 확인 등을 지키도록 지나칠 정도로 서술하고 있다.

뉴욕 타임스 윤리강령 첫 번째 조항에서 "뉴욕 타임즈의 목표는 어떤 두려움이나 특혜를 초월하여 가능한한 최대한 중립적으로 뉴스를 제공하는 것"(부록 참조)이라고 명시하고 있다. 윤리강령에는 특히 이런 규정을 위반했을 때는 최고징세 수위로 해고도 가능하다는 점을 분명히 했다.

미국의 언론이 모두 윤리강령을 잘 지키고 있다고 말하는 것은 아니다. 윤리강령은 자율규제일 뿐 법직 구속력은 없다. 문제는 이런 윤리강령이 지켜지지 않았을 때, 즉 언론이 개인의 인권을 심각하게 훼손하고 정정조차 게을리했을 때 최후의 수단으로 타율규제인 법이 나서게 된다. 법은 언론의 잘못에 대해 관대하지 않다.

미국은 자본주의 국가답게 언론의 잘못된 보도, 피해구제를 게을리한 점에 대해서는 형사처벌보다 많은 돈으로 보상해 주라는 해법을 택하고 있다. 이미 보도가 나간 것을 원상회복하는 데는 한계가 있기 때문에 그 피해를 돈으로 보상해 주라는 것이다. 한국에서는 상상할 수 없는 거액의 위자료가 책정되기 때문에 미국 언론사들은 법을 두려워한다.

법을 두려워하게 되면 윤리강령 같은 자율규제가 힘을 받는다. 한국과는 매우 다른 양상을 보인다. 영국은 조금 복잡한 편이다. 영국 역시 전통적으로 언론의 자유를 신봉하는 나라다. 영국은 언론자유를 법으로 강제하는 데 대해 매우 신중한 편이다.

영국 사회의 언론은 크게 더 타임즈, 가디언 등 권위지와 더 선, 더 미러 등 대중지로 나뉜다. 권위지는 언론윤리강령을 법처럼 존중하며 영국 사회에서 신뢰의 상징처럼 자리잡고 있다. 대중지는 황색저널리즘을 구현하며 오직 재미와 말초신경을 자극하는 데 혈안이 되다시피하고 있다. 이는 취재과정에서 도청과 미행, 파파라치[47] 활용 등 온갖 불법을 동원한다는 의미다.

따라서 영국 언론의 두 얼굴을 모두 봐야 이해가 쉽다. 대중지에 대해서는 국민들도 즐겁게 사서 읽으면서 동시에 법적 제재를 해야 한다는 목소리가 높다. 권위지에 대한 대중의 불만은 상대적으로 적은 편이다. 영국에서 언론에 대한 규제 강화는 바로 대중지의 불법적 보도에 대한 것이 대부분이다.

2013년 영국은 주요한 변화를 가져왔다. 영국 미디어의 자율규제기구라고 할 수 있는 '언론불만처리위원회(PCC, Press Complaints Commission)'의 위상을 뒤흔드는 결정이 내려졌기 때문이다. 자율규제기구가 제 역할을 하지 못하기 때문에 좀 더 강력한 통제기구가 설치돼야 한다는 사회적 합의를 이뤄냈다.[48]

영국의 PCC가 자율규제기구였다면(부록 참조), 새롭게 PCC를 대체하는 신문규제기구인 IPSO(Independent Press Standards Organisation)는 법정기구로 타율규제기구가 되는 셈이다. 그만큼 규제의 강도를 높이겠다는 의미로 풀이된다. 새로운 규제기구가 최종적으로 어떤 모습으로 어떤 역할을 하게 될지는 2014년 1월 현재는 분명치 않다. 영국은 새로운 것을 만드는 데 오랜 시간이 걸리기 때문이다. 특히 언론자유를 훼손할 소지가 있다는 판단이 설 경우 여러 차례 논의를 거듭하는 전통이 있어 인내심이 필요하다.

미국이나 영국처럼 한국도 언론에 대한 자율규제와 타율규제 사이에서

---

47 파파라치는 유명인사나 연예인의 사생활을 카메라로 몰래 찍은 뒤 신문이나 잡지에 고액으로 팔아넘기는 서구의 프리랜서 몰래 카메라맨을 의미한다. 이들은 교황의 소변 보는 장면을 찍어 5억 원에 흥정하기도 하고 영국 왕실의 사생활을 망원렌즈를 활용, 몰래 촬영하여 적게는 수천만 원 많게는 수억 원을 받고 영국의 대중지에 팔아넘기기도 한다.

48 ···(전략) 2002년 유명 일요신문 '뉴스오브더월드'의 기자가 한 소녀의 납치사건 특종을 위해 사설탐정을 동원해 피해자의 휴대폰 음성사서함을 해킹한 사실이 알려지면서 신문규제 움직임은 신호탄을 쏘아올렸다. 납치사건 당시 소녀의 휴대폰 음성사서함에 변화가 있는 것을 안 부모는 피해자가 살해된 뒤였음에도 생존에 대한 기대를 가졌다. 얼마 뒤 해킹 사실이 알려지면서 사회는 분노했으나 사건은 사설탐정 개인의 범행으로 일단락됐다. 그러나 2011년 뉴스오브더월드의 전직 기자들이 신문사의 사주에 따른 해킹이었다는 사실을 폭로하면서 여론은 들 끓었다. 해킹의 배후엔 전 편집장 레베카 브룩스가 있었다. 윌리엄 왕세손을 비롯해 유명 정치인과 스포츠 스타, 배우들도 해킹의 피해자였다는 사실이 공개되면서 파문은 더욱 커졌다. 도덕성을 중시해야 할 신문이 중대 범죄인 해킹을 사주하고 이를 조직적으로 은폐하려 했다는 점에 영국 사회는 경악했다. 언론재벌 루퍼트 머독은 1843년 창간한 뉴스오브더월드를 서둘러 폐간하며 불길을 막아보려 했으나 대중의 분노는 사그라지지 않았다. 해킹 피해자 중 하나인 유명배우 휴 그랜트 등을 중심으로 신문규제 장치 도입을 주장하는 단체인 '해킹 추방' (Hacked Off)이 결성돼 입법 활동에 나섰다. 2011년 11월 신문의 불법적 취재 관행과 선정적 보도에 따른 피해사례 조사를 위한 '레비슨위원회'가 구성됐다. 브라이언 레비슨 판사를 위원장으로 한 위원회가 1년의 활동을 마감하고 제출한 보고서에는 신문의 횡포들이 생생히 담겨있었다. 정치권과 신문의 유착도 자세히 언급한 이 보고서는 정치권과 신문으로부터 독립적인 신문규제기관의 설치를 제안했다. 공이 정치권으로 넘어간 것이다. 영국 정치권은 신문규제에 대해 입을 모았으나 방법에 대해선 의견을 달리했다. 보수당은 자율 규제에 무게를 두었고, 보수당의 연정 파트너 자유당과 야당인 노동당은 좀 더 강력한 규제 방안 도입을 주장했다. 여론을 등에 업은 자유당과 노동당의 목소리에 밀리면서 보수당도 보다 강도 높은 규제 방안 도입으로 입장을 바꿔갔다. 때마침 터진 BBC의 정치인 성범죄 오보는 언론에 대한 대중의 불신을 부채질하면서 신문규제에 대한 공감대를 넓혔다. 보수당과 자유당, 노동당은 법적 규제 기구 설치에 의견을 모았다. 3당은 언론사의 자율적 참여에 따라 구성된 기존의 신문불만처리위원회(PCC, The Press Complaints Commission)를 대체하는 새 위원회를 칙령으로 설치하면서 법적 근거를 두기로 잠정적인 합의에 이르렀다. 대형 신문사들은 언론 자유 침해를 우려하며 규제 기구의 설치에 반대했다. 사주들이 회합해 새 규제 기구의 행정절차를 따르지 않겠다며 정치권을 압박했으나 물길을 돌리기엔 역부족이었다. 막판 진통도 있었다. 캐머런 총리가 합의 막바지에 반론을 제시하며 우여곡절을 겪은 것이다. 캐머런 총리는 법에 근거를 둔 규제 기구가 언론 자유를 위협할 수 있다며 반대에 나섰다. 캐머런 총리는 단순 칙령에 따른 규제 기구를 설치하자고 주장했다. 단순 칙령에 의한 규제 기구는 내각의 의결에 따라 폐지가 가능하기에 법적 구속력은 사실상 없다. 반면 3당의 합의안은 상하원 3분의 2 이상의 동의가 없으면 칙령을 개정하거나 폐지할 수 없도록 해 규제 기구의 법적 안정성을 도모했다. 정치권이 신문사의 압력에 굴복해 규제 기구를 무력화하는 것을 방지하려는 의도가 담긴 합의안이었다. 언론 자유라는 명분을 내세웠지만 캐머런 총리의 신문 눈치 보기라는 분석이 뒤따랐다. 캐머런 총리는 브룩스 뉴스오브더월드 전 편집장과 부적절한 휴대폰 메시지를 주고받았을 정도로 신문들과 돈독한 사이를 유지했기에 의심의 눈초리가 많았다. 캐머런 총리의 막판 '저항'도 결국은 수포로 돌아가고 3당은 원안대로 신문규제법안에 최종 합의했다. 이번에 마련된 신문규제법안의 핵심은 언론보도 피해자 구제다. 법안에 따르면 새 규제 기구는 신문이 보도과정과 보도에 의해 시민에게 피해를 입힌 사실이 드러나면 사과 광고나 정정보도를 주요 면에 즉시 게재토록 명령할 수 있다. 그동안 언론보도 피해자 구제에 인색했던 영국 언론은 사과 광고와 정정보도를 눈에 보이지 않게 처리하는 것을 관례로 여겨왔다. 법안은 규제 기구가 최고 100만 파운드(약 17억 원)의 과징금을 신문사에 물릴 수 있게 하는 조항도 포함하고 있다.(출처 : U.K 황색주의는 언론의 '방종' 신문규제법안 논란. 신문과 방송 2013. 5. 27)

균형점을 찾기 위해 노력중이다. 한국의 경우, 형식상에 있어서는 완벽에 가까울 정도의 제도를 갖췄다. 자율규제기구로는 각 언론사별로 별도의 언론윤리강령을 갖추고 있다. 스스로 만들었지만 스스로 지키지 않는다는 점은 놀라운 일이다. 이것도 부족하여 한국기자협회, 편집인협회 등이 공동 혹은 개별적으로 언론윤리강령, 행동강령 등을 만들어 놓고 있다.(부록 참조) 이외에도 자율규제기구로 신문윤리위원회가 있으며 방송사들은 방송제작 가이드 라인, 옴부즈맨 제도 등을 운영하고 있다.

언론의 타율규제기구인 언론중재위원회는 법정기구로 강제로 조정, 중재를 할 수 있으며 때로는 민사재판 역할까지 맡아 언론사에 위자료를 부과할 수 있다. 언론중재법은 민법, 형사법과는 별도로 언론의 자유에 일정 수준에 개입할 수 있는 법정기구의 근거가 되고 있다. 외국에서는 한국의 다양한 언론규제기구와 위원회에 대해 완벽에 가깝다고 찬탄을 금하지 못하고 있다. 과연 현실은 그런가.

제도는 완벽에 가까울지 모르지만 현실적으로 언론의 자유가 언론사들에 의해 종종 남용될 때는 타율규제기구가 제 역할을 못하기 때문이다. 쉽게 말하면 언론사가 언론관련법을 어겨도 타율적 규제가 위력을 발휘하지 못하기 때문에 억제효과가 미미하다는 말이다. 자율규제가 좀 더 효율화되는 방법은 역설적으로 타율규제의 위력에 달려 있다. 자율규제를 따르는 것이 언론사와 언론인에 이익이 된다면 언론사는 자율규제에 보다 철저해질 것이다. 그것이 타율규제기구, 즉 법이 존재하는 이유가 된다.

책은 소통력을 키우는 최고의 스승이다

책을 쓴다는 것은 전문지식의 영역이지만 자기와의 승부이기도 하다. 중간에 포기할 이유가 너무 많다. 스스로 부족하다는 판단 때문에 혹은 추진력의 저하로 그만두기가 쉽다. 때로는 출판사의 퇴짜로 혹은 비슷한 내용이 이미 시중에 널려 있다는 이유로 빛을 보지 못하는 경우도 있다.

그런 것이 아니더라도 이미 책의 생명은 점점 더 위태로워지고 있다. 스마트폰 세대는 책을 사 보는 대신 간단하게 내용을 다운받거나 친구가 구입한 책을 부분 카피하여 사용하는 등 출판물이 사양산업으로 내리막 길을 걷고 있기 때문이다. 영상세대, 감성세대에 1차원적인 인쇄매체는 별로 호소력이 없어 보인다.

그럼에도 불구하고 끝까지 완성시킨 데는 세가지 이유가 있다. 하나는 개인적인 믿음 때문이다. '나의 선생님은 과거나 지금이나 책이다'라는 신념이 끝까지 완성시키도록 만들었다. 옛 성현들이 말한 "책 속에 길이 있다. 독서하라"는 말을 나는 신봉한다.

책은 "젊은이에게는 음식, 노인에게는 오락, 부자에게는 자식, 고통스러울 때는 친구"라는 말처럼 나는 늘 책의 도움을 받았고 나도 책으로 누군가에게 도움을 되돌려주고 싶었다. 그래서 많은 이야기를 하고 싶었고 많은 내용을 담고 싶었고 많은 교훈을 정리하고 싶었다. 나는 앞으로도 힘이 닿는다면 내가 할 수 있는 영역에서 더 많은 책에 도전하고 싶다. 나이가 들어도 도전할 수 있는 영역이 있다는 것은 흥미로운 일이다.

두 번째는 직업적 특성 때문이다. 남에게 가르치는 직업은 항상 고민하고 항상 새로운 것을 배우기 위해 노력해야 한다. 책만큼 빠르고 정직한 스승이 없다. 스마트폰을 검색하고 넷북으로 즐기기 위해서도 누군가가 원본을 만들어 올리는 사람이 있어야 한다. "사람은 직업을 선택하고 직업은 사람을 만든다"는 말은 그래서 설득력이 있다.

오늘의 공부는 내일 낡은 것이 되고 오늘의 제자는 나와 다른 세대에 사는 군상들이다. 경각심을 갖고 현실을 다시 살피고 준비하지 않으면 나는 선생이라는 직업에서 도태될 것이다. 책을 만드는 작업은 지식을 집대성하고 미래로 나아가는 토양이 된다. 기초 없이 뻗어가는 빌딩이 없듯이 연구와 저술활동은 선택이 아니고 교사에게 필수항목이다.

정치인들이나 국회의원은 출판기념회를 위해 책을 만든다. 자신이 무슨 내용을 정리했는지도 모른 경우도 많다. 그런 출판기념회를 통해 정치자금을 모으는 통로로도 활용한다. 책도 그들에게는 액세서리 정도로 장식품에 불과하다. 모두가 그런 것은 아니지만 책의 운명도 누구의 손에 어떻게 태어나느냐에 따라 천차만별이다. 모든 책은 나름의 목적을 갖고 태어난다. 어떤 종류의 책이든 책은 그 내용의 순수한 가치로 독자들로부터 평가받아야 한다고 믿는다.

마지막으로 출판은 세상과의 소통방식의 하나이며 지식인의 사회참여 방식이기도 하다. 이 책에는 많은 시사적인 내용과 주관적 해석, 평가를 담고 있다. 내가 믿는 바를 나름의 논리로 세상에 내놓고 세상과 소통하고자 했다. 여론을 조작하려는 세력에 대해 분노를 표현했고 저널리즘의 본령을 지키고자 노력한 기자들에게는 마음의 성원을 보냈다. 약자에게 가해지는 부당한 공권력에 대해서는 비판을 제기했다. '펜은 칼보다 강하다'고 하지만 역설적으로 조금 수정해야 할 것 같다. "한국사회에서 칼은 펜보다 강하다. 어쩌다 아주 가끔 펜이 칼을 이기는 것처럼 보일 때가 있을 뿐이다."

이 책이 완성될 즈음, '국경 없는 기자회'에서 2014년 한국 언론자유지수를 발표했다. 2014년도 세계 언론자유지수에 따르면 한국은 지난해 50위에서 일곱 계단이나 하락한 57위를 기록했다. 한국은 2013년에도 44위에서 50위로 여섯 계단 하락한 바 있다. 공정방송투쟁으로 해직된 언론인들의 복직이 수년째 이뤄지지 않고 정부편향적인 불공정 보도가 반복된 결과로 보인다는 해석이 나왔다.

한국의 언론자유지수가 57위로 나타난 것은 국가 위상에 어울리지 않는 부끄러운 수치다. 여론을 조작하고 언론을 통제하는 국가의 국민은 불행할 수밖에 없다. 표현의 자유가 제약당하고 국민 주권이 훼손되는 것을 알면서도 제대로 진실을 밝히지 못하는 현실, 그 현실에 침묵하는 주요 미디어의 정파적 보도가 저조한 수치를 웅변한다.

그래도 나는 한국은 발전하고 있다고 믿는다. 어제보다 오늘이 오늘보다는 내일이 나아지고 있다는 신념으로 이런 책을 만든다. 내가 할 수 있는 영역에서 작은 돌을 하나 보태는 심정으로 우리 사회에 나의 작품을 내보낸다.

이 책이 완성되는 데 여러 기자와 칼럼니스트, 미디어오늘 등의 도움이 있었다. 일일이 인사하지 못하고 지면으로 대신하는 데 대해 혜량을 구한다. 이지출판사 서용순 대표의 격려와 세심한 배려에 감사한다. 곁에서 항상 힘이 되어 주는 내 인생의 동반자 조애경에게도 고마운 마음을 전한다.

부록

1. 한국기자협회 윤리강령 및 실천요강

출처 : http://www.journalist.or.kr/com/rule-3.html

기자는 국민의 알권리를 충족시키고, 진실을 알릴 의무를 가진 언론의 최일선 핵심존재로서 공정보도를 실천할 사명을 띠고 있으며, 이를 위해 국민으로부터 언론이 위임받은 편집-편성권을 공유할 권리를 갖는다. 기자는 자유로운 언론활동을 통해 나라의 민주화에 기여하고 국가발전을 위해 국민들을 올바르게 계도할 책임과 함께, 평화통일·민족화합·민족의 동질성 회복에 기여해야 할 시대적 소명을 안고 있다. 이와같이 막중한 책임과 사명을 갖고 있는 기자에게는 다른 어떤 직종의 종사자들보다도 투철한 직업윤리가 요구된다. 이에 한국기자협회는 회원들이 지켜야 할 행동기준으로서 윤리강령과 그 실천요강을 제정하여 이의 준수와 실천을 선언한다.

1. **언론자유 수호** 우리는 권력과 금력 등 언론의 자유를 위협하는 내·외부의 개인 또는 집단의 어떤 부당한 간섭이나 압력도 단호히 배격한다.
2. **공정보도** 우리는 뉴스를 보도함에 있어서 진실을 존중하여 정확한 정보만을 취사선택하며, 엄정한 객관성을 유지한다.
3. **품위유지** 우리는 취재 보도과정에서 기자의 신분을 이용해 부당이득을 취하지 않으며, 취재원으로부터 제공되는 사적인 특혜나 편의를 거절한다.
4. **정당한 정보수집** 우리는 취재과정에서 항상 정당한 방법으로 정보를 취득하며, 기록과 자료를 조작하지 않는다.
5. **올바른 정보사용** 우리는 취재활동 중에 취득한 정보를 보도의 목적에만 사용한다.
6. **사생활 보호** 우리는 개인의 명예를 해치는 사실무근한 정보를 보도하지 않으며, 보도대상의 사생활을 보호한다.
7. **취재원 보호** 우리는 어떠한 경우에도 취재원을 보호한다.
8. **오보의 정정** 우리는 잘못된 보도에 대해서는 솔직하게 시인하고, 신속하게 바로잡는다.
9. **갈등·차별 조장 금지** 우리는 취재과정 및 보도 내용에서 지역·계층·종교·성·집단간의 갈등을 유발하거나 차별을 조장하지 않는다.
10. **광고·판매활동의 제한** 우리는 소속 회사의 판매 및 광고문제와 관련, 기자로서의 품위를 손상하는 일체의 행동을 하지 않는다.

2. BBC 방송사 편집 · 제작 가이드 라인(2010년 개정판, 5년마다 개정을 시도한다)

출처 http://www.bbc.co.uk/pressoffice/pressreleases/stories/2010/10_october/12/guidelines.shtml

Press ReleaseRevised BBC Editorial Guidelines published today

Date : 12. 10. 2010   Category : BBC

The latest revision of the BBC's Editorial Guidelines have been published today.

Written by the BBC Executive and approved by the BBC Trust they are available to programme makers and the public at bbc.co.uk/editorialguidelines, the Guidelines set out the standards expected of everyone making or presenting the BBC's output on TV on radio and online, and are reviewed every five years.

The revised Guidelines take into account the changes and developments that have occurred both within the BBC and the broadcasting industry since the last update in 2005, and reflect feedback from audiences following a public consultation by the BBC Trust. In addition the BBC Academy has launched a range of online, interactive learning modules to support the roll out of the new Editorial Guidelines. The modules will also be available to the wider public at bbcacademy.com/editorialstandards.

The new edition of the Editorial Guidelines :

For the first time clearly lays out the editorial policy principles which reflect the BBC's values and standards

Emphasises the importance of content producers using their own best judgement when making editorial decisions, in tandem with a new emphasis on the importance of taking advice from more senior people, and a requirement on those senior people to give help and support in making the right decisions

Introduces the concept of "due accuracy". This clarifies that accuracy is a consideration for all BBC output but its requirements vary. For example, the nature of accuracy required of drama and comedy may not be the same as for news and current affairs

Widens the application of the requirement for "due impartiality" to all output

Requires that potentially offensive material is judged against "Generally Accepted Standards" the term used in the BBC Agreement and the Ofcom Broadcasting Code

In addition, the Guidelines have been re-thought and restructured taking account of the lessons learned from some very serious editorial failings-over competitions, over intrusion and over misleading audiences. A section on Conflicts of Interest has been reinstated.

New technology and new media has also evolved hugely in the past five years and this edition of the Editorial Guidelines has now incorporated the Online Guidelines which were previously separate.

Mark Thompson, BBC Director General said today: "I want those making content for the BBC, be it on television, radio or online to use their own best judgement. The Editorial Guidelines are there to enable programme makers to make those judgements and ensure that our output meets the high standards of quality and creativity audiences expect of the BBC."

David Jordan, Director BBC Editorial Policy and Standards, said: "The Editorial Guidelines are there to help programme-makers create brilliant content. The high standards that are expected of BBC output is absolutely clear and these Guidelines can ensure that we continue delivering impartial journalism, edgy comedy, thrilling dramas and all the content we know the BBC is uniquely placed to make consistent with the BBC's enduring editorial values."

Notes to Editors

The BBC Executive reviews its Editorial Guidelines every five years. The last edition was published in 2005. The BBC Trust are responsible for commissioning the Guidelines for the first time as stipulated in the Agreement to the BBC's Royal Charter 2006.

The revised Editorial Guidelines come in to effect at 00.01 on Monday 18 October.

Training modules can be accessed at bbcacademy.com/editorialstandards or via Gateway for BBC staff.

The BBC Academy, launched in December 2009, is the BBC's centre for training. It houses the Colleges of Journalism, Production, Leadership and the Centre of Technology. The BBC Academy aims to put training and development at the heart of broadcasting by equipping both BBC staff and the wider industry with the skills they need for a lifetime of employability in an ever-changing media landscape.

The BBC Academy modules have been made by Epic.

BBC Press Office

3. 영국의 자율규제기구 PCC(언론불만처리위원회)

출처=http://en.wikipedia.org/wiki/Press_Complaints_Commission

Press Complaints CommissionFrom Wikipedia, the free encyclopedia
Jump to : navigation, search

The Press Complaints Commission logo
Press Complaints Commission in Salisbury SquareThe Press Complaints Commission (PCC) is a voluntary regulatory body for British printed newspapers and magazines, consisting of representatives of the major publishers. The PCC is funded by the annual levy it charges newspapers and magazines. It has no legal powers ? all newspapers and magazines voluntarily contribute to the costs of, and adhere to the rulings of, the Commission, making the industry self-regulating.[1]

The PCC received extensive criticism for its lack of action in the News of the World phone hacking affair, including from MPs and Prime Minister David Cameron, who called for it to be replaced with a new system in July 2011.[2] The Leveson Inquiry was set up and reported in November 2012 but there since has been deadlock over its proposals for self-regulation despite the establishment of a Royal Charter on self-regulation of the press.

Lord Hunt was appointed Chairman of the Commission in October 2011.[3] In December 2011 Lord Hunt announced his plans to replace the PCC with a new independent regulator.[4]

The new body, called the Independent Press Standards Organisation, is being set up despite its proposed charter being rejected by the Privy Council, and expects to sign up most of the national and local newspapers before the end of 2013. It will not benefit from the low-cost system of resolving disputes offered by the Royal Charter.[5]

Hunt also wants to introduce a voluntary, paid-for, 'kitemarking' system for blogs. The kitemark would indicate that the blogger has agreed to strive for accuracy, and to be regulated. Bloggers would lose their kitemark if complaints against them were repeatedly upheld. He plans to start the roll-out by targeting bloggers that cover current affairs.

When asked about his proposals in an interview Hunt said "At the moment, it is like the Wild West out there. We need to appoint a sheriff."[6]

Contents [hide]

Chairs[edit]Lord Hunt

Baroness Buscombe(2009~2011)[7]

Sir Christopher Meyer(2003~2009)

Professor Robert Pinker(2002)

Lord Wakeham(1995~2002)

History[edit]The precursor to the PCC was the Press Council, a voluntary press organisation founded in 1953 with the aim of maintaining high standards of ethics in journalism. However in the late 1980s, several newspapers breached these standards and others were unsatisfied with the effectiveness of the council. The Home Office thus set up a departmental committee, headed by Sir David Calcutt, to investigate whether a body with formal legal powers should be created to regulate the industry.

The report, published in June 1990, concluded that a voluntary body, with a full, published code of conduct should be given eighteen months to prove its effectiveness. Should it fail, the report continued, a legally empowered body would replace it. Members of the press, keen to avoid external regulation, established the Press Complaints Commission and its Code of Practice.

The first high-profile case handled by the PCC was brought by HRH The Duke of York who claimed that the press were invading the privacy of his small children. The complaint was upheld.

The Commission's first chairman was Lord McGregor of Durris. He was succeeded by Lord Wakeham in 1995. He resigned in January 2002 after concerns over a conflict of interest when the Enron Corporation collapsed. He had been a member of the company's audit committee. Sir Christopher Meyer was appointed in 2002 following a brief period of interim chairmanship by Professor Robert Pinker, leaving in 2008.

In 2006, the PCC received 3,325 complaints from members of the public. Around two thirds of these were related to alleged factual inaccuracies, one in five related to alleged invasions of privacy and the rest included the lack of right to reply, harassment and obtaining information using covert devices. 90% of cases were resolved to the complainants' satisfaction. 31 of the cases were adjudicated by the Commission before being resolved as the complainants were initially not satisfied by the action recommended by the Commission.[8]

In 2009 the PCC received more than 25,000 complaints, a record number, after an article appeared in the Daily Mail written by Jan Moir about the death of Boyzone singer Stephen Gately. Moir had described events leading up the death as "sleazy" and "less than respectable". On 17 February the PCC confirmed that although it was "uncomfortable with the tenor of the columnist's remarks", it would not uphold the complaints made.[9]

As of 12 January 2011, the Northern and Shell group (often referred to as the Express Group) of publications withdrew its subscription to the PCC. According to the PCC, "a refusal to support the self-regulatory system financially means that a newspaper publisher effectively withdraws from the PCC's formal jurisdiction, which the PCC considers regrettable". Consequently the Daily & Sunday Express, Scottish Daily & Sunday Express, Daily & Sunday Star, OK!, New magazine and Star magazine are no longer bound by the PCC's code of practice, and the public no longer has recourse to making complaints through the PCC.[10]

The Guardian newspaper reported[11] in May 2011 that social media messages are to be brought under the remit of the PCC after it ruled in February 2011 that information posted on Twitter should be considered public and publishable by newspapers.[12]

The Code of Practice[edit]Any member of the public, whether a relative unknown or a high-profile figure, is able to bring a complaint against a publication that had volunteered to meet the standards of the Code. Members of the Commission adjudicate whether the Code has indeed been broken, and, if so, suggest appropriate measures of correction. These have included the printing of a factual correction, an apology or letters from the original complainant. The Commission does not impose financial penalties on newspapers found to have broken the Code.

Many publishers have added clauses to the contracts of editors of newspapers and magazines giving them the option to dismiss editors who are judged to have breached the PCC Code of Practice. The PCC and its adherents claim that by attaching personal significance to the role of the PCC in the editors' mind, its role has become more effective.

The section titles of the code of practice on which judgements are made are as follows:[13]

1) Accuracy

i) The Press must take care not to publish inaccurate, misleading or distorted information, including pictures.

ii) A significant inaccuracy, misleading statement or distortion once recognised must be corrected, promptly and with due prominence, and ? where appropriate ? an apology published. In cases involving the Commission, prominence should be agreed with the PCC in advance.

iii) The Press, whilst free to be partisan, must distinguish clearly between comment, conjecture and fact.

iv) A publication must report fairly and accurately the outcome of an action for defamation to which it has been a party, unless an agreed settlement states otherwise, or an agreed statement is published.

2) Opportunity to reply

A fair opportunity for reply to inaccuracies must be given when reasonably called for.

3) Privacy *

i) Everyone is entitled to respect for his or her private and family life, home, health and correspondence, including digital communications.

ii) Editors will be expected to justify intrusions into any individual's private life without consent. Account will be taken of the complainant's own public disclosures of information.

iii) It is unacceptable to photograph individuals in private places without their consent.

Note—Private places are public or private property where there is a reasonable expectation of privacy.

4) Harassment *

i) Journalists must not engage in intimidation, harassment or persistent pursuit.

ii) They must not persist in questioning, telephoning, pursuing or photographing individuals once asked to desist; nor remain on their property when asked to leave and must not follow them. If requested, they must identify themselves and whom they represent.

iii) Editors must ensure these principles are observed by those working for them and take care not to use non-compliant material from other sources.

5) Intrusion into grief or shock

i) In cases involving personal grief or shock, enquiries and approaches must be made with sympathy and discretion and publication handled sensitively. This should not restrict the right to report legal proceedings, such as inquests.

*ii) When reporting suicide, care should be taken to avoid excessive detail about the method used.

6) Children*

i) Young people should be free to complete their time at school without unnecessary intrusion.

ii) A child under 16 must not be interviewed or photographed on issues involving their own or another child's welfare unless a custodial parent or similarly responsible adult consents.

iii) Pupils must not be approached or photographed at school without the permission of the school authorities.

iv) Minors must not be paid for material involving children's welfare, nor parents or guardians for material about their children or wards, unless it is clearly in the child's interest.

v) Editors must not use the fame, notoriety or position of a parent or guardian as sole justification for publishing details of a child's private life.

7) Children in sex cases *

1. The press must not, even if legally free to do so, identify children under 16 who

are victims or witnesses in cases involving sex offences.

2. In any press report of a case involving a sexual offence against a child ?
   i) The child must not be identified.

   ii) The adult may be identified.

   iii) The word "incest" must not be used where a child victim might be identified.

   iv) Care must be taken that nothing in the report implies the relationship between the accused and the child.

8) Hospitals *

i) Journalists must identify themselves and obtain permission from a responsible executive before entering non-public areas of hospitals or similar institutions to pursue enquiries.

ii) The restrictions on intruding into privacy are particularly relevant to enquiries about individuals in hospitals or similar institutions.

9) Reporting of Crime *

i) Relatives or friends of persons convicted or accused of crime should not generally be identified without their consent, unless they are genuinely relevant to the story. (ii) Particular regard should be paid to the potentially vulnerable position of children who witness, or are victims of, crime. This should not restrict the right to report legal proceedings.

10) Clandestine devices and subterfuge *

i) The press must not seek to obtain or publish material acquired by using hidden cameras or clandestine listening devices; or by intercepting private or mobile telephone calls, messages or emails; or by the unauthorised removal of documents or photographs; or by accessing digitally-held private information without consent.

ii) Engaging in misrepresentation or subterfuge, including by agents or intermediaries, can generally be justified only in the public interest and then only when the material cannot be obtained by other means.

11) Victims of sexual assault

The press must not identify victims of sexual assault or publish material likely to contribute to such identification unless there is adequate justification and they are legally free to do so.

12) Discrimination
i) The press must avoid prejudicial or pejorative reference to an individual's race, colour, religion, gender, sexual orientation or to any physical or mental illness or disability.
ii) Details of an individual's race, colour, religion, sexual orientation, physical or mental illness or disability must be avoided unless genuinely relevant to the story.

13) Financial journalism
i) Even where the law does not prohibit it, journalists must not use for their own profit financial information they receive in advance of its general publication, nor should they pass such information to others.
ii) They must not write about shares or securities in whose performance they know that they or their close families have a significant financial interest without disclosing the interest to the editor or financial editor.
iii) They must not buy or sell, either directly or through nominees or agents, shares or securities about which they have written recently or about which they intend to write in the near future.

14) Confidential sources
Journalists have a moral obligation to protect confidential sources of information.

15) Witness payments in criminal trials
i) No payment or offer of payment to a witness - or any person who may reasonably be expected to be called as a witness ? should be made in any case once proceedings are active as defined by the Contempt of Court Act 1981.
This prohibition lasts until the suspect has been freed unconditionally by police without charge or bail or the proceedings are otherwise discontinued; or has entered a guilty plea to the court; or, in the event of a not guilty plea, the court has announced its verdict.
*ii) Where proceedings are not yet active but are likely and foreseeable, editors must not make or offer payment to any person who may reasonably be

expected to be called as a witness, unless the information concerned ought demonstrably to be published in the public interest and there is an over-riding need to make or promise payment for this to be done; and all reasonable steps have been taken to ensure no financial dealings influence the evidence those witnesses give. In no circumstances should such payment be conditional on the outcome of a trial.

*iii) Any payment or offer of payment made to a person later cited to give evidence in proceedings must be disclosed to the prosecution and defence. The witness must be advised of this requirement.

16) Payment to criminals *

i) Payment or offers of payment for stories, pictures or information, which seek to exploit a particular crime or to glorify or glamorise crime in general, must not be made directly or via agents to convicted or confessed criminals or to their associates ? who may include family, friends and colleagues.

ii) Editors invoking the public interest to justify payment or offers would need to demonstrate that there was good reason to believe the public interest would be served. If, despite payment, no public interest emerged, then the material should not be published.

There may be exceptions to the clauses marked * where they can be demonstrated to be in the public interest.

1. The public interest includes, but is not confined to:

i) Detecting or exposing crime or serious impropriety.

ii) Protecting public health and safety.

iii) Preventing the public from being misled by an action or statement of an individual or organisation.

2. There is a public interest in freedom of expression itself. (Article 10 of the Human Rights Act 1998)

3. Whenever the public interest is invoked, the PCC will require editors to demonstrate fully that they reasonably believed that publication, or journalistic

activity undertaken with a view to publication, would be in the public interest and how, and with whom, that was established at the time.

4. The PCC will consider the extent to which material is already in the public domain, or will become so.

5. In cases involving children under 16, editors must demonstrate an exceptional public interest to over-ride the normally paramount interest of the child.

It is worth noting that reporting restrictions imposed by judges take precedence over the PCC's code. For example, under the Sexual Offences Act 1992, victims (even alleged victims) of sexual offences have lifetime anonymity. This means that a newspaper cannot print any particulars leading to the identification of a sexual offence victim.

Criticism[edit]In 2001, Labour MP Clive Soley said that "other regulatory bodies are far stronger, far more pro-active and really do represent the consumer. There are no consumer rights people on the PCC and that is a major failing".[14]

Journalist Nick Davies criticized the PCC for failing to investigate the vast majority of complaints on technical grounds in his book Flat Earth News (2008), an expose of modern British newspaper journalism. The MediaWise Trust, a charitable organisation set up to help people in their dealings with the press says that the self-regulation system has proved to help the rich but not the poor.[citation needed]

Phone hacking[edit]In February 2010 the Commission was described as "toothless" [15] by the House of Commons Culture, Media and Sport Select Committee investigating the News of the World phone hacking affair.

During a House of Commons emergency debate into the same affair on 6 July 2011, MPs described the PCC as 'well-meaning but a joke', and as much use as 'a chocolate teapot'.

In a press conference on 8 July 2011, Prime Minister David Cameron described the PCC as 'inadequate' and 'absent' during the phone hacking affair, and implied that the organisation would have to be reformed or replaced.

Self-regulation[edit]The 2009 British investigative documentary Starsuckers exposed the request to obtain medical records of celebrities by many of the red-top UK tabloids, and the lack of PCC action against the papers that had broken the PCC charter.[16] The tabloids ran the bogus stories about the likes of Amy Winehouse,

Pixie Geldof and Guy Ritchie. Secretly interviewed reporters claimed that "the PCC is run by the newspaper Editors", "Getting a PCC isn't great, but, a lot of papers just brush it aside, all it is, is a little apology somewhere in the paper, you get a slap on the wrist, you get reported by the PCC, but there's no money".[17][18] The PCC took no action against the papers that ran these stories but did respond with a letter to the Editor of The Belfast Telegraph.[19] The response of Chris Atkins, the documentary's director, was that the PCC had yet still not acted on the issue of several newspapers breaking their Code of conduct 8.2.[16]

"The restrictions on intruding into privacy are particularly relevant to enquiries about individuals in hospitals or similar institutions. "

Funding[edit]On 24 August 2011, the New Left Project published an article[20] by Julian Petley, arguing that the PCC is "not, and never has been, a regulator": he presents the case that the PCC is the equivalent of the customer services department of any large corporate organisation, responding to customer complaints for most of the British press. The PCC responded to this article[21] on their own website, asserting that the PCC is a regulatory organisation which very regularly intervenes "proactively and pre-publication to prevent tabloid and broadsheet stories appearing" and Jonathan Collett asserts that this method has an "almost 100% success rate". Petley responded to Collett in the New Left Project on 26 August,[22] asserting that the PCC "lacks sufficient sanctions to be able to punish effectively those who breach its Code" and that the problem is not the PCC but its funding (See Press Standards Board of Finance.)

4. 미국 뉴욕 타임스 윤리강령

출처=http://en.wikipedia.org/wiki/Press_Complaints_Commission

Journalism Ethical

Code of Conduct

for the News and Editorial

Departments

January 2003

1. The goal of The New York Times is to cover the news as impartially as possible ?- ""without fear or favor,"" in the words of Adolph Ochs, our patriarch?- and to treat readers, news sources, advertisers and others fairly and openly, and to be seen to be doing so. The reputation of The Times rests upon such perceptions, and so do the professional reputations of its staff members. Thus The Times and members of its news department and editorial page staff share an interest in avoiding conflicts of interest or an appearance of a conflict.

2. For more than a century, men and women of The Times have jealously guarded the paper''s integrity. Whatever else we contribute, our first duty is to make sure

the integrity of The Times is not blemished during our stewardship.

3. Conflicts of interest, real or apparent, may come up in many areas. They may involve the relationships of staff members with readers, news sources, advocacy groups, advertisers, or competitors; with one another, or with the newspaper or its parent company. And at a time when two-career families are the norm, the civic and professional activities of spouses, family and companions can create conflicts or the appearance of conflicts.

4. In keeping with its solemn responsibilities under the First Amendment, The Times strives to maintain the highest standards of journalistic ethics. It is confident that its staff members share that goal. The Times also recognizes that staff members should be free to do creative, civic and personal work and to earn extra income in ways separate from their work at The Times. Before engaging in such outside activities, though, staff members should exercise mature professional judgment and consider the stake we all have in The Times''s irreplaceable good name. The Scope of This Code

5. This code of ethics generally applies to all members of the news and editorial departments whose work directly affects the content of the paper, including those on leaves of absence. They include reporters, editors, editorial writers, photographers, photo editors, art directors, artists, designers, graphics editors and researchers. This group of professional journalists is what this text means by ""staff "" or ""staff members.""

6. News clerks, administrative assistants, secretaries and other support staff are generally not bound by these strictures, with two important exceptions: First, no newsroom or editorial page employee may exploit for personal gain any nonpublic information acquired at work, or use his or her association with The Times to gain favor or advantage. And second, no one may do anything that damages The Times''s reputation for strict neutrality in reporting on politics and government; in particular, no one may wear campaign buttons or display any other form of political partisanship while on the job.

7. Our contracts with freelance contributors require them to avoid conflicts of interest, real or apparent. In keeping with that, they must honor these guidelines in their Times assignments, as set forth in Section 14.

8. The Times believes beyond question that its staff shares the values this code is intended to protect. In the past The Times has resolved differences of view over applying these values amiably through discussion, almost without exception. The paper has every reason to believe that pattern will continue. Nevertheless, The Times views any deliberate violation of this code as a serious offense that may lead to disciplinary action, potentially including dismissal, subject to the terms of any applicable collective bargaining agreement.

9. Our fundamental purpose is to protect the impartiality and neutrality of The Times and the integrity of its report. In many instances, merely applying that purpose with common sense will point to the ethical course. Sometimes the answer is self-evident. Simply asking oneself whether a course of action might damage the paper''s reputation is often enough to gauge whether the action is appropriate.

10. Every staff member is expected to read this code carefully and to think about how it might apply to his or her duties. A lack of familiarity with its provisions cannot excuse a violation; to the contrary, it makes it worse. The provisions presented here can offer only broad principles and some examples. Our world changes constantly, sometimes dramatically. No written document could anticipate every possibility. Thus we expect staff members to consult their supervisors and the associate managing editor for news administration or the deputy editorial page editor if they have any doubts about any particular situation or opportunity covered by this code. In most cases an exchange of emails should suffice.

11. Thus this code of ethics is not an exhaustive compilation of all situations that may give rise to an actual or perceived conflict of interest. It does not exclude situations or issues giving rise to such conflicts simply because they are not explicitly covered within this code, nor does the code or any of its particular provisions create an implied or express contract of employment with any individual to whom the code applies. The Times reserves the right to modify and expand the

code from time to time, as appropriate.

12. The authority to interpret and apply this code is vested in department heads and ranking editors, most notably in the associate managing editor for news administration and the deputy editorial page editor. They may delegate that duty to their ranking assistants, but they remain responsible for decisions made in their name.

Other Standards of Behavior

13. In addition to this code, we observe the Newsroom Integrity Statement, promulgated in 1999, which deals with such rudimentary professional practices as the importance of checking facts, the exactness of quotations, the integrity of photographs and our distaste for anonymous sourcing. The statement is available from the office of the associate managing editor for news administration or on the Newsroom home page under Policies.

14. As employees of the Times Company, we observe the Rules of the Road, which are the axiomatic standards of behavior governing our dealing with colleagues and going about our work. The Rules are available from the office of the associate managing editor for news administration. Together with a statement of supporting principles, the Rules are on the Internet at http://insite.nytco.com/OUR_COMPANY/our_company.html. We also observe the company''s policies against harassment and on computers and electronic communications, which appear on the Internet at http://insite.nytco.com/OUR_COMPANY/ POLICIES/policies.html.

15. The Times treats its readers as fairly and openly as possible. In print and online, we tell our readers the complete, unvarnished truth as best we can learn it. It is our policy to correct our errors, large and small, as soon as we become aware of them.
16. We treat our readers no less fairly in private than in public. Anyone who deals with readers is expected to honor that principle, knowing that ultimately the readers are our employers. Civility applies whether an exchange takes place in person, by telephone, by letter or online. Simple courtesy suggests that we not alienate our readers by ignoring their letters and emails that warrant reply.

17. The Times gathers information for the benefit of its readers. Staff members may

not use their Times position to ·make inquiries for any other purpose. As noted in paragraph 6, they may not seek any advantage for themselves or others by acting on or disclosing information acquired in their work but not yet available to readers.

18. Staff members who plagiarize or who knowingly or recklessly provide false information for publication betray our fundamental pact with our readers. We will not tolerate such behavior.

Our Duty to Our Readers
19. The Times treats news sources just as fairly and openly as it treats readers. We do not inquire pointlessly into someone''s personal life. Staff members may not threaten to damage uncooperative sources. They may not promise favorable coverage in return for cooperation. They may not pay for interviews or unpublished documents.

20. Staff members should disclose their identity to people they cover (whether face to face or otherwise), though they need not always announce their status as journalists when seeking information normally available to the public. Staff members may not pose as police officers, lawyers, business people or anyone else when they are working as journalists. (As happens on rare occasions, when seeking to enter countries that bar journalists, correspondents may take cover from vagueness and identify themselves as traveling on business or as tourists.)

21. Theater, music and art critics and other writers who review goods or services offered to the public may conceal their Times connection but may not normally assert a false identity or affiliation. As an exception, restaurant critics may make reservations in false names to protect their identity. Restaurant critics and travel writers must conceal their Times affiliation to eliminate the possibility of special treatment. Personal Relations with Sources

22. Relationships with sources require the utmost in sound judgment and self discipline to prevent the fact or appearance of partiality. Cultivating sources is an essential skill, often practiced most effectively in informal settings outside of normal business hours. Yet staff members, especially those assigned to beats, must be sensitive that personal relationships with news sources can erode into favoritism, in

fact or appearance. And conversely staff members must be aware that sources are eager to win our good will for reasons of their own.

Pursuing the News

23. Even though this topic defies hard and fast rules, it is essential that we preserve a professional detachment, free of any whiff of bias. Staff members may see sources informally over a meal or drinks, but they must keep in mind the difference between legitimate business and personal friendship. A City Hall reporter who enjoys a weekly round of golf with a City Council member, for example, risks creating an appearance of coziness, even if they sometimes discuss business on the course. So does a reporter who joins a regular card game or is a familiar face in a corporation''s box seats or who spends weekends in the company of people he or she covers. Scrupulous practice requires that periodically we step back and take a hard look at whether we have drifted too close to sources we deal with regularly. The acid test of freedom from favoritism is the ability to maintain good working relationships with all parties to a dispute.

24. Clearly, romantic involvement with a news source would foster an appearance of partiality. Therefore staff members who develop close relationships with people who might figure in coverage they provide, edit, package or supervise must disclose those relationships to the associate managing editor for news administration or the deputy editorial page editor. In some cases, no further action may be needed. But in other instances staff members may have to recuse themselves from certain coverage. And in still other cases, assignments may have to be modified or beats changed. In a few instances, a staff member may have to move to a different department ?– from business and financial news, say, to the culture desk ?– to avoid the appearance of conflict. Obeying the Law in Pursuit of the News

25. Staff members must obey the law in the pursuit of news. They may not break into buildings, homes, apartments or offices. They may not purloin data, documents or other property, including such electronic property as databases and e–mail or voice mail messages. They may not tap telephones, invade computer files or otherwise eavesdrop electronically on news sources. In short, they may not commit illegal acts of any sort.

26. Staff members may not use the identification cards or special license plates issued by police or other official agencies except in doing their jobs. Staff members who have applied for or hold ""NYP"" or other special plates should disclose that fact to the associate managing editor for news administration or the deputy editorial page editor. Staff members whose duties do not require special plates must return them.

27. Staff members may not record conversations without the prior consent of all parties to the conversations. Even where the law allows recording with only one party aware of it, the practice is a deception. Masthead editors may make rare exceptions to this prohibition in places where recordings made secretly are legal.
Accepting Hospitality from Sources

28. The Times pays the expenses when its representatives entertain news sources (including government officials) or travel to cover them. In some business situations and in some cultures, it may be unavoidable to accept a meal or a drink paid for by a news source. For example, a Times reporter need not decline every invitation to interview an executive over lunch in the corporation''s private dining room, where it is all but impossible to pick up the check. Whenever practical, however, the reporter should suggest dining where The Times can pay. A simple buffet of muffins and coffee at a news conference, for example, is harmless, but a staff member should not attend a breakfast or lunch held periodically for the press by a ""newsmaker"" unless The Times pays for the staff member''s meals.

29. Staff members may not accept free or discounted transportation and lodging except where special circumstances give us little or no choice. Among them are certain military or scientific expeditions and other trips for which alternative arrangements would be impractical ?— for example, a flight aboard a corporate jet during which an executive is interviewed. Staff members should consult their supervisors and the associate managing editor for news administration or the deputy editorial page editor when special circumstances arise.

30. Staff members who review artistic performances or cover athletic or other events where admission is charged (for example, the New York Auto Show) may accept the press passes or tickets customarily made available. No other staff members, not

even editors in the culture and sports departments, may accept free tickets. Even when paying the box office price, no staff member may use his or her Times position to request choice or hard—to—get seats unless the performance has a clear bearing on his or her job.

Dealing with the Competition

31. Staff members compete zealously but deal with competitors openly and honestly. We do not invent obstacles to hamstring their efforts. When we use facts reported by another publication, we attribute them.

32. Staff members may not join teams covering news events for other organizations, and they may not accept payment from competitors for news tips. They may not be listed on the masthead of any non—Times publication, except for publications serving organizations of the sort described in paragraph 70. Common examples include a church or synagogue newsletter, an alumni magazine or a club bulletin.

Protecting the Paper''s Neutrality

33. Staff members may not accept gifts, tickets, discounts, reimbursements or other inducements from any individuals or organizations covered by The Times or likely to be covered by The Times. (Exceptions may be made for trinkets of nominal value, say, $25 or less, such as a mug or a cap with a company logo.) Gifts should be returned with a polite explanation. A sample letter for use in such situations appears below as Appendix A.

34. Staff members may not accept employment or compensation of any sort from individuals or organizations whose coverage they provide, edit, package or supervise or are likely to provide, edit, package or supervise.

35. Staff members may not accept anything that could be construed as a payment for favorable coverage or as an inducement to alter or forgo unfavorable coverage. They may share in reprint fees that other journalistic media pay The Times, according to the terms of our contract with the Newspaper Guild. They may also share in fees paid by non—journalistic parties for permission to reprint Times material in advertisements or promotions, though their share of those fees may not

exceed $200 an article.

36. Staff members may accept any gifts or discounts available to the general public. Normally they are also free to take advantage of conventional corporate discounts that the Times Company has offered to share with all employees (for example, corporate rent-a-car rates). And staff members may accept free admission at museums or other benefits extended to all Times employees by virtue of the Times Company Foundation''s support of various cultural institutions.

37. Staff members must be mindful, however, that large discounts ?- even those negotiated by the Times Company ?- may create the appearance of partiality, especially by those who have a hand in the coverage of the company or industry offering the discount. If General Motors, for instance, offers substantial trade discounts to all Times Company employees, the Detroit correspondent should not accept without discussing the possible appearance of favoritism with his or her editors. If any such discounts do raise doubts, staff members should bring them to the attention of their department heads and the associate managing editor for news administration or the deputy editorial page editor before accepting.

38. Unless the special terms are offered by The New York Times Company or a Times subsidiary or affiliate, staff members may not buy stock in initial public offerings through "friends and family shares" where any plausible possibility exists of a real or apparent conflict of interest. Staff members may not accept allocations from brokerage firms.

Providing Financial or Other Advice
39. It is an inherent conflict for a Times staff member to perform public relations work, paid or unpaid. Staff members may not advise individuals or organizations how to deal successfully with the news media (though they may of course explain the paper''s normal workings and steer outsiders to the appropriate Times person). They may not, for example, advise candidates for public office, write or edit annual reports or contribute to the programs of sports teams. They should not take part in public relations workshops that charge admission or imply privileged access to Times people, or participate in surveys asking their opinion of an organization''s press

relations or public image. They are free, however, to offer reasonable help to institutions such as their child''s school, a small museum, a community charity or their house of worship. (See paragraph 70 for a fuller discussion of permissible participation.)

40. Staff members may not serve as ghost writers or co-authors for individuals who figure in coverage they provide, edit, package or supervise or are likely to do so. They may not undertake such assignments for organizations that espouse a cause.

41. Staff members may not engage in financial counseling (except in the articles they write). They may not manage money for others, proffer investment advice, or operate or help operate an investment company of any sort, with or without pay. They may not do anything that would require registration as an investment adviser. They may, however, help family members with ordinary financial planning and serve as executors or administrators of estates of relatives and friends and as court-appointed conservators and guardians.

Speaking Engagements

42. The Times freely acknowledges that outside appearances can enhance the reputation of its bylines and serve the paper''s interests. Nevertheless, no staff member may appear before an outside group if the appearance could reasonably create an actual or apparent conflict of interest or undermine public trust in the paper''s impartiality.

43. Staff members should be especially sensitive to the appearance of partiality when they address groups that might figure in coverage they provide, edit, package or supervise, especially if the setting might suggest a close relationship to the sponsoring group. Before accepting such an invitation, a staff member must consult with the associate managing editor for news administration or the deputy editorial page editor. Generally, a reporter recently returned from the Middle East might comfortably address a suburban synagogue or mosque but should not appear before a group that lobbies for Israel or the Arab states. A reporter who writes about the environment could appropriately speak to a garden club but not to conservation groups known for their efforts to influence public policy.

44. Staff members may not accept invitations to speak before a single company (for example, the Citicorp executive retreat) or an industry assembly (for example, organized baseball''s winter meeting) unless The Times decides the appearance is useful and will not damage the newspaper''s reputation for impartiality. In that case, The Times will pay expenses; no speaker''s fee should be accepted. Staff members invited to make such appearances should consult their supervisors and the associate managing editor for news administration or the deputy editorial page editor.

45. Staff members should not accept invitations to speak where their function is to attract customers to an event primarily intended as profit-making.

46. Staff members may accept speaking fees, honorariums, expense reimbursement and free transportation only from educational or other nonprofit groups for which lobbying and political activity are not a major focus. If a speaking fee exceeds $2,500, the staff member must consult the associate managing editor for news administration or the deputy editorial page editor before accepting.

47. Staff members who accept fees, honorariums or expenses for speaking engagements must file with the associate managing editor for news administration or the deputy editorial page editor by January 31 of each year an accounting of the previous year''s appearances. If their fees total less than $2,500, no annual accounting is required. Fees earned under Times auspices for promotional or other approved purposes need not be included.

48. Staff members who write books and want to promote them must give their supervisor a schedule of proposed appearances. They may accept routine expenses and fees in promotional appearances, but they must make every effort to ensure that their appearances conform to the spirit of this code and do not interfere with their responsibilities to the paper. If they have doubts about an appearance, they must consult their supervisor and the associate managing editor for news administration or the deputy editorial page editor.

49. Speeches and other outside endeavors by staff members, paid or unpaid, should not imply that they carry the endorsement of The Times (unless they do). To

the contrary, the staff member should gracefully remind the audience that the views expressed are his or her own. Outside commitments should not interfere with the speaker''s responsibilities at The Times. Thus no staff member should agree to an extensive speaking schedule without approval from a supervisor.

Competitions and Contests

50. Staff members may not enter competitions sponsored by individuals or groups who have a direct interest in the tenor of Times coverage. They may not act as judges for these competitions or accept their awards. Common examples are contests sponsored by commercial, political or professional associations to judge coverage of their affairs. The associate managing editor for news administration or the deputy editorial page editor may make exceptions for competitions underwritten by corporate sponsors if broad in scope and independently judged, such as the University of Missouri awards for consumer journalism, long sponsored by J.C. Penney.

51. Staff members may compete in competitions sponsored by groups whose members are all journalists or whose members demonstrably have no direct interest in the tenor of coverage of the field being judged. Times staff members may act as judges for such competitions and accept their awards. For example, a staff member may enter a university-sponsored competition for coverage of economic or foreign affairs but not accept an advocacy group''s prize for outstanding environmental coverage.

52. This prohibition on taking part in sponsored competitions applies to film festivals or awards in which critics are asked to vote and to such competitions as the Tony Awards, the Heisman Trophy, most valuable player and rookie of the year honors and admission to sports halls of fame. Cooperation of this sort puts the paper''s independence into question.

53. A current list of some competitions that The Times has approved is posted on the Newsroom home page under Policies. Staff members who would like to enter others should consult their supervisors and the associate managing editor for news administration or the deputy editorial page editor. A critical factor in approving a competition, whatever its sponsorship, is a record of arms-length decisions,

including a willingness to honor critical reporting.

54. Staff members who win unsought awards from groups that do not meet the criteria established here should decline politely. A sample reply appears below as Appendix B.

55. Normally staff members are free to accept honorary degrees, medals and other awards from colleges, universities and other educational institutions. Those who cover higher education or supervise that coverage should be sensitive to any appearance of coziness or favoritism. Those in doubt should consult the associate managing editor for news administration or the deputy editorial page editor.

The Use of Borrowed Equipment

56. Staff members who borrow equipment, vehicles or other goods for evaluation or review must return the borrowed items as soon as possible. Similarly, items borrowed to be photographed, such as fashion apparel or home furnishings, should be returned promptly.

57. Staff members may keep for their own collections?— but may not sell or copy?— books, recordings, tapes, compact discs and computer programs sent to them for review. Such submissions are considered press releases.

Collaboration and Testimonials

58. Staff members may not collaborate in ventures involving individuals or organizations that figure in coverage they provide, edit, package or supervise or that are likely to figure in such coverage. Among other things, this prohibition applies to collaborating in writing books, pamphlets, reports, scripts, scores or any other material and in making photographs or creating artwork of any sort.

59. Except in reviews or columns published in The Times or on its Web site or appropriately voiced in authorized public appearances, staff members may not offer endorsements, testimonials or promotional blurbs for books, films, television programs or any other programs, products or ventures. Masthead editors may authorize rare exceptions (for instance, when a staff member has become expert in

a field unrelated to his or her Times duties). This restriction does not apply when permission is given to reprint Times material.

60. Staff members of The Times are family members and responsible citizens as well as journalists. The Times respects their educating their children, exercising their religion, voting in elections and taking active part in community affairs. Nothing in this code is meant to infringe upon those rights. But even in the best of causes, Times staff members have a duty to avoid the appearance of a conflict. They should never invoke The Times''s name in private activities.

61. As noted in paragraph 6, certain of these requirements apply to all newsroom and editorial page employees, journalists and support staff alike. No newsroom or editorial employee may do anything that damages The Times''s reputation for strict neutrality in reporting on politics and government. In particular, no one may wear campaign buttons or display any other sign of political partisanship while on the job. Otherwise, ""staff members"" in this section refers only to the professional journalists defined in paragraph 5.

Voting, Campaigns and Public Issues
62. Journalists have no place on the playing fields of politics. Staff members are entitled to vote, but they must do nothing that might raise questions about their professional neutrality or that of The Times. In particular, they may not campaign for, demonstrate for, or endorse candidates, ballot causes or efforts to enact legislation. They may not wear campaign buttons or themselves display any other insignia of partisan politics. They should recognize that a bumper sticker on the family car or a campaign sign on the lawn may be misread as theirs, no matter who in their household actually placed the sticker or the sign.

63. Staff members may not themselves give money to, or raise money for, any political candidate or election cause. Given the ease of Internet access to public records of campaign contributors, any political giving by a Times staff member would carry a great risk of feeding a false impression that the paper is taking sides.

Participation in Public Life

64. No staff member may seek public office anywhere. Seeking or serving in public office plainly violates the professional detachment expected of a journalist. It poses a risk of having the staff member''s political views imputed to The Times, and it can sow a suspicion of favoritism in The Times''s political coverage when one of its staff is an active participant.

65. Staff members may not march or rally in support of public causes or movements, sign ads taking a position on public issues, or lend their name to campaigns, benefit dinners or similar events if doing so might reasonably raise doubts about their ability or The Times''s ability to function as neutral observers in covering the news. Staff members must keep in mind that neighbors and other observers commonly see them as representatives of The Times.

66. Staff members may appear from time to time on radio and television programs devoted to public affairs, but they should avoid expressing views that go beyond what they would be allowed to say in the paper. Op-Ed columnists and editorial writers enjoy more leeway than others in speaking publicly because their business is expressing opinions. The Times nevertheless expects them to consider carefully the forums in which they appear and to protect the standards and impartiality of the newspaper as a whole.

67. Staff members must be sensitive that perfectly proper political activity by their spouses, family or companions may nevertheless create conflicts of interest or the appearance of conflict. When such a possibility arises, the staff member should advise his or her department head and the associate managing editor for news administration or the deputy editorial page editor. Depending on circumstances, the staff member may have to recuse himself or herself from certain coverage or even move to a job unrelated to the activities in question.

Participation in Public Life

68. A staff member with any doubts about a proposed political activity should consult the associate managing editor for news administration or the deputy editorial page editor. These restrictions protect the heart of our mission as

journalists. Though The Times will consider matters case by case, it will be exceedingly cautious before permitting an exception.

Community Service

69. Staff members may not serve on government boards or commissions, paid or unpaid. They may not join boards of trustees, advisory committees or similar groups except those serving journalistic organizations or otherwise promoting journalism education. Those in doubt about such activities should consult their supervisors and the associate managing editor for news administration or the deputy editorial page editor. Depending on circumstances, exceptions may be made to permit staff members to serve their alma mater (or their children''s alma mater) as a trustee or visitor at schools that seldom if ever generate news of interest to The Times.

70. The Times has no wish to impede good community citizenship. Normally the restriction on joining trustee boards or advisory committees will not apply to organizations that are highly unlikely to generate news of interest to The Times and that do not generally seek to shape public policy. These typically include houses of worship, community charities, local libraries, fine arts groups, hobby groups, youth athletic leagues, country clubs and alumni groups. Within reason staff members may help such groups with relatively modest fundraising. They should not play a leading role or ever lead a donor to expect a favor in return. They should never solicit anyone with whom they or The Times has professional dealings. Those in any doubt about what is permissible should consult the associate managing editor for news administration or the deputy editorial page editor.

71. Staff members may not solicit funds for political, social, religious, educational, philanthropic or other causes that reach beyond the sorts of groups described in paragraph 70. Doing so could create an expectation of a favor in return. Staff members should think carefully about their own contributions to various causes, bearing in mind the need for neutrality on divisive issues. Those in doubt about contributions should consult their supervisors and the associate managing editor for news administration or the deputy editorial page editor.

72. The Times treats advertisers as fairly and openly as it treats readers and news

sources. The relationship between The Times and advertisers rests on the understanding, long observed in all departments, that news and advertising are strictly separate ?- that those who deal with either one have distinct obligations and interests and neither group will try to influence the other.

73. Members of the news department should maintain their disinterest and objectivity by avoiding discussions of advertising needs, goals and problems except where those needs or problems are directly related to the business of the news department. In many instances, for example, the news and advertising departments may properly confer on the layout and configuration of the paper or the timing of special sections.

74. When authorized by the executive editor, members of the news staff may take part in interdepartmental committees on problems that affect several departments, including news. As far as possible they should leave advertising issues to colleagues from the business side.

75. From time to time, when authorized by the executive editor or the editorial page editor, staff members may take part in events organized by The Times for marketing or promotion. But they should stick to their expertise and refrain from saying anything that sounds like a sales pitch.

76. No one in the news department below the masthead level (except when authorized by the executive editor) may exchange information with the advertising department or with advertisers about the timing or content of advertising, the timing or content of articles or the assignment of staff or freelance writers, editors, artists, designers or photographers.

Advertisers, Marketing, Promotion
77. The Times''s good name does not belong to any of us. No one has a right to expropriate it for private purposes.

78. Staff members may not use Times identification cards for purposes not connected with Times employment. Cards may not be used to obtain special treatment or advantage from governmental, commercial or other organizations

(except when the card is required for a benefit available to all Times Company employees by virtue of its foundation''s charitable relationships, such as free admission to the Metropolitan Museum).

79. Staff members may not use Times stationery, business cards, forms or other materials for any purpose except the business of the newspaper.

Speaking for The Times

80. Staff members must not disclose confidential information about the operations, policies or plans of The Times or its corporate affiliates.

81. Department heads and masthead executives may authorize other staff members to comment publicly on policies or plans within the staff members'' areas of responsibility and expertise. If staff members are approached by other media or other outsiders to discuss Times content or policy, they should refer the questioners to a masthead executive or the corporate communications department.

82. Staff members are free to discuss their own activities in public, provided their comments do not create an impression that they lack journalistic impartiality or speak for The Times.

83. None of these restrictions should be interpreted as barring a staff member from responding openly and honestly to any reasonable inquiry from a reader about that staff member''s work. If a reader asks for a correction, that request should be passed promptly to a supervisor. If the request threatens legal action or appears to be from a lawyer, the complaint should be promptly referred to the legal department through a department head.

Obligations to The Times

84. Any staff member intending to write or assemble a non-fiction book based on material that derives from his or her assignment or beat must notify The Times in advance, so The Times can decide whether to make a competitive bid to publish the work. In this regard, staff members cannot accept or entertain any sort of preemptory bid from an outside publisher before allowing The Times to consider the

project. Staff members are required to inform The Times of any such project or proposal, in writing, by sending a letter or e-mail to their department head, as well as to the associate managing editor for news administration or the deputy editorial page editor. The notification should include any information about the anticipated time frame of the project, including (if applicable) the time frame that an outside publisher has set for bidding on the project.

85. Within a reasonable period, taking into account the time frame for the project, The Times will inform the staff member in writing whether it wants to compete for the project. If it does, The Times will provide the staff member with a competitive bid. In the end, the staff member and his or her agent have no obligation to accept The Times''s offer. This process is intended to assure The Times a seat at the table in any negotiations, including auctions, involving books based on materials derived from a Times assignment or beat.

Books, Movies, Reprints and Copyright

86. These guidelines do not apply to book proposals or projects that involve the reproduction of articles, columns, photographs, artwork or other material created by staff members and published in The Times or on nytimes.com. The Times owns such material outright, and no such material may be reproduced elsewhere without the prior written permission of The Times, nor may it be rewritten, updated or otherwise altered and then republished without The Times''s prior written permission. Staff members are often approached by agents, producers, studios or others seeking rights to Times material. Such inquiries must be forwarded immediately to the associate managing editor for news administration or to the deputy editorial page editor and to the legal department. If a staff member represented by the Newspaper Guild has questions about rights to payment for reprints of articles that the staff member has written, he or she should refer to The Times''s collective bargaining agreement with the Guild. In general, this agreement calls for a 50/50 split of the fees involved.

87. In contemplating book projects ?- or other outside endeavors ?- staff members must never give an impression they might benefit financially from the outcome of news events. Staff members may not negotiate with any outside person or entity for

any rights to an article or story idea before the article has run in The Times. Staff members involved in covering a running story may not negotiate over books, articles, films, programs or media projects of any sort based on that coverage until that news has played out, unless they have written permission in advance from the associate managing editor for news administration or the deputy editorial page editor.

88. No staff member may serve as a ghost writer or co-author for individuals who figure in coverage they provide, edit, package or supervise or are likely to do so.

89. No staff member will be given a leave of absence, paid or unpaid, to write a book without the explicit permission of the executive editor or the editorial page editor. Ideally, a staff member who feels he or she will need to leave to complete a book project should inform The Times of the intention to seek a leave at the same time he or she first makes the book project available for consideration by The Times. A decision to grant or deny a request for a book leave ?– like requests for most other leaves of absence ?– will be based on many factors, including previous book leaves or accommodations the newspaper has granted to the staff member; the impact the leave will have on departmental staffing needs, and the degree to which The Times believes the book project will accrue to the newspaper''s interests. If a staff member represented by the Newspaper Guild has a question about a leave of absence, he or she should refer to The Times''s collective bargaining agreement with the Guild.

90. At no time may a staff member turn over notes, interviews, documents or other working materials to any third party, including agents, producers, studios or outside production agencies, or share those materials with them unless legally compelled to do so. Staff members are advised that in such circumstances, The Times''s legal department will provide assistance. (Those represented by the Guild should refer to their collective bargaining agreement for the parameters of that assistance.) As a matter of policy, The Times will not give commercial producers or publishers access to working materials any more than it would turn them over to government prosecutors for use in court.

91. This paragraph applies only to television and film: Staff members offered ""

consulting"" agreements by agents, producers, studios or others must consult the associate managing editor for news administration or the deputy editorial page editor before accepting. No staff member may serve as a consultant to a film or program that he or she knows in advance is tendentious or clearly distorts the underlying facts. In no case should a consulting role be described in a way that invokes The Times or implies its endorsement or participation.

92. Staff members are generally entitled to accept freelance assignments that do not directly compete with The Times''s own offerings. Normally, work for competitors will not be permitted. When allowed in rare instances, permission will be limited to cases in which The Times is not interested in assigning the staff member a similar piece or project.

93. The Times competes in a far larger arena today than in yesteryear. The printed paper will remain our flagship, but we reach an audience of millions through The New York Times on the Web. We are learning to translate our journalism into outstanding television. We publish numerous books drawn from past articles; we offer archival photos of museum quality. We deliver The New York Times in its complete form via the Web. Our bedrock mission is to serve a highquality audience that values Times journalism, relying on any appropriate medium.

94. Competitors include any newspaper, magazine or other media of publication, regardless of form, with an editorial focus on either New York City or general-interest news and information. If the competitive status of a publication, Web site or TV production is unclear, a staff member should consult with the associate managing editor for news administration or the deputy editorial page editor.

95. Staff members are encouraged (but not required) to offer their freelance work to The Times or, in the case of a Web site, to The New York Times on the Web before trying to sell it elsewhere. The Times offers a number of outlets for work for which a staff member is paid extra, including the Times Magazine, the Week in Review, the Book Review and special sections. (As noted in paragraph 84, staff members must first offer The Times any material that derives from their assignments or beats before offering it elsewhere.)

Journalistic Work Outside The Times

96. Staff members must ensure that their freelance work does not interfere with their responsibilities to The Times and that it is consistent with these policies and guidelines. If any doubt exists, they must consult their supervisors and the associate managing editor for news administration or the deputy editorial page editor before accepting outside assignments.

97. Before accepting a freelance assignment, a staff member should make sure that the tone and content of the publication, Web site or program are in keeping with the standards of The Times. In general, a staff member should write nothing elsewhere that could not fit comfortably under his or her byline in The Times or that implies The Times''s sponsorship or endorsement. An outside publication, program or Web site may identify staff members by their Times positions but only in a routine way.

98. Because their primary identification is with The Times, staff members who accept freelance assignments should adhere to this code in carrying out those assignments. For example, a staff member on freelance assignment may not accept compensation, expenses, discounts, gifts or other inducements from a news source. Similarly, staff members who establish their own sites on the World Wide Web must insure that their online conduct conforms to these guidelines.

99. Frequency matters. Freelance work might create a conflict of interest if it is pursued with such regularity that it interferes with Times assignments or compromises the integrity or independence of The Times. Freelancing might also create a conflict if it identifies a staff member as closely with another publication or Web site as with The Times. A business reporter who wrote a column in every issue of a trade magazine might soon become more identified with that magazine than with The Times. A critic writing regularly for an arts magazine might foster the impression that The Times was not his or her prime responsibility. The use of a pseudonym does not alter the obligation to comply with this provision.

100. A regular contribution to an outside enterprise is permissible if it does not interfere with or flow from Times responsibilities or involve intellectual matter owed to The Times and its readers. Examples of acceptable affiliations might be a foreign

desk copy editor who writes a monthly column on stamp–collecting or a mapmaker working as a freelance illustrator. Staff members considering such ongoing ventures should confer with their supervisors and with the associate managing editor for news administration or the deputy editorial page editor.

101. Staff members may participate in radio, television or Internet interviews or discussions, paid or unpaid, that deal with articles they have written or subjects that figure in the coverage they provide, edit, package or supervise. Such occasional appearances must not imply that they carry the sponsorship or endorsement of The Times (unless they do). Staff members should be careful about the use of their names and that of the newspaper in materials promoting the appearances. As a courtesy, they should let their department head know about their plans to appear.

102. In deciding whether to make a radio, television or Internet appearance, a staff member should consider its probable tone and content to make sure they are consistent with Times standards. Staff members should avoid strident, theatrical forums that emphasize punditry and reckless opinion–mongering. Instead, we should offer thoughtful and retrospective analysis. Generally a staff member should not say anything on radio, television or the Internet that could not appear under his or her byline in The Times.

103. New York Times Television draws on the paper''s staff in producing programs for broadcast on networks and channels owned by outside parties, such as Public Television and the Discovery Channel. Staff members may not appear on broadcasts that compete directly with The Times''s own offerings on television or the Internet. They may not accept assignments from the Times''s TV clients or potential clients without its approval. As the paper moves further into these new fields, its direct competitors and clients or potential clients will undoubtedly grow in number. If a staff member has any doubt about the status of a particular program, he or she should consult the associate managing editor for news administration or the deputy editorial page editor.

104. Appearances might create a conflict of interest if they come so regularly that they interfere with Times assignments or compromise the integrity or independence

of The Times.

Appearing on Broadcast Media

They might also create a conflict if they identify a staff member as closely with a radio or television program or a Web site as with The Times. A Washington reporter who appeared weekly on a television program might soon become more known for that program than for work done for The Times. Occasional appearances on the same program would not run that risk.

105. Staff members who want to promote their books through broadcast appearances must conform to the requirements set out in paragraph 48.

106. In a day when most families balance two careers, the legitimate activities of companions, spouses and other relatives can sometimes create journalistic conflicts of interest or the appearance of conflicts. They can crop up in civic or political life, professional pursuits and financial activity. A spouse or companion who runs for public office would obviously create the appearance of conflict for a political reporter or an editor involved in election coverage. A brother or a daughter in a high-profile job on Wall Street might produce the appearance of conflict for a business reporter or editor.

107. To avoid such conflicts, staff members may not write about, edit material about or make news judgments about people to whom they are related by blood or marriage or with whom they have close personal relationships. For like reasons, staff members should not recruit or directly supervise family members or close friends. Some exceptions are permissible ?– in a foreign bureau, for instance, where a married couple forms a team, or where a food writer''s portrait of her brother the Yankee star is of genuine news interest.

Disclosure of Possible Conflicts

108. Staff members must be sensitive to these possibilities. Any staff member who sees a potential for conflict or a threat to the paper''s reputation in the activities of spouse, friends or relatives must discuss the situation with his or her supervisor and the associate managing editor for news administration or the deputy editorial page editor.

109. In some cases, disclosure is enough. But if The Times considers the problem serious, the staff member may have to withdraw from certain coverage. Sometimes an assignment may have to be modified or a beat changed. In a few instances, a staff member may have to move to a different department ?– from business and financial news, say, to the culture desk ?– to avoid the appearance of conflict.

Sorting Out Family Ties

110. Although this code necessarily imposes restraints, The Times has no wish to intrude upon the private lives of its staff members and their families. Nothing in this code seeks to prohibit a companion, spouse or other relative of a Times staff member from taking part in any political, financial, commercial, religious or civic activity. The Times understands that friends and relatives of its staff have every right to pursue full and active lives, personally and professionally. If restrictions are necessary, they fall on the Times employee. But any attempt to disguise a staff member''s participation in prohibited activity by using a relative''s name or any other alias (or by acting anonymously) violates this code.

111. In all cases The Times depends on staff members to disclose potential problems in a timely fashion so that we can work together to prevent embarrassment for staff members and The Times.

112. Every member of the Times staff must be constantly vigilant against any appearance that he or she is abusing nonpublic information for financial gain. That imperative applies to all departments.

113. Though staff members must necessarily accept certain limits on their freedom to invest, this code leaves a broad range of investments open to them. Any staff member, regardless of assignment, is free to own diversified mutual funds, money market funds and other diversified investments that the reporter or editor cannot control. Any member also may own treasury bills, investment-grade municipal bonds, debt securities other than speculative bonds, and securities issued by the New York Times Company. And staff members are of course free to own stocks entirely unrelated to their Times assignment.

114. No staff member may own stock or have any other financial interest in a company, enterprise or industry the coverage of which he or she regularly provides, edits, packages or supervises or is likely regularly to provide, edit, package or supervise. A book editor, for example, may not invest in a publishing house, a health writer in a pharmaceutical company or a Pentagon reporter in a mutual fund specializing in defense stocks. For this purpose an industry is defined broadly; for example, a reporter responsible for any segment of media coverage may not own any media stock. ""Stock"" should be read to include futures, options, rights, and speculative debt, as well as ""sector"" mutual funds (those focused on one industry).

115. Staff members may not buy or sell securities or make other investments in anticipation of forthcoming articles that originate with The Times. In general, staff members must refrain from acting on such information before noon Eastern time the day of print publication. This restriction does not apply to spot news that first appears on wire services or that originates elsewhere. That information is public.

Investments and Financial Ties
Affirmation of Good–Faith Compliance
116. Staff members in any department will be asked when hired to affirm that they have no investments that would violate paragraph 114 with respect to the assignment they are being given. If a new staff member is unable to make this affirmation, the staff member may choose to sell the conflicting holding. (See paragraph 128.) If not, he or she must be given a different assignment where no such conflict exists.

117. Staff members should be acutely sensitive that the investments and business interests of their spouse, family and companions may create real or apparent conflicts of interest by raising questions of favoritism. Staff members will be asked when hired to affirm that to the best of their knowledge no spouse, family member or companion has financial holdings that might reasonably raise doubts about the impartiality of the staff member''s reporting or editing in his or her proposed assignment. Depending on circumstances, the new staff member may have to recuse himself or herself from certain coverage or accept an alternative assignment unrelated to the holdings in question.

118. The associate managing editor for news administration or the deputy editorial page editor may from time to time ask staff members in any department to affirm that they have no investments in violation of paragraph 114. Such a request might be expected, for example, when a staff member is about to begin a new assignment or work on a particularly sensitive article.

119. Similarly, staff members may be asked on occasion to affirm that to the best of their knowledge no spouse, family member or companion has financial holdings that might reasonably raise doubts about the impartiality of the staff member''s reporting or editing. If and when such conditions come up, the staff member must alert his or her department head and the associate managing editor for news administration. Depending on circumstances, the staff member may have to recuse himself or herself from certain coverage or even to move to a job unrelated to the holdings.

120. If a reporter who owns stock in a company outside his or her regular beat is assigned to write an article about that company or its industry, the reporter must discuss the investment with the assigning editor before beginning the work. Similarly, editors assigned to major articles or a series about companies or industries in which they have investments must advise their supervisors of potential conflicts before beginning the editing. In many instances it will be perfectly permissible for the work to proceed, but the reporter or editor who works on such an article or series may not buy or sell stock in the company or industry until two weeks after publication.

Business-Financial, Technology and Media News
121. Staff members in business-financial news regularly work with sensitive information that affects financial prices. Because of that sensitivity, they are subject to additional and stricter requirements. Staff members in technology news and media news are subject to the same rules as those in business-financial news, for the same reason.

122. Members of these three departments may not play the market. That is, they may not conduct in-and-out trading (buying and selling the same security within three months). They may not buy or sell options or futures or sell securities short. Any of these actions could create the appearance that a staff member was

speculating by exploiting information not available to the public.

123. In special circumstances ?– a family financial crisis, for example ?– the associate managing editor for news administration may waive the three–month holding period.

124. Supervising editors in business–financial, technology or media news should be especially cautious in investing because they may reasonably expect to become involved in the coverage of virtually any company at any time. Their counterparts in other departments should be equally sensitive to possible conflicts in supervising coverage of companies in their domain.

125. Because of the sensitivity of their assignments, some businessfinancial staff members may not own stock in any company (other than the New York Times Company). These include the Market Place writer, other market columnists, the regular writer of the daily stock market column, reporters regularly assigned to mergers and acquisitions, the daily markets editor, the Sunday investing editor, the Sunday Money & Business editor, the business and financial editor and his or her deputies.

126. Masthead editors and other editors who play a principal part in deciding the display of business and financial news, including its display on Page 1, may not own stock in any company (other than the New York Times Company).

127. The editorial page editor, the deputy editorial page editor and the OpEd editor may not own stock in any company (other than the New York Times Company). Nor may editorial writers and OpEd columnists regularly assigned to write about business, finance or economics.

Transitional Arrangements
128. A staff member who owns stock and moves into an assignment where such holdings are not permitted must sell the stock. Those who are newly barred from owning stock of any sort (for example, on being promoted to deputy business and financial editor) may dispose of their shares in phases, following a reasonable plan

worked out with the associate managing editor for news administration. But the phase-out does not apply to reporters or editors who own shares in specific industries they are newly assigned to cover. For instance, it is manifestly untenable for a new Automobiles editor to own stock in an auto company, so divestiture must be prompt.

129. Whenever this code requires the sale of stock holdings, a staff member can satisfy the requirement by putting the shares into a blind trust (or into an equivalent financial arrangement that meets the same goal: preventing an individual from knowing at any given time the specific holdings in the account and blocking the individual from controlling the timing of transactions in such holdings). If The Times assigns a staff member to a new job where mandatory divestiture would impose an undue hardship, The Times will reimburse the staff member for the reasonable costs of setting up a blind trust.

Annual Filing by Ranking Editors

130. To avoid an appearance of conflict, certain editors must annually affirm to the chief financial officer of The Times Company that they have no financial holdings in violation of paragraphs 125–127 or any other provision of this code. They include the executive editor, the managing editor, deputy and assistant managing editors, associate managing editors, the business and financial editor, his or her deputies and the Sunday business editor. They also include the editorial page editor, the deputy editorial page editor and the OpEd editor.

Sports

131. To avoid an appearance of bias, no member of the sports department may gamble on any sports event, except for occasional recreational wagering on horse racing (or dog racing or jai alai). This exception does not apply to staff members who cover such racing or regularly edit that coverage.

132. Except as provided in paragraph 30, members of the sports department may not accept tickets, travel expenses, meals, gifts or any other benefit from teams or promoters.

133. Sports reporters assigned to cover games may not serve as scorers. Members

of the sports department may not take part in voting for the Heisman Trophy, most valuable player and rookie of the year awards, entry into the Baseball Hall of Fame or similar honors.

Culture, Styles, Dining

134. The Times has exceptional influence in such fields as theater, music, art, dance, publishing, fashion and the restaurant industry. We are constantly scrutinized for the slightest whiff of favoritism. Therefore staff members working in those areas have a special duty to guard against conflicts of interest or the appearance of conflict.

135. Reporters, reviewers, critics and their editors in the Book Review, the Times Magazine and the cultural news, media news and styles departments, beyond abiding by the other provisions of this code, may not help others develop, market or promote artistic, literary or other creative endeavors.

136. They may not suggest agents, publishers, producers or galleries to aspiring authors, playwrights, composers or artists. They may not suggest chefs to restaurant owners or designers to clothing manufacturers. They may not recommend authors, playwrights, composers or other artists to agents, publishers, producers or galleries.

Rules for Specialized Departments

137. They may not offer suggestions or ideas to people who figure in coverage they provide, edit, package or supervise or in coverage they are likely to provide, edit, package or supervise. They may not invest in productions that figure in their coverage or are likely to. (Food writers and editors may not invest in restaurants.) They may not comment, even informally, on works in progress before those works are reviewed. 138. They may not serve on advisory boards, awards juries, study committees or other panels organized by the people they cover or whose coverage they supervise. They may not accept awards from such people. And they may not request extra copies of books, tapes or other materials that are routinely submitted for review.

139. An arts writer or editor who owns art of exhibition quality (and thus has a

financial stake in the reputation of the artist) may inspire questions about the impartiality of his or her critical judgments or editing decisions. Thus members of the culture staff who collect valuable objects in the visual arts (paintings, photographs, sculpture, crafts and the like) must annually submit a list of their acquisitions and sales to the associate managing editor for news administration.

140. The Times recognizes that members of its talented staff write books, operas and plays; create sculpture, and give recitals. It further recognizes that such projects require commercial arrangements to come to fruition. A writer requires a publisher, a playwright a production company.

141. Nevertheless those commercial ties can be a breeding ground for favoritism, actual or perceived. Staff members who enter into such arrangements must disclose them to their supervisors, who may require them to withdraw from coverage of the parties involved. Staff members who have a publisher or a movie contract, for example, must be exceedingly sensitive to any appearance of bias in covering other publishers or studios. Those with any doubts about a proposed arrangement should consult the associate managing editor for news administration or the deputy editorial page editor.

142. Certain positions, such as the Book Review editor and the culture editor, have such potential for conflicts that those editors may not enter into any commercial arrangements with publishers, studios, or other arts producers without the executive editor''s written approval.

Art, Pictures, Technology
143. Beyond honoring all the other provisions of this code, Times photographers, picture editors, art directors, lab personnel and technology editors and reporters may not accept gifts of equipment, programs or materials from manufacturers or vendors. They may not endorse equipment, programs or materials, or offer advice on product design. This guideline is not meant to restrict The Times from working with vendors to improve its systems or equipment.

144. With the approval of the picture editor, the design director, the technology editor or the Circuits editor, staff members may test equipment or materials on loan

from manufacturers or vendors, provided such tests are properly monitored. The equipment or materials should be returned promptly after testing unless purchased by The Times.

Automobiles

145. It is our policy that no one may test drive or review a vehicle for The Times unless the paper is paying the vehicle''s owner the normal market rental or its equivalent. Rare exceptions may occur when an equivalent rent is largely hypothetical, as with military vehicles, vintage autos or race cars.

146. Reviewers should carry out their testing expeditiously and return the vehicle promptly. A reasonable amount of personal use is permissible provided that the use contributes to the review.

Travel

147. No writer or editor for the Travel section, whether on assignment or not, may accept free or discounted services of any sort from any element of the travel industry. This includes hotels, resorts, restaurants, tour operators, airlines, railways, cruise lines, rental car companies and tourist attractions. (See also paragraph 33, which applies to all staff members.) This prohibition applies to the free trips commonly awarded in raffles at travel industry events.

148. Travel editors who deal with non-staff contributors have a special obligation to guard against conflicts of interest or the appearance of conflict. They must bear in mind that it is our policy not to give Travel assignments to freelance writers who have previously accepted free services. Depending on circumstances, the Travel editor may make rare exceptions, for example, for a writer who ceased the practice years ago or who has reimbursed his or her host for services previously accepted. It is also our policy not to give Travel assignments to anyone who represents travel suppliers or who works for a government tourist office or as a publicist of any sort. The Travel editor may make rare exceptions, for example, for a writer widely recognized as an expert in a particular culture.

149. Writers on assignment for Travel must conceal their Times affiliation. The

validity of their work depends on their experiencing the same conditions as an ordinary tourist or consumer. If the Times affiliation becomes known, the writer must discuss with an editor whether the reporting to that point can be salvaged. On rare occasions, the affiliation may be disclosed, for example, when a special permit is required to enter a closed area.

150. No Travel writer may write about any travel service or product offered by a family member or close friend. (See paragraph 107.)

151. These rules also apply to writers and editors for Weekend, Escapes, Sophisticated Traveler and the like.

152. Times readers apply exacting standards to the entire paper. They do not distinguish between staff written articles and those written by outsiders. Thus as far as possible, freelance contributors to The Times, while not its employees, will be held to the same standards as staff members when they are on Times assignments, including those for the Times Magazine. If they violate this code, they will be denied further assignments.

153. Before being given an assignment, freelance contributors must sign a contract with The Times. These contracts oblige them to take care to avoid conflicts of interests or the appearance of conflict. Specifically, in connection with work for The Times, freelancers will not accept free transportation, free lodging, gifts, junkets, commissions or assignments from current or potential news sources.

154. The contracts'' concise provisions cannot cover every circumstance that might arise. Assigning editors should ensure that contributors are aware of this code and to the greatest extent possible, in fact honor its provisions while on assignment for The Times. Any disagreement over whether a specific provision applies to outside contributors should be resolved before the assignment proceeds.

155. Assigning editors in business and financial news who deal with non-staff contributors have a special duty to guard against conflicts of interest or the appearance of conflict. To the extent possible, assigning editors should ensure that

outside contributors meet the strict standards outlined in Section 12 above for the business and financial news staff.

Dealing with Outside Contributors

Sample letter declining a gift

Dear XXXXXXXXX,

Your recent gift came as a pleasant surprise. I appreciate your thinking of me.

But the gift puts me in an awkward position. The New York Times bars its reporters and editors from accepting anything of value from the people or groups they cover. The paper does not want to risk the perception that it will cover a subject more thoroughly or skew its coverage of controversial subjects because interested parties have expressed appreciation for its efforts.

So I must return your gift with thanks. I hope you understand our position, and I thank you for your thoughtfulness.

Sincerely,

Sample letter declining an unsolicited award

Dear XXXXXXXXX,

Your recent letter informing me that I''d been selected to receive an award from XXXXXXXX came as a pleasant surprise. I appreciate the sentiment behind the award.

But your decision puts me in an awkward position. The New York Times bars its reporters and editors from accepting awards conferred by groups that have an interest in the subjects covered by the award recipients. The paper does not want to risk the perception that it will cover a subject more thoroughly or skew its coverage of controversial subjects because interested parties have applauded its efforts.

So I must decline your award with thanks. I hope you and your colleagues understand our position.

Thank you again for your kind words.

Sincerely,

여론이 선거를 결정한다

선거와 여론조작

펴낸날   초판 1쇄 2014년 3월 15일

지은이   김창룡
펴낸이   서용순
펴낸곳   이지출판

출판등록 1997년 9월 10일 제300-2005-156호
주 소   110-350 서울시 종로구 운니동 65-1 월드오피스텔 903호
대표전화 02-743-7661 팩스 02-743-7621
이메일   easy7661@naver.com
디자인   박성현
마케팅   서정순
인 쇄   (주)네오프린텍

ⓒ 2014 김창룡

값 20,000원

ISBN 979-11-5555-014-4 93300

※ 잘못 만들어진 책은 바꿔 드립니다.

이 도서의 국립중앙도서관 출판시도서목록(CIP)은 서지정보유통지원시스템 홈페이지(http://seoji.nl.go.kr)
와 국가자료공동목록시스템(http://www.nl.go.kr/kolisnet)에서 이용하실 수 있습니다.
(CIP제어번호: CIP2014007226)

여론이
선거를
결정한다

선거와 여론조작